LE DUC
DE MORNY

• FIGURES DU PASSÉ •

ONT PARU OU PARAITRONT DANS CETTE COLLECTION

*Les volumes en vente sont marqués d'un astérisque **

MIRABEAU*
par Louis Barthou,
de l'Académie Française.

La Duchesse DE CHEVREUSE*
par Louis Batiffol.

Le Duc de MORNY*
par Marcel Boulenger

DUMOURIEZ*
par Arthur Chuquet,
Membre de l'Institut.

GAMBETTA
par Paul Deschanel
de l'Académie Française

Mgr DUPANLOUP*
par Émile Faguet,
de l'Académie Française.

LAUZUN*
par e Duc de La Force

VERGNIAUD*
par E. Lintilhac

DANTON*
par Lous Madelin*

MADAME DE MAINTENON*
par Mme Saint-René Taillandier.

Monsieur de CHARETTE*
par G. Lenôtre.

Monsieur VINCENT (DE PAUL)
par André Bellessort.

TALLEYRAND
par Jules Cambon,
de l'Académie Française.

Madame DE STAËL
par Ed. Herriot.

La Duchesse DE CHOISEUL
par André Litchtenberger.

Monsieur THIERS
par Raymond Poincaré.
de l'Académie Française.

NECKER
par Raoul Péret.

Madame ROLAND
par Mme Marcelle Tinayre.

Le Cardinal de RETZ
par Louis Batiffol.

LE DUC DE MORNY

Frontispice.

· FIGURES DU PASSÉ ·

Le Duc De Morny

Prince Français

PAR
MARCEL BOULENGER

LIBRAIRIE HACHETTE
·79· Boulevard St GERMAIN · PARIS ·

A M. PAUL BOURGET

En témoignage de respectueuse et grande amitié.

M. B.

INTRODUCTION

En 1851, *la France était dans l'anarchie. Aucun pouvoir ne se trouvait plus capable de gouverner : on parlait, on parlait!... Et l'on attendait une troisième révolution. Le Second Empire mit ordre à cela. Et jusqu'en* 1865, *le gouvernement de Napoléon III commit peu de fautes très lourdes, du moins à l'intérieur, la France fut vraiment heureuse. Ensuite, hélas!...*

Or, en 1865, *mourut à cinquante-quatre ans un homme qui avait été d'abord l'un des plus énergiques organisateurs du Coup d'Etat, puis le conseiller intime le plus souvent écouté, le plus influent, le plus sage, le plus fin : c'était le duc de Morny, président du Corps législatif. « Le véritable de Marsay de Balzac », comme l'appelle Emile Ollivier dans son* Journal intime. *« Le plus intelligent de tous », avouait le prince Napoléon, au témoignage de ce même* Journal.

N'y eut-il que simple coïncidence entre la décrépitude de l'Empire et la disparition de cet homme remarquable, ou devons-nous y voir réellement un lien de cause à effet?... Ne grossissons rien, et gardons-nous de trop simplifier l'histoire, qui forme un réseau délicat comme celui d'une toile d'araignée, en même temps qu'une masse compacte et informe comme la vase des marais. Cependant, l'intelligence et le tact politique du duc de Morny nous paraissent tels que nous voilà contraints d'établir une relation entre le naufrage de l'Empire, trop facile à prévoir en 1866, *et le trépas, survenu l'année précédente, du meilleur entre ses soutiens.*

Hormis le soudain et heureux rétablissement de l'ordre en 1851, *quels bienfaits apporta le Second Empire à la France? Du bonheur, en général; de la richesse; de la gloire pour nos armes, au début. Tout cela d'ailleurs compromis par des imprudences folles, des imprévoyances inouïes pendant la seconde partie du règne. N'importe, gloire, opulence, bonheur, ou plus exactement tranquillité, voilà qui pèse dans la balance.*

INTRODUCTION

Mais en littérature, en art — sauf quelques exceptions, et la peinture mise à part — quelle médiocrité, ou plutôt, quelle platitude! Naturalisme effaré, manque de fantaisie, peur du rêve. En politique? Velléités, romanesque, défaut d'information, confusion — après 1865 *surtout. Les mœurs? Puérilité, préjugés; et avec cela, nulle sévérité, qui du moins aurait eu grand air; peu de mépris : pauvre mélange. D'une façon générale, imitation de ce qui fut, timidité d'esprit.... Au milieu de ces couleurs indigentes, un homme cependant se détache avec l'éclat d'une ciselure, ou mieux, un gentilhomme : le duc de Morny.*

Un homme du XVIIIe *siècle, en tous cas. Fils, petit-fils d'aristocrates, issu du plus pur sang de France (nous parlons ici d'une descendance réelle, et non pas régulière), le duc de Morny avait reçu par hérédité, de même qu'on lui avait transmis par éducation toutes les traditions d'avant* 1789. *Merveilleusement poli et raffiné, il n'avait point l'âme naïve. Une émotion pour lui n'était pas une raison. Il aimait tout ce qui était net, dédaigneusement net, l'excès en tout le faisait rire. Combien Stendhal l'eût approuvé, lui qui écrivait : « L'exagération et le vague, mes deux bêtes d'aversion! »*

N'oublions pas non plus qu'en vrai chef, l'inventeur de l'Empire libéral savait dire aussi, et sans doute penser, non sans une audace bien dangereuse : « Il ne sert à rien, en politique, de rester à l'abri de sa tranchée : il est plus utile de porter celle-ci en avant. »

Enfin, outre sa bravoure et ses grandes manières, ce dandy charmait par un certain ton qui ne fut qu'à lui.

Tacite écrivit, à propos du célèbre et mystérieux Pétrone, ces mots que nous traduisons : « Ses actions comme ses paroles vous avaient on ne sait quel air de laisser-aller, de négligence, et n'en plaisaient que davantage : on appelait cela de la simplicité. »

Tel était Pétrone, tel fut Morny.

Morny, prince français.

LE DUC DE MORNY

CHAPITRE PREMIER

SANG BLEU

LE COMTE DE FLAHAUT ET LA COMTESSE POTOCKA ‖ LA REINE HORTENSE ‖ Mme DE FLAHAUT ET L'ABBÉ DE TALLEYRAND-PÉRIGORD ‖ L'ILLUSTRE TALLEYRAND ‖ ÉDUCATION DE CHARLES DE FLAHAUT ‖ NAISSANCE D'AUGUSTE DEMORNY (OCTOBRE 1811).

Le Premier Empire passa pour une époque brutale. Paris, dit-on, était plein de soudards et de généraux avantageux qui, à l'exemple de Napoléon, leur maître et leur dieu, parlaient aux femmes sans précautions et méprisaient les délicatesses du cœur, faute de temps pour y penser.

Mais c'est là sans doute une légende, comme tant d'autres, bonnes pour décorer les assiettes ou composer les almanachs. Ou du moins y avait-il, grâce au ciel, nombre d'exceptions à cette règle. En voici une, justement. Voyez cette scène charmante.

C'est en 1810, à Paris, et dans un boudoir. Imaginez la tenture, l'acajou, les tisons en la cheminée, et la nuit étant venue, quatre bougies sous l'abat-jour. Au dehors, point de bruit : notre capitale était silencieuse, après l'heure des lampes. On avait remisé les chariots, et ce n'étaient point les voix des passants ou les sanglots d'un marmot giflé qui troublaient beaucoup la paix du soir. On pouvait s'arrêter en pleine rue pour écouter la sérénade d'une harpe. A peine si les pavés apparaissaient à la clarté des lanternes.

En ce boudoir, donc, que nul bruit ne trouble, une jolie femme est assise au coin du feu, le front pesant sur sa main fine. Et près d'elle se penche un jeune homme, un colonel de vingt-cinq ans, très grand, très mince. « Peuh! des jambes de faucheux! » disait l'Empereur.... Les soutaches et l'or de son uniforme le vieillissent un peu : et puis il a déjà perdu presque tous ses cheveux. Mais il porte la croix de la Légion d'honneur, on le sait chargé de gloire, fort bien en cour, aimé de l'Empereur, ami intime du prince Eugène de Beauharnais. Il a droit régulièrement à un nom d'ancienne et très irréprochable noblesse française : le colonel de Flahaut de la Billarderie. Sa voix, extraordinairement mélodieuse, lui attache aussitôt quiconque l'entend. Ajoutons qu'une réputation de séducteur le précède, l'environne. Ici même il est aimé, et davantage, adoré, et mieux encore, chastement adoré par cette jolie femme. Elle s'appelle la comtesse Potocka, née Poniatowska, une polonaise, et de bonne maison, de race fière, de haute vertu.

Et lui, le jeune colonel, n'aime-t-il pas la belle et sensible étrangère qui, comme l'Ellénore d'*Adolphe*, a presque dix ans de plus que son amant? (Quand nous écrivons amant, il faut l'entendre comme on faisait au Grand Siècle.)

Écoutons-le parler de sa voix chaude.

« Quand je vous vis en Pologne, voilà quatre années, dit Flahaut, je vous ai donné toute mon âme. Mais ensuite, qu'arriva-t-il? Je suis soldat. On m'a envoyé en Allemagne, dans une garnison désolante. Je ne trouvais là qu'un ennui sans gloire. Je me perdais. Vous devinez mon double désespoir! Le seul réconfort me venait des lettres de ma mère bien-aimée. Elle me suppliait de demeurer patient : une personne très haut placée, ajoutait-elle, ne négligeait rien pour obtenir mon prompt retour. Et en effet, je revins bientôt, par l'influence de ma mystérieuse protectrice. Ce mystère s'est éclairci depuis : j'ai connu celle qui me voulait tant de bien.... Sachez seulement que, me trouvant lié d'une extrême amitié avec son frère, je la voyais à tout instant. A la longue, tant d'amour me toucha : sans être expressément jolie, elle montra un sourire affable, un accueil plein de douceur, l'esprit allègre, avenant. Bref, depuis deux ans, je me suis consacré à son bonheur....

» Mais vous êtes venue à Paris. Et voici qu'aujourd'hui vous voulez bien m'accorder quelque tendresse : vous me l'avez écrit, vous me le dites.... Hélas, la voix sévère de l'honneur se fait entendre : elle m'ordonne de vous fuir! Je vous place trop haut pour oser vous offrir un cœur enchaîné par le devoir à une autre existence. Pourriez-vous sans indignation voir une seconde femme réclamer sa part de mon affection?... Ah! si seulement, en Pologne, j'avais eu l'audace d'espérer!... »

Ainsi s'est donc exprimé à peu près le colonel de Flahaut en cette scène singulièrement romanesque, dont la comtesse Potocka elle-même nous a conservé le récit dans ses *Mémoires*.

Si, toutefois, par un scrupule trop légitime, Flahaut s'est défendu de citer, en cette circonstance particulièrement délicate, le nom de la « personne très haut placée » à qui l'enchaînait si étroitement un cher devoir, nous n'aurons point sa discrétion : il s'agissait tout simplement de la reine Hortense, femme de Louis Bonaparte, roi de Hollande, fille de l'impératrice Joséphine, belle-fille et belle-sœur à la fois de l'Empereur, qui l'aimait beaucoup et sincèrement. « Hortense, écrit-il dans son *Mémorial*, si bonne, si généreuse, si dévouée. » Il déclare même ailleurs qu'Hortense « le force à croire en la vertu ». C'est ainsi que l'on doit parler de ceux qui vous sont chers : toutefois, sans aller aussi loin que le cardinal Fesch (« Quand il s'agit des pères de ses enfants, grondait cette Éminence trop souvent maussade, Hortense s'embrouille toujours dans ses calculs.... ») nous pouvons toujours bien rappeler que Napoléon s'entendit mieux à percer les plans des généraux et les mystères des chancelleries qu'à lire dans l'âme de la moindre femme, surtout quand cette dernière faisait partie de sa famille.

N'exagérons point, cependant. La reine Hortense ne fut certes pas la Messaline qu'ont trop complaisamment décrite les irréconciliables de la Restauration, puis, quarante ou cinquante ans plus tard, des républicains écumants. Tenons-la beaucoup plus simplement pour une mondaine sans nulle méchanceté, un peu faible, et d'ailleurs très mal mariée, dont le souci le plus important semble avoir été de conserver autour d'elle une société brillante, de garder ses amis, d'en gagner de nouveaux, et tout-puissants, d'avoir coûte que coûte, enfin, ce qu'on appelle aujourd'hui « un salon ».

Qui donc l'en blâmerait ? L'instinct de société est très français, mettons même vieille France. Il faudrait toutefois se garder de le pousser trop loin, et nous devons bien avouer qu'il n'y eut rien de très élégant dans l'empressement, par exemple, de la reine Hortense auprès du tzar Alexandre, avant Waterloo, puis dans ses pauvres essais de justification, et pis, d'accommodement avec les Alliés, après le désastre, tout cela par la terreur de perdre ses belles relations dans la vieille noblesse européenne. Nous pourrions peut-être dire que « Mlle de Beauharnais, ci-devant reine de Hollande », comme l'appelle dédaigneusement en 1816 le *Journal général de France*, était un peu snob : cela n'a rien de beau, mais d'autre part n'est pas un crime. S'il en était ainsi, d'ailleurs, un quart de l'univers irait en prison.

En revanche, on a plaisir à noter l'indiscutable attachement d'Hortense envers Napoléon, son impérial beau-père et beau-frère. Lors des périlleux Cent-Jours, elle tint la cour à la Malmaison. Quand elle vit le héros malheureux et abandonné, elle lui offrit un admirable collier de diamants, afin qu'il ne se trouvât pas dans le besoin. Hortense avait beaucoup de cœur.

On ne doit pourtant abuser de ce mot, jusqu'à prêter à l'aimable « Mme Louis » une âme toujours prête à s'offrir, et enflammable à l'excès. Trop d'historiens, dont c'est l'étrange plaisir de ne voir dans tout le passé qu'une débauche insatiable et un scandale perpétuel, ont tenu à allonger infatigablement la liste des trop chers amis de la reine Hortense. Il n'y eut pas jusqu'à un gros homme ridicule, C. A. Verhuel, ministre de Hollande en Espagne, ou jusqu'au magistrat Decazes, parti au pas accéléré pour la conquête des honneurs, mais alors simple secrétaire du roi Louis, que l'on n'ait attribué à la belle-fille de Napoléon. On alla même jusqu'à lui supposer l'Empereur en personne pour amant : mensonge de salon politique, calomnie puérile.

La vérité semble bien moins redoutable, en ce qui concerne l'agréable Hortense. Comme — plus tard — la fameuse duchesse de Gérolstein, la reine de Hollande aimait les militaires. Elle l'a dit : « De tous les hommages qu'une femme peut recevoir, ceux que rendent les militaires ont toujours quelque chose de romanesque dont il est difficile de ne pas être flattée. » Romanesque, voilà le mot qui explique tout ce caractère. En tout militaire couvert de galons, de tresses et brandebourgs, elle apercevait plus ou moins le jeune et beau Dunois, partant pour la Syrie. Dès lors, qu'y a-t-il d'étonnant à la passion, d'abord platonique et exaltée, puis non moins enthousiaste mais plus démonstrative, dont elle se sentit saisie pour un militaire chevaleresque entre tous, et merveilleusement séduisant, et qui, en outre, pouvait revendiquer sa place dans le monde le plus aristocratique, tant par son père devant la loi, le vieux M. de Flahaut, que par son véritable père selon la nature, M. de Talleyrand, prince de Bénévent, actuellement archichancelier d'État ?

Car le colonel Charles de Flahaut, tout en se nommant légitimement Flahaut, était pourtant le propre fils de Talleyrand. Mme de Flahaut, sa mère, une des femmes les plus charmantes du XVIIIe siècle — ou plutôt, non, n'enflons pas la louange, c'est un procédé de mauvais goût, et qui échoue : disons seulement une femme charmante du XVIIIe siècle, il y a déjà peu d'éloges comparables à celui-là — Mme de Flahaut donc, née Adélaïde Filleul et de condition bourgeoise, d'une bourgeoisie un peu spéciale (nous y reviendrons), bref d'un placement relativement malaisé, avait épousé en 1779 un vieux gentilhomme, le comte de Flahaut de la Billarderie, maréchal de camp et enseigne des gardes du corps dans la compagnie de Villeroy. Il avait cinquante-trois ans, cet honorable officier, éperdument épris, paraît-il. Le qualifier de vieux, à cet âge, il le faut bien en un siècle qui vit le petit Biron, futur Lauzun — pour ne citer que celui-là — déchaîner des passions quand il ne comptait pas encore dix-sept printemps. Mais il s'agit aussi d'un temps où le maréchal duc de Richelieu se remariait sans frémir à quatre-vingt-quatre ans.... Enfin M. de Flahaut n'avait que dépassé l'âge de déraison pour l'amour lorsqu'il s'unit à Mlle Adélaïde Filleul, alors en sa fleur. Ce ménage fut-il très malheureux ? Non pas à l'excès, tout compte fait. Ce qui est du moins certain, c'est que pendant six ans, de 1779 à 1785, on n'y vit point d'enfants.

Tant il y a que la petite Mme de Flahaut se trouvait assez désœuvrée : pas le moindre marmot à élever selon les principes à la mode — c'étaient ceux de Jean-Jacques, et ils donnaient aux jeunes mères une terrible occupation — et point d'amour non plus. Son mari ne l'amusait guère, et l'on ne pouvait pourtant pas lui demander d'en être folle. En outre, Mme de Flahaut avait de l'esprit, de la culture, le goût des livres, et cette fameuse « sensibilité » sans laquelle une femme, en ce temps-là, faisait pitié ; et comme elle sortait beaucoup, voltigeait de salon en salon, commençait d'en tenir un elle-même, on l'entourait fort, on la recherchait, on lui faisait la cour. Le plus empressé parmi ses courtisans fut l'abbé de Périgord.

LE DUC DE MORNY

Le charmant abbé de Talleyrand-Périgord!... On sait qu'il devint plus tard l'illustre Talleyrand, et nous n'avons vraiment point à faire ici son histoire. « Pendant trente ans, du fond de son palais, du fond de sa pensée, écrivit magnifiquement Victor Hugo dans ses *Choses vues*, il avait à peu près mené l'Europe. Il s'était laissé tutoyer par la Révolution.... Il avait approché, connu, observé, pénétré, remué, retourné, approfondi, raillé, fécondé tous les hommes de son temps, toutes les idées de son siècle, et il avait eu dans sa vie des minutes où, tenant en sa main les quatre ou cinq fils formidables qui faisaient mouvoir l'univers civilisé, il avait pour pantin Napoléon Ier, empereur des Français, roi d'Italie, protecteur de la Confédération du Rhin, médiateur de la Confédération suisse. Voilà à quoi jouait cet homme.... Il avait reçu la confession de Mirabeau et la première confidence de Thiers. Il disait de lui-même qu'il était un grand poète, et qu'il avait fait une trilogie en trois dynasties : acte Ier, l'empire de Bonaparte; acte IIe, la maison de Bourbon; acte IIIe, la maison d'Orléans.

» Il avait fait tout cela dans son palais, et, dans ce palais, comme une araignée dans sa toile, il avait successivement attiré et pris héros, penseurs, grands hommes, conquérants, rois, princes, empereurs, Bonaparte, Sieyès, Mme de Staël, Chateaubriand, Benjamin Constant, Alexandre de Russie, Guillaume de Prusse, François d'Autriche, Louis XVIII, Louis-Philippe, toutes les mouches dorées et rayonnantes qui bourdonnent dans l'histoire de ces quarante dernières années.

» Tout cet étincelant essaim, fasciné par l'œil profond de cet homme, avait successivement passé sous cette porte sombre qui porte écrit sur son architrave : *Hôtel Talleyrand.* »

Certes, ce personnage étrange, d'âme difforme, dirait-on, ce grand Français au demeurant, avait de quoi tenter en effet le lyrisme du poète. Nous écrirons plus simplement qu'un adjectif, entre tous, monte aux lèvres, dès que l'on songe à l'incomparable diplomate, c'est « cynique ». Rien ne force à prendre le mot en mauvaise part : on peut avoir un courage, une bonté, un sang-froid cyniques. Cela signifie « qui dédaigne effrontément l'opinion d'autrui, qui n'en tient aucun compte », et s'appliquerait autant à certaines vertus, tout compte fait, qu'à des vices. Or, M. de Talleyrand était un vrai, un étonnant cynique, l'incarnation même du cynisme.

Quand, se trouvant encore évêque — bien douteux! — il marchait vers l'autel élevé au Champ de Mars afin d'y célébrer la messe pour la fête de la Fédération, le 14 juillet 1790, et murmurait tout bas à La Fayette : « Ne me faites pas rire!... » qu'était-il, sinon cynique, non sans une certaine grâce monstrueuse ?

Lorsque Napoléon lui criait, dans un furieux accès de colère, qu'il n'était que « de la... boue dans un bas de soie! » et que ce singulier Talleyrand se contentait de dire ensuite aux assistants : « Quel dommage, n'est-ce pas, messieurs, qu'un si grand homme soit si mal élevé ?... » cynisme encore, mépris inexpugnable.

Cynisme que sa prodigieuse impassibilité devant tout événement, tout imprévu, tout homme. Monsieur, le futur Charles X, en demeurait déconcerté : « Tandis qu'on parle à Talleyrand, faisait-il, son dos recevrait un coup de pied que sa figure n'en témoignerait rien. » Cynisme que cette impertinente façon de répondre à ceux qu'étonnait la niaiserie sans limites de Mme de Talleyrand, sa femme : « Elle me repose ». Cynisme surtout que la déconcertante insouciance avec laquelle, étant déjà vieux et alors réellement tout-puissant, il faisait sa toilette du matin devant une foule de visiteurs, parmi lesquels nombre de dames, accourus quotidiennement à son petit lever, comme les courtisans de Versailles à celui de Louis XIV. Mme de Dino nous conte cette scène incroyable. Paisiblement, Mgr le prince de Bénévent, tout luisant de pommades, se démaillotait, ôtait les flanelles et tricots de toutes sortes qu'il portait la nuit, puis procédait sans gêne à ses ablutions. On feignait de ne rien voir, sans doute. Il n'était pas jusqu'à son hideux pied-bot, pareil à un sabot de cheval tout en chair, et terminé par un ongle en forme de griffe, qu'il ne montrât longuement et tranquillement, tandis qu'il le faisait laver et essuyer, sans plus se soucier de la présence des femmes que si elles fussent très loin d'ici. Talleyrand ne se souciait de rien. L'espèce humaine avait à ses yeux la même importance que les feuilles d'octobre, quand les jardiniers les balaient dans les belles allées des parcs.

Et M. de Talleyrand, cependant, par son intelligence, son autorité et sa volonté, avait réussi à replacer en son haut rang la France tombée de 1815. La plus auguste assemblée, fût-elle de rois et d'empereurs, se surveillait dès qu'elle voyait paraître ce petit vieillard boiteux, le cou pris dans les épaules, enfoui parmi la blanche chevelure et une cravate énorme, le buste épais, l'estomac proéminent, le visage extraordinairement pâle et raviné, la lèvre supérieure sévère, serrée, l'inférieure comme gonflée de dédain, et des yeux terriblement privés de bonhomie. Il existe une remarquable charge, un buste de Dantan, au Musée Carnavalet, qui représente Talleyrand âgé ; et aussi, et surtout le saisissant portrait d'Ary Scheffer, dans les galeries du château de Chantilly. Charge et portrait se ressemblent. C'est bien le même homme, celui qui, parvenu à force de méprisante obstination au faîte des honneurs, se plaisait à professer que « dans le zèle, il entre toujours les trois quarts de bêtise. »

Or, le même Talleyrand, quand il avait vingt ans et s'appelait M. l'abbé de Périgord, était charmant. On peut se demander pourquoi. Il boitait. Bien qu'il s'habillât le plus souvent en petit-maître, non en abbé, il n'était guère mieux fait qu'à soixante ans. Toutefois il avait de la grâce, et cet esprit qui « s'il ne suffit à rien, remarquait-il volontiers, sert du moins si fort à tout ». Beaucoup plus tard, il disait encore : « Avant 1789, tout le monde s'empressait de jeter de l'esprit, personne ne songeait à en ramasser. » Il ne jetait pas le sien, peut-être, mais il le glissait, ou en laissait tomber, à la manière de Buckingham, sous Louis XIII, laissant tomber ses perles. Puis, on savait qu'il tenait toujours quelque trait en réserve, ainsi qu'un poignard de miséricorde. De bonnes études de théologie avaient affuté son cerveau déjà si adroit et si prompt par nature. Bref, il brillait en conversation, dans ce siècle où c'était régner que de parler avec à-propos et habileté.

« Qu'avez-vous donc, mon petit abbé, lui dit un matin Mme du Barry à sa toilette? Vous demeurez là, rêveur.... Tous ces messieurs que voici me racontent à l'envi leurs conquêtes, et vous seul ne soufflez mot. Êtes-vous par hasard le plus vertueux, ou le plus modeste? »

Le jeune abbé baissa les yeux, poussa un grand soupir, et répliqua : « Ah, madame, c'est que je songe combien il est plus facile, à Paris, d'avoir des femmes que des abbayes.... »

Et Mme du Barry de rire. Et M. de Périgord de récolter bientôt après, non pas une, mais deux abbayes, qui furent le début de sa fortune, du moins ecclésiastique. Voilà comment il en usait, étant jeune, quand il voulait quelque chose. Lorsqu'il voulut Mme de Flahaut, il ne dut pas déployer moins de gentillesse, ni d'astuce.

En réalité, Talleyrand paraît avoir aimé vivement et assez singulièrement Mme de Flahaut, car il lui resta bien longtemps attaché, jusqu'après la Terreur, jusque sous le Directoire, dans l'exil. Dès 1780, il ne la quittait point, la suivait partout, en semblait plus qu'épris. Une telle liaison ne pouvait, d'ailleurs, laisser de le flatter : la jeune femme remportait partout de grands succès. Elle avait de beaux yeux, très expressifs. Nous n'avons lu nulle part qu'elle eût été grande, et c'est pourtant probable, ayant produit un fils de si haute taille, et s'étant trouvée, d'autre part, aimé d'un assez petit homme; on sait que les pygmées s'intéressent surtout aux géantes. Cas fréquent, sinon règle. Elle lisait, et partant s'instruisait, jouait du clavecin, de la harpe, dessinait, parlait d'art, de poésie, se mêlait aux esprits à la mode, passait pour écrire en secret un roman. Une amie délicieuse pour un abbé de boudoirs et de soupers.

En 1785, voici soudain que Mme de Flahaut — mariée depuis six ans, ne l'oublions pas, à un mari d'extrême automne — accoucha d'un garçon, que l'on appela Charles-Joseph. M. de Talleyrand se nommait Charles-Auguste. L'opinion publique se montra unanime pour attribuer à ce dernier la paternité du marmot, et telle était évidemment bien la vérité. M. de Flahaut, féru d'études et de livres, comme il arrive aux vieux soldats, accepta le petit avec une sagesse très XVIIIe siècle, qui valait mieux qu'un scandale. Quant à Talleyrand, sans tomber en des transports de tendresse paternelle — ce n'était guère son genre — il traitait volontiers, quoiqu'avec tact et mesure, le petit Charles comme son fils. Il se laissait voir au besoin comme un père assez distant, un père cependant. « Cet enfant dont j'ai la certitude qu'il ne m'est rien », écrivait amèrement l'austère M. d'Angivillier, beau-frère de Mme de Flahaut. Et le séduisant américain Gouverneur Morris — un homme charmant, nonobstant sa jambe de bois — qui promena si complaisamment dans Paris son dandysme et sa curiosité pendant la Révolution, inscrivit sur son carnet, durant l'automne 1789, qu'il a dîné entre sa belle amie, Mme de Flahaut, Talleyrand (alors devenu évêque d'Autun) et leur petit garçon : la jeune femme, dit-il, s'est attendrie en parlant de son cher enfant. Elle adorait dès lors ce petit de tout son cœur, comme elle l'adora par la suite jusqu'à son dernier souffle.

En 1794, le vieux Flahaut mourut, et très héroïquement.

Ces anciennes races de gentilshommes français avaient des âmes fortes. Depuis son poste d'intendant du Jardin du roi jusqu'à son dernier sou, et jusqu'à sa femme même, émigrée à Londres avec le petit Charles (Talleyrand s'y trouvait, ayant été chargé d'une mission diplomatique par le gouvernement agonisant de Louis XVI), M. de Flahaut avait tout perdu par la Révolution. En pleine Terreur, il se tenait tapi à Boulogne, mourant de peur, ce que nul, en vérité, ne pourrait lui reprocher. Une déplorable affaire d'assignats douteux qu'on lui envoya d'Angleterre — pour lui rendre service, hélas ! — ayant attiré bien malencontreusement l'attention sur son humble personne, l'inévitable drame se produisit : perquisition chez le suspect, arrestation, son sort faisait peu de doute.

Cependant il n'est geôlier si farouche dont on ne vienne à bout avec de bons arguments, tels que l'or ou les bijoux. Flahaut avait des amis, et Boulogne était bien proche de l'Angleterre, d'où parvenaient sans trop de peine certains cadeaux de ce genre à l'adresse des gardiens de prison. Bref, le pauvre diable s'évada, et commença dès lors de vivre, introuvable, dans une cachette sûre.

Par malheur, un innocent fut arrêté sous l'inculpation, fausse entièrement, d'avoir aidé le fugitif à se sauver. Le bonhomme Flahaut n'eut pas plutôt connu cela qu'il quitta incontinent sa retraite, en dépit de toutes ses frayeurs comme de ses soixante-six ans, et ce fut en défaillant peut-être, mais sans hésiter et parce que l'honneur le voulait, que le vieux gentilhomme vint se remettre spontanément entre les mains sales des terroristes. On l'envoyait bientôt après des prisons de Boulogne en celles de la cité d'Arras, où régnait le dictateur Joseph Le Bon, cette brute. En faut-il dire davantage?... Une tête de plus dans le panier. M. de Flahaut mourut en beau Français.

Ce trait modestement sublime allait à jamais illuminer la conscience du petit Charles : sans parler d'un nom sans tache, cet enfant recevait des Flahaut un splendide héritage de chevalerie.

Quelle ne devait pas être, d'ailleurs, la formation morale d'un jeune garçon comme celui-là ! Fils d'une aristocrate des plus intelligentes, qui, sous la Constituante, s'était activement intéressée aux affaires du pays, et n'avait eu pour maître de politique rien de moins qu'un Talleyrand ; d'une mère très tendre, en outre, et qui, courageusement, joliment, s'était mise à écrire pour ne pas mourir de faim, publiant non sans un grand succès un roman débordant de sensibilité, *Adèle de Sénange*; jouvenceau misérablement traîné d'exil en exil, de Londres en Hollande, de là en Suisse, en Allemagne, en Danemark; rapatrié et admis en France après ces longues erreurs, en l'an de rémission 1798... on accordera que le jeune Charles de Flahaut avait reçu la plus émouvante, puissante, inoubliable éducation, de sa mère d'abord, puis des faits, si rudes et grandioses à cette époque, enfin des personnages singuliers, divers, exaltés tous par la Révolution — pour ou contre — et par le patriotisme, que celui-ci consistât à leurs yeux en la fidélité au roi, en un candide amour de l'idéal républicain, ou bien en une passion profonde envers le régiment, l'armée, le général, et le général de tous les généraux, Bonaparte!

Imprégné d'un héroïsme à la Plutarque et d'un enthousiasme tout printanier, comme tant d'autres éphèbes que Brumaire enchanta, Charles de Flahaut n'avait pas encore atteint son seizième été que, sans plus attendre ni se soucier de passer par le moindre intermédiaire, il écrivait directement à Bonaparte, récemment revenu d'Égypte, cette lettre magnifique et délicieuse:

« Général, je n'ai que seize ans, mais je suis fort. Je sais trois langues assez bien pour que, plusieurs fois, il ait été impossible de deviner, dans les différents pays, si j'étais anglais, allemand ou français.

« Trop jeune pour être soldat, j'ose vous demander d'être votre aide de camp. Soyez sûr que je serai tué ou que j'aurai justifié votre choix à la fin de la campagne.

« Pour que vous croyiez à mon dévouement, j'invoquerai près de vous un exemple qui règlera ma vie entière.

« Mon père a été condamné à mort sous la Terreur. Après son jugement, ma mère obtint du geôlier de le laisser échapper de la prison. Le lendemain, mon père apprit qu'on avait arrêté son défenseur officieux, accusé d'avoir facilité son évasion. Il quitte son asile, se rend à la Commune, disant qu'il ne veut pas qu'un innocent souffre pour lui, et il a péri deux heures après. Croyez-vous, général, qu'après un pareil exemple, je serai fidèle à l'honneur et à vous ?

« Salut et respect,

« CHARLES FLAHAUT. »

Et la merveille fut que ce fier billet réussit. Un Flahaut d'ailleurs, vieux nom d'ancienne France, Bonaparte devait y tenir. Le jeune homme n'obtint pas tout à fait ce qu'il souhaitait si noblement, mais se vit du moins accueilli en 1800 parmi les « Hussards volontaires », corps d'élite destiné à former l'escorte du Premier Consul.

De là, il partit pour la gloire. A vingt-quatre ans, il était colonel. Il avait rencontré la comtesse Potocka, idole de sa vie. Il avait séduit bien des femmes, sinon mille et trois. Hortense de Beauharnais, épouse de Louis Bonaparte, roi de Hollande, était éperdument éprise de lui. On le voyait très élégant, intelligent, de manières exquises, parlant d'une voix irrésistible, admirablement doué pour faire un diplomate : il avait de qui tenir! Loyal et délicat, par ailleurs, fils très charmant de la plus tendre mère.... On conçoit que dans la cour de Napoléon, mêlée à l'excès et un peu forte en couleur, un tel gentilhomme ait eu bien du prestige, bien de la grâce.

Il eût fallu à la reine Hortense un tout autre mari que le sien pour qu'un combat sévère entre le devoir et l'inclination se fût produit en cette âme sans défense. Hélas, Louis Bonaparte était odieux. Jaloux de sa femme — et jaloux sans amour, tout ce qu'il y a de pis — d'un caractère inquiet, plaintif, outrecuidant, exigeant, disgracieux, il semblait né pour rebuter. Convenons qu'il avait cependant deux excuses, dont la première venait de ses maladies. On sait que ce connétable de France (!) s'était trouvé dès sa jeunesse à peu près impotent, incapable de se servir de sa main droite. Étranges infirmités que les siennes, contre lesquelles il tenta de lutter tant qu'il put, sa vie durant, en se traînant sans repos dans toutes les villes d'eaux de l'Europe. Le Dr Cabanès parle d'une lésion de la moelle épinière, survenue peut-être à la suite d'une chûte de cheval. Il semble bien, néanmoins que certain autre accident, d'ordre plus secret, ne dut point être étranger à l'origine de ces misères physiques. La reine Hortense, en tous cas, n'accuse guère une contagion quelconque, ses enfants étaient sains.

La seconde excuse que l'on puisse évoquer en faveur de Louis, c'était précisément d'avoir fait partie de la fiévreuse famille Bonaparte. Incapables d'égaler leur frère gigantesque, mais désaxés et déséquilibrés par un tel voisinage, tous ces princes de rencontre ont positivement dû croire à leur droit divin. De là à trahir l'Empereur à cause de ce qu'ils appelaient l'intérêt de « leurs peuples, » il n'y avait qu'un pas : si Napoléon n'y eût mis bon ordre, Louis le franchissait, ce pas, en « sa » Hollande. Mais son frère impérial le révoqua, en quelque sorte : pour les nerfs d'un mélancolique, voilà qui ne vaut rien. La douce Hortense ne l'éprouva que trop. Combien les délicatesses et les courtoisies d'un Flahaut devaient après cela lui sembler consolantes et nécessaires !

La conclusion fut qu'à la fin d'août 1811, la reine Hortense partit d'Aix-les-Bains, où elle prenait les eaux, pour Genève. Le 14 septembre, elle écrivait de Genève à Mme de Boucheporn, gouvernante de ses enfants : « Mme de Boucheporn, je vais faire un petit voyage pour voir mon frère. Je serai à Paris du 10 au 15 octobre. Ne m'écrivez plus à partir du 20 de ce mois, car je serai toujours en course.... »

Le 10 octobre, le *Journal de Paris* annonçait officiellement que S. M. la reine de Hollande se trouvait à Paris. On ne disait pas dans quelle maison. Et onze jours après, le 21, la mairie du XIe arrondissement recevait d'un médecin accoucheur, nommé Gardien, la déclaration de naissance suivante : Charles-Auguste-Louis-Joseph, né chez ledit médecin, de Louise-Émilie-Coralie Fleury, épouse d'Auguste-Jean-Hyacinthe Demorny, propriétaire à Saint-Domingue, et demeurant à Villetaneuse, dans le département de la Seine.

Louise-Émilie-Coralie Fleury ? Mystère. Personne ne la connaît. On a dit qu'elle avait appartenu au service particulier de la reine Hortense : elle lui devait tout, sans doute.

Auguste-Jean-Hyacinthe Demorny ? Un pauvre diable, né, paraît-il à Saint-Domingue, insignifiant officier au service de la Prusse, pensionné par l'impératrice Joséphine, sinon par Hortense elle-même, en un mot n'ayant rien à refuser — notamment l'usage de son nom — à ses bienfaitrices, et qui mourut obscurément à l'hospice de Versailles le 5 avril 1814.

Ces parents fictifs importaient peu, d'ailleurs : on ne les vit paraître à aucun moment dans l'histoire du bébé déclaré comme leur fils. En revanche, on sait que la naissance du futur duc de Morny fut bientôt le secret de Polichinelle. Aussi bien n'a-t-on jamais contesté par la suite une si émouvante filiation. Lui-même, pendant la première partie de sa vie, se donnait pour blason un hortensia : à moins de crier sur les toits, il ne pouvait indiquer plus clairement quel sang coulait en ses veines.

Nous avons un peu insisté sur les origines de notre héros; mais c'est qu'elles se trouvaient exceptionnellement combinées pour donner — si l'on nous permet d'employer le jargon du sport — un produit magnifique. Grand-père, Talleyrand : c'est un homme, peut-être. Pour grand mère, une femme remarquable, ayant reçu la longue tradition des salons inimitables, et fleurant tous les parfums du XVIIIe siècle. Comme mère, une reine, une tendre reine, belle-fille et belle-sœur de Napoléon. Le père enfin, gentilhomme parfait, de très bonne famille, merveilleux soldat, né pour les cours....

En outre, Talleyrand, grand fascinateur; Flahaut, un don Juan; Mme de Flahaut, extraordinairement séduisante; la reine Hortense, extraordinairement séduite; si l'hérédité n'est pas un vain mot, le marmot déclaré le 21 octobre 1811 devra, lui aussi, jeter bien des sorts et charmer sans peine.

Il a simplement charmé la France.

CHAPITRE II

LE LIEUTENANT DE MORNY

Mme DE FLAHAUT-SOUZA ÉLÈVE LE PETIT AUGUSTE ‖ LES ROMANS DE Mme DE SOUZA ‖ VIE MOUVEMENTÉE ‖ LE GÉNÉRAL DE FLAHAUT S'OCCUPE D'AUGUSTE ‖ SOUS-LIEUTENANT DE LANCIERS ‖ CAMPAGNE D'AFRIQUE.

Ce marmot, cependant, qui donc va l'élever ?

Non pas sa mère, en tout cas. Rien n'autorise pourtant à penser que la reine Hortense n'eût point aimé ce pauvre enfant, qui d'abord lui rappelait tant d'émotions charmantes; ensuite, il devint vite fort joli, fort gentil. On en a maints témoignages. Il n'y a pas jusqu'à Talleyrand qui n'eût sans doute choyé le bambin, sachant pertinemment d'ailleurs qu'il était bel et bien son petit-fils. « Avez-vous vu ce petit bonhomme, disait-il à M. Martin, gouverneur des enfants chez M. de Dino, oui, avez-vous vu ce gamin qui sort d'ici, et que M. de Flahaut tenait par la main ? On l'avait amené pour me rendre visite. Eh bien, il est d'une intelligence inouïe. Plus tard, il se jouera des hommes, il fera, il sera ce qu'il voudra : tenez, il sera ministre. »

Voilà ce qu'on nomme une belle prédiction. Il est vrai que l'anecdote est contée par le Dr Véron, qui ne montre guère de finesse dans son *Journal d'un bourgeois de Paris*, et parle toujours si gravement qu'on ne peut pas ne point se méfier. Les personnes solennelles nourrissent un goût désolant pour les phrases toutes faites et les histoires-clichés, qui ne sont presque jamais vraies.

Ajoutons que la reine Hortense s'intéressait, autant qu'elle le pouvait, au jeune Auguste. Elle lui fit une pension, d'abord, pension un peu courte, certes, mais enfin l'intention était bonne. Puis un de ses amis très dévoués, le banquier Gabriel Delessert, avait été nommé tuteur d'Auguste; il en fallait bien un, du moins après la mort à l'hospice (1814) du père putatif, le vague Demorny; et Delessert se chargeait de donner à la mère des nouvelles du bébé, puis du garçonnet. Hortense avait aussi un maître de harpe, nommé Carbonel : on sait que l'ex-reine de Hollande confiait volontiers à la harpe les soupirs de son âme. La légende n'a-t-elle pas dit qu'un de ces soupirs s'est exhalé dans la romance du « beau Dunois partant pour la Syrie »? Or, le mélodieux Carbonel possédait un frère, qui devint par la suite l'un des généraux de la garde nationale. Ce guerrier paraît (cf. Maricourt) avoir été chargé de l'éducation militaire d'Auguste de Morny, quand celui-ci était tout jeune. Nul doute, par conséquent, que Carbonel le belliqueux n'eût communiqué maints renseignements sur son élève à Carbonel le musicien, qui les transmettait à Hortense, tout en jetant accords et arpèges sur la harpe dorée.

Hortense n'a donc en aucune façon négligé son fils. Néanmoins, elle ne pouvait le prendre avec elle, le recueillir à son foyer : on eût bien vite percé le mystère, et cela n'eût pas été de nature à favoriser sa position sociale, surtout après 1815, non plus qu'à aplanir les difficultés perpétuelles qui s'élevaient entre elle et Louis-Bonaparte, son mari. Quant à Flahaut, il était soldat, autant dire toujours en route : admettons que l'enfant ait été mis en nourrice, qu'en faire, une fois sevré ? L'emmener pêle-mêle avec les bagages des état-majors ?

Ce fut Mme de Flahaut, la grand-mère, qui le recueillit. Ou plutôt Mme de Souza : car en 1802, elle avait épousé en secondes noces un diplomate et fort noble seigneur portugais, don José de Souza Bothelo. Cet honnête homme, un peu triste, fut le meilleur mari, attentif, poli, et nullement jaloux d'une autorité que d'ailleurs on ne lui contestait pas. Il aimait les lettres, traduisait Camoëns en français, et poussait la délicatesse, peut-être la vertu, jusqu'à ne se montrer en aucune façon jaloux des succès littéraires de sa femme. Le fils même de M. de Souza nourrit jusqu'à la fin les plus affectueux sentiments à l'égard de sa belle-mère; c'est dire à quel point régnait l'intelligence — dans tous les sens du mot — en ce parfait ménage. M. et Mme de Souza habitaient un hôtel situé rue Verte, dans le prolongement de la rue Roquépine. Tout ce quartier, aboutissant au Roule et au faubourg Saint-Honoré, ne retentissait point, sous la Restauration, du même fracas qu'aujourd'hui. Situé non loin d'une barrière, plus d'une charrette le sillonnait, et l'on y voyait passer chaque jour des centaines de chaises, berlines, coucous, cabriolets, carrioles ou fardiers. Maints et maints cabarets, plus ou moins borgnes, s'y appuyaient à des maisons fort laides. Mais il s'y trouvait aussi ce qui faisait la grâce de Paris, en ce temps-là : des jardins. Les rues, fussent-elles ignobles, serpentaient parmi les arbres, au moins sur la rive gauche et dans les faubourgs. Il devait subsister force ombrages, si l'on en croit le nom, dans la rue Verte. Les Souza y habitaient une jolie demeure environnée de roses; celles-ci tiennent une grande place dans la correspondance de cette femme du XVIIIe siècle, qui aima tant les sourires des êtres et des choses.

Peut-être n'aura-t-elle pas laissé grande place, la tendre Souza, dans l'histoire des lettres; et certes ils nous paraissent bien naïfs, bien simplets, ses romans, qui eurent si grand succès pourtant, et que goûtent encore certaines jeunes filles, auxquelles on ne sait trop quelles lectures offrir dans les provinces très lointaines. *Adèle de Senange*, *Eugène de Rothelin*, *Eugénie et Mathilde*, etc., tels en étaient les titres. Avec une émotion abondante, un peu molle, non sans délicatesse pourtant, selon la manière enfin qu'il fallait pour les lecteurs de *Clarisse Harlowe* et de *Paul et Virginie*, l'auteur y conte par allusion et allégorie ses propres aventures. Et il y en avait!

Non pas seulement des aventures d'amour, cependant. Ajoutons même qu un voile est jeté sur celles-ci, ainsi qu'il convient à une dame de bon rang, à une mère D'ailleurs, tout cela était loin : Mme de Souza est née en 1761, il faut y songer quelquefois. Mais quelle existence, quelle odyssée en exil, que de souvenirs elle vous avait!

Fille d'un fermiet général — fille de Louis XV, avait-on dit, mais c'était sa sœur, et non pas elle, qui avait cette royale origine — et d'une jolie femme, nommée Mme Filleul, la petite Adélaïde est mariée toute jeune, nous l'avons dit plus haut, à un fort bon gentilhomme, un peu âgé, M. de Flahaut. Elle loge au Louvre — petitement — son mari ayant un emploi officiel, étant fonctionnaire, en somme. Elle joue du clavecin, lit, dessine, reçoit et rend mille visites, cause, papillonne, séduit : et voici l'abbé de Talleyrand-Périgord. Bientôt après, c'est la naissance de Charles, le futur colonel de Flahaut

1789. La Révolution. La politique, les horreurs, l'exil, la mort héroïque du vieux Flahaut. A Londres, il faut travailler pour vivre : premier roman, grand succès. Mais la vie est chère chez les Anglais, on les quitte, une vie errante commence : la jeune mère emmène son petit Charles en Hollande, en Suisse, en Allemagne, en Danemark. Enfin les émigrés peuvent rentrer en France sous Bonaparte, Mme de Flahaut revient en 1797 : elle a trente-six ans, Charles douze. Elle épouse M. de Souza, Charles entre dans l'armée, l'Empire étincelle, le nouvel et charmant officier se couvre de gloire, se lie avec le prince Eugène, se laisse aimer d'Hortense.

Adélaïde de Souza, dame du monde et dame de lettres, connaît alors tout Paris, voit tout Paris. Elle est une femme qui a fait figure avant la Révolution, cela se recherche déjà. Elle garde pour ses rêveries plus d'un secret, mais conte volontiers ses anecdotes d'émigration, anecdotes flatteuses, savoureuses : par exemple, cette romanesque rencontre qu'elle fit en Suisse, à Bremgarten, d'un jeune professeur français, mélancolique et vêtu de noir, un certain M. Corbie, — ou Corby — appartenant au collège de Reichenau. Or, ce M. Corbie n'était autre que l'infortuné duc de Chartres, fort pauvre, orphelin par le fait du bourreau, et bien embarrassé dans le monde après l'histoire Dumouriez.

Adélaïde unit ses alarmes à celles de cet intéressant éphèbe, et tenta de le consoler avec une ferveur extrême. On sait que plus tard Napoléon III reprochait toujours à Morny d'être orléaniste, et que de cœur celui-ci l'était bien un peu, en effet : mais voilà les récits que sa grand'mère lui avait faits, quand il était tout petit, et de ces récits-là, narrés près du feu par une chère voix, vous savez bien qu'on se souvient toujours, même alors qu'on est devenu président à la Chambre, tout resplendissant de plaques et de croix, duc de l'Empire, et le premier personnage de France, peut-être, après le souverain.

Telle était la solide expérience des gens et de la vie, telle était la sensibilité très affinée, telles étaient enfin les jolies manières et la longue tradition mondaine de celle qui se chargea d'élever le charmant Auguste, son petit-fils par le sang, sinon par les registres officiels. Cette espèce d'adoption se fit très simplement, par un gentil mouvement du cœur. Charles, son garçon, avait en grand mystère un enfant? Eh bien, mais qu'il l'apporte, et voilà tout. M. de Souza, évidemment consulté, était trop honnête homme pour s'opposer à cet entraînement si naturel de la plus tendre mère. Et ce fut ainsi que s'installa un si aimable secret de Polichinelle, sous forme d'un diablotin bondissant et riant parmi les fleurs de l'hôtel Souza, dans la rue Verte.

On possède un témoignage précieux de ce que fut l'éducation d'Auguste. Mme de Souza qui eut le culte de l'affection, écrivait beaucoup. Elle adressa de nombreuses lettres à un M. Le Roi, de vingt années plus âgé qu'elle et qui fut son ami le plus dévoué. Elle appelait cet excellent homme « mon petit Père éternel » : et de fait, il ne mourut qu'en 1846, largement centenaire. Tous deux ne s'oublièrent jamais. La dernière phrase de la dernière lettre qu'elle traçait encore pour lui, est celle-ci : « Cher et bon ami, je vous aime de tout mon cœur. Je vous écrirai quand je serai plus forte. » Moins de deux mois après, elle ne vivait plus.

Or, à travers tout ce monceau de lettres — nous les avons feuilletées, grâce à l'obligeance du comte Jean de Sédouy, entre les mains de qui elles se trouvent — il est à chaque instant question d'Auguste. La grand'mère en parle avec délice.

« J'ai été fort inquiète d'Auguste, écrit-elle en juillet 1820, et en prononçant ce grand nom, vous jugerez de mon tourment. C'était une petite fièvre bilieuse.... » On ne sait où cela peut mener un enfant de neuf ans, une « petite fièvre bilieuse » : Mme de Souza est une maman — comme les autres. En août de la même année, elle se trouve au Havre : « ...les bains de mer étant ordonnés à mon Auguste. Il maigrit, il est triste, on dit que cela lui fera du bien; et comme je le sais très habile nageur — eh quoi? si jeune?... allons, Mme de Souza est bien une maman — et fort aventureux, je mourrais d'inquiétude si je le savais, sans moi, s'exposant à ce perfide élément. Une vague m'emporterait peut-être cette légère personne : au lieu que, moi là, je suis bien sûre qu'il ne mettra pas le pied dans l'eau sans avoir avec lui quelque vieux matelot pour l'attraper par une patte, s'il voulait aller trop loin. »

Que de tendresse entre ces lignes! Même lorsqu'on fait trop travailler son petit,la grand'mère se désespère. Or, il eut une éducation extrêmement soignée : le général comte de Flahaut — alors marié brillamment en Angleterre, et qui sera père de cinq filles légitimes — tenait beaucoup à ce qu'on fît de son garçon, en France, un joli gentilhomme à l'esprit orné. Il l'aimait fort, et veillait à ses progrès. On mit Auguste en pension, chez M. Muron, où il suivit les classes du collège Bourbon. Il reçut de Casimir Bonjour, le candidat perpétuel à l'Académie, des leçons particulières de grec. Il faisait des vers latins avec une éloquence scolaire, des vers français en se jouant, parlait et prononçait l'anglais à la perfection, se mit sans trop de peine aux mathématiques.... Mais Mme de Souza souffrait de tout ce casse-tête. Écoutez-la qui soupire :

« Auguste (juillet 1823) est dans les tribulations du latin; de là, il passera au grec, à l'algèbre, et puis Dieu sait! Jusqu'à ce que l'étude soit devenue pour lui le plus grand des plaisirs, il a en perspective bien des chagrins, bien des pensums.... Je lui envoie des gâteaux, lorsque son maître lui impose des pénitences : cependant, je crois bien que si j'avais eu une éducation plus forte, mon esprit en vaudrait beaucoup plus. Enfin, le pauvre enfant travaille, gémit, et je le console.... » Elle appelle avec colère les professeurs : « Ces barbe-bleues de l'Université », parce qu'ils prétendent supprimer deux jours de congé (24 décembre 1823), parle sans cesse d'un joug de fer, d'un cheval trop vif qu'on enrêne trop court. Comme elle préfère le conduire au cirque! « Vous manderai-je... qu'Auguste a découvert chez Franconi un grotesque qui fait des tours mille fois plus étonnants que le célèbre Polichinelle, des tours tels qu'il lui paraît bien plus facile, et peut-être moins digne d'estime, d'apprendre deux fois la grammaire grecque que d'imiter ce sauteur » (8 octobre 1823).

Néanmoins, cette éducation, si sévère au regard de la grand'-maman, ne laissait pas de réussir à souhait. Déjà, en 1824 (18 mars), voici le jeune Auguste qui fait de très jolies réponses, assez hautaines : « Pardon, dit-il, on ne m'a nullement donné de mauvais conseils, j'ai suivi de mauvais exemples, c'est bien différent. » Il témoigne d'un ton excellent et d'un caractère réellement attachant : « Auguste a de son chef écrit à M. Delessert pour le complimenter sur la naissance d'une petite fille.... M. Delessert me mande que sa petite lettre est charmante, et si naturelle qu'il l'a lue à toute sa famille... Ce qu'a cet enfant, c'est le naturel; il est *lui*.... S'il fait bien, cela lui paraît un coup du ciel, il en a de la joie, et point d'orgueil. S'il a tort, il croirait volontiers que c'est un maléfice, et il avoue sa faute avec une sincérité presque mathématique. Il dirait bien : J'ai eu tort jusque là ; ensuite, j'ai eu raison ; après cela, le diable s'en est mêlé » (13 octobre 1825).

Une autre fois, à propos de bouts rimés, dans lesquels il a loué « le tyran » — entendez Bonaparte : nous sommes en novembre 1826 — sa grand'mère lui demande pourquoi il chante ainsi l'Empereur disparu. Auguste riposte : « Je n'aime point qu'on attaque les morts : en se jetant sur une ombre, on risque de tomber par terre. »

C'était déjà au même âge, à quinze ans, que son père Charles de Flahaut avait écrit si fièrement au Premier Consul pour demander à celui-ci, sans plus d'ambages, qu'il le prît comme aide de camp. Tant il est vrai que le sang commande !

Que si d'ailleurs on s'intéresse à la prédisposition naturelle, hâtons-nous en ce cas de signaler la lettre la plus curieuse, peut-être, de toute la liasse. Elle date du 20 mai 1827. Il s'agit d'une querelle d'enfants, où le jeune Auguste avait prétendu mettre le holà. Un M. Gallois, homme grave, s'était également occupé du litige. Alors, parlant de tout ce tapage, « mons Auguste », comme l'appelle sa grand'mère, a déclaré : « M. Gallois croit que nous sommes un gouvernement constitutionnel : il se trompe. Entre nous autres gamins, c'est une république mêlée d'un peu d'anarchie : et mon avis à moi, c'est que nous leur donnions une roulée d'abord, pour leur faire voir ce que c'est. Ensuite, tout ira parfaitement bien. »

On avouera que pour un futur homme de coup d'Etat, c'était là parler, et se préparer de longue main, à la bonne heure !

Croyez du reste que notre séduisant page se préparait à tout. « Auguste danse », écrit Mme de Souza en janvier 1829. On sent bien qu'il y a sous ce mot : « Auguste plaît ». Et sans doute on l'aimait déjà. Pour quelques-uns, on n'attend pas.

Entre temps, M. de Souza, très souffrant, avait désiré de quitter l'hôtel de la rue Verte, pour aller loger à côté, 22 rue de la Ville-l'Évêque, dans une demeure plus spacieuse, entre cour et jardin. Puis M. de Souza était mort, très regretté, très pleuré par Auguste. Enfin, malgré la complaisance et la libéralité de son beau-fils, la nouvelle veuve ne tarda guère à se trouver bien appauvrie, bien réduite en ses dépenses, son douaire étant chétif, de par la loi portugaise. « Sans Auguste, écrit-elle en 1829, je me retirerais à la campagne. » Finalement, elle s'en fut habiter au n° 7 de la rue Saint-Florentin, non loin de l'hôtel Talleyrand. De cette rue

Saint-Florentin, quand on regarde vers la place de la Concorde, une corniche s'offre aux yeux, avec le bout d'une colonnade, et plus loin une terrasse, une statue : un coin de Rome, croirait-on, une vignette d'Hubert Robert à sertir dans un cadre rond. Auguste de Morny voyait cela en rentrant chez sa grand'-mère.... Mais songeait-il à Rome? Non certes. A Paris, plutôt, aux femmes, aux chevaux, à Tortoni. Les collégiens changent peu; nous avons tous été de même.

Malheureusement, M. de Flahaut, plus sévère, avait des exigences : il prétendait que l'on pensât surtout aux vers latins et à l'algèbre. Les pères également se ressemblent presque tous : il le faut bien.

Ici se place un sujet délicat. De quelle nature étaient les rapports d'Auguste avec son père? Et tout d'abord, savait-il déjà quels étaient son père et sa mère?

Quant au second point, oui, assurément — à notre avis, du moins — Auguste connaissait fort bien ses parents. Par malheur, on n'en peut présenter aucune preuve écrite. Cependant il suffit de réfléchir un instant pour que l'on acquière à ce sujet une certitude psychologique, qui vaut certes autant que toutes les autres certitudes. Et tout d'abord comment la romanesque et si mondaine Mme de Souza eût-elle pris sur elle d'enfoncer bien avant dans la tête de son petit-fils qu'il fût issu de deux figurants aussi obscurs, aussi peu flatteurs que Coralie Fleury, vague chambrière peut-être, et le sieur Demorny, bas officier songeant à la pipe et au rogomme, sinon aux moyens, à tous les moyens d'augmenter sa faible solde? Puis, dans la correspondance de Mme de Souza, personne expansive et un peu bavarde, vous ne trouverez pas un mot concernant les paroles prononcées par le petit à propos de ses père et mère : c'était un sujet défendu. Or, est-il vraisemblable que cet enfant n'ait jamais fait la plus furtive demande sur ce point, pour lui si troublant? Mais apparemment, on ne lui répondait pas, ou presque pas. Il dut rapidement deviner un mystère, et en chercher la solution.

On a vu, par ailleurs, qu'il était fort intelligent, précoce, et d'esprit très formé. Ajoutons que tout le monde connaissait le mot de l'énigme, dans l'entourage des Souza, Talleyrand, duchesse de Saint-Leu, etc. Nous pensons que dès le tournant de son enfance, le jeune Auguste se trouvait parfaitement informé. Gageons qu'à ses premières larmes printanières, il tira de sa poche quelque miniature de la reine Hortense : « Si vous saviez, maman!... » On ne peut pas toujours tout dire à sa grand'mère.

Quant à ses rapports avec M. de Flahaut, ils furent étonnants de tact, de tenue et d'affection en même temps que de confiance. Ah, comme les jeunes gens étaient exquisément élevés, en ce temps-là!

Le général de Flahaut s'était marié en Angleterre, ou plus exactement en Écosse. Il avait épousé miss Mercy Elphinstone, baronne Keith of Banheast, fille unique de George Elphinstone, lord Keith : riche et brillante union. Il en eut, on l'a dit plus haut, cinq filles, dont trois au moins étaient nées en 1829, et vivait avec toute sa famille parmi les brumes, les bruyères, les lacs et les montagnes de ce pays que Walter Scott et les romantiques étaient en train de rendre un peu plus que poétique, légendaire.

Or, un propre arrière-petit-fils de Flahaut vit aujourd'hui, lord Kerry. Il tient en sa possession et publiera tous les papiers de son aïeul (une partie déjà vient d'être éditée), y compris de très nombreuses lettres échangées entre celui-ci et son fils Morny. Lord Kerry a bien voulu nous dire que le père et le fils, qui s'écrivaient en français, ne se permettaient de s'appeler que « mon cher ami », et ne se tutoyaient point. (Le général parlait français dans ses lettres à Morny, et anglais dans celles qu'il adressait à ses filles. Nuance délicate.) D'autre part, notons qu'Auguste en usait très familièrement avec ses demi-sœurs. Plusieurs lettres de celles-ci, adressées à Auguste et conservées par la famille Morny, sont charmantes de gentillesse et d'affection. Notons qu'il y a aussi dans les papiers Morny des lettres de M. de Flahaut à son jeune fils. Là, il l'appelle « Mon cher Auguste », et le tutoie.

Durant toute la préparation du Coup d'État, quelque vingt ans plus tard, Flahaut n'a rien ignoré de ce qui se tramait : sa correspondance le démontre. Il y a là un témoignage singulièrement frappant de complète entente filiale. Et nous savons par les confidences de Mme de Souza qu'elle était continuelle. Morny dut beaucoup aimer son père lointain.

Ce n'était pas qu'ils ne se querellassent. Le général entendait que l'on devînt élève de l'École d'État-major — contrairement à cette frivole Souza, qui souhaitait que son petit-fils épousât tout bonnement quelque fraîche « dindonnière », avec un beau château près de la basse-cour; aussi se plaignait-elle (juin 1829) que l'on « fît tout à l'envers pour cet enfant. » Mais enfin, le général voulait. Cela n'allait point toujours tout seul.

A côté du maître, pourtant, veillait un père très tendre. En cette année 1829, M. de Flahaut offrit à son fils un voyage. Et quelle émotion! Tous deux s'en furent à Aix-la-Chapelle. L'histoire, il est vrai, n'en dit pas plus long. Aucune lettre, nul écrit, pas la moindre note, rien. Cependant l'histoire nous apprend aussi qu'une femme naguère illustre se trouvait précisément en cette cité d'Allemagne, cet été-là, la duchesse de Saint-Leu, jadis la reine Hortense. Flahaut avait su demeurer l'ami cher et fidèle de celle qui autrefois l'avait tant adoré. Peut-on croire que l'ayant rencontrée — non par hasard, probablement — dans une ville étrangère, il se soit abstenu de lui rendre visite ? Et en ce cas, allait-il laisser son compagnon, son fils à l'auberge ? Quand ce dernier baisa la main que lui tendait la reine Hortense, croyons que ses lèvres tremblaient fort — comme aussi la main, certes! Croyons même que ce furent deux bras qui s'ouvrirent pour lui.

Un mois plus tard, Flahaut, décidément bien fier de son fils, l'emmenait en Écosse. Il l'installait en sa maison, au milieu de ses filles, le présentait complaisamment dans tous les châteaux du voisinage, le faisait monter à cheval et chasser le *grouse*, si c'était la saison. On devine en tout ceci une affection profonde — un peu voilée, peut-être, pour la forme.

En 1830, Louis-Philippe prend le pouvoir. Pour les Flahaut, c'était une bonne fortune. Il était difficile de croire que le nouveau roi des Français eût oublié l'amie rencontrée si romanesquement jadis dans l'exil, quand il n'avait plus qu'un traitement de professeur au collège de Reichenau pour ne pas mourir de faim. Ce sont là des souvenirs sur lesquels un roi n'insiste pas, mais qu'un homme se rappelle toute sa vie.

Puis les généraux d'Empire, pleins de prestige et peu considérés, sinon persécutés sous Charles X, se trouvaient de nouveau fort bien vus. Bref M. de Flahaut fut rappelé d'Angleterre, pourvu d'un siège à la Chambre des Pairs et élevé à la dignité de lieutenant-général des armées. Que l'on juge de son empressement à revenir dans Paris! Flahaut recommençait ainsi, sous Louis-Philippe, une carrière qui ne s'arrêtera plus.

Quant à Auguste, il se vit nommé d'emblée sous-lieutenant au 1er régiment de lanciers, ayant dû cette faveur au titre de « récompense nationale », pour avoir combattu parmi les « héros de juillet ». Ce qui d'ailleurs était faux : mais les récompenses nationales s'octroient dans l'enthousiasme, on n'y regarde pas de si près. Nous pensons toutefois qu'il ne fut nommé qu'en 1832, après avoir satisfait à l'examen de l'École d'État-major. Sa grand'mère le plaint, le 14 décembre 1831, de se trouver en proie aux affreuses « tribulations » de cet examen. Et en juin 1833 : « Voilà Auguste à son régiment, écrit-elle. C'est important pour lui.... C'est une carrière! »

Auguste n'entendait point la suivre en amateur. Pouvait-on voir un officier de cavalerie plus accompli ? Ni qui fît mieux valoir un charmant uniforme ? Il montait à merveille. Ses cheveux étaient blonds et soigneusement ondulés. Évoquez les portraits bien connus du duc d'Orléans en tenue militaire, son allure, sa coiffure bouclée, sa taille de guêpe, son pantalon de dandy, ses manches serrées, ses gants : et imaginez le jeune Auguste d'après cette Altesse, dont il devint rapidement l'ami. Il n'y avait rien de plus souriant que les petits yeux, un peu voilés, du sous-lieutenant. Rien de si noble, par contre, que sa bouche déjà quelque peu hautaine. Quant à l'élégance et à la grâce traditionnelles chez les Flahaut, il s'appliquait à les rendre encore plus dignes du demi-prince qu'il se savait. Faut-il ajouter qu'il ne signait plus Auguste Demorny, mais bien : de Morny ? De même qu'on se met une fleur à la boutonnière, il s'était mis la particule.

Et ainsi fait, comment pense-t-on qu'il se distrait — entre autres plaisirs — en sa garnison de Fontainebleau ? Il lit tant qu'il peut, il s'instruit, il se plonge dans les ouvrages « de métaphysique, de théologie », nous apprend sa grand'mère avec une espèce de respectueuse horreur.

Mais elle dit aussi, en septembre 1833 : « Auguste est avec son régiment au camp de Compiègne : il commande un peloton, et je suis bien sûre qu'il croit que sans lui l'armée ne marcherait point. »

Elle écrit encore, toute émue, la pauvre jolie vieille, en janvier 1834 : « Auguste m'a donné son portrait : cela m'a causé un vrai battement de cœur. » Elle n'avait plus alors que deux ans à vivre.

Enfin, en 1834, le lieutenant de Morny, songeant à sa carrière militaire, — et peut-être aussi à la suite de certaines difficultés d'argent, car : « Je suis bien aise de ce que tu me dis de ta résolution de ne plus faire de dettes », lui écrivait M. de Flahaut en octobre 1834 (papiers Morny) — le lieutenant, donc, obtint d'être envoyé en Afrique, où avaient lieu de vraies batailles. Et le duc d'Orléans mande à son frère Nemours, dans un billet familier : « A propos de femmes éplorées, Morny part pour l'Afrique ».

Elles n'avaient peut-être pas tort, ces belles personnes, d'être si fort éplorées. Ce n'était pas tant pour les coups de fusil. La guerre était dure en Algérie : mais la belle jeunesse romantique s'y grisait de galopades et de mousquetades, que l'on avait plaisir à raconter ensuite dans les salons de Paris. Les jours d'escarmouches et de combats, tout allait bien, aux blessures près, — et aux morts, hélas! Mais les pires dangers, c'étaient les nuits gelées succédant à des jours torrides, c'était la fièvre gagnée au crépuscule, c'étaient encore les exécrables nourritures, les mauvais campements, les heures déprimantes d'oisiveté, les fatigues physiques dont les jeunes bourgeois de ce temps-là n'avaient guère l'habitude. On n'était point athlétique en 1830, les épaules ne se portaient pas larges, ni les visages bronzés. Un officier tout svelte et dandy, fraîchement arrivé de France, avait vite fait de tomber malade sous le ciel d'Afrique, et parfois fort gravement, quand les balles des Arabes l'avaient épargné. Encore une fois, c'était une guerre dure : il y avait sujet de s'inquiéter.

Auguste de Morny connut ce double péril. Il fut officier d'ordonnance du général Oudinot durant l'expédition de Mascara. En un pareil poste ne manquaient pas les occasions de se distinguer, tant par l'intelligence que par la bravoure : il n'y avait alors ni télégraphe en campagne, ni téléphone, les officiers d'ordonnance devaient à chaque instant accomplir des missions et porter des ordres, en des circonstances où l'on risquait soit de se faire parfaitement estropier ou tuer, soit de commettre quelque sottise presque aussi déplorable. Morny cependant se conduisit de telle manière qu'il mérita l'attention et les éloges publics du lieutenant-général, duc de Mortemart, ce qui n'était pas pour lui de petite importance.

Cependant, il ne laissa point d'y gagner aussi une terrible gastrite et de très mauvaises fièvres qu'il fallut conjurer, à la mode du temps, par des saignées sans merci.

On le rapatria. Il revint en France tenir garnison à Nevers. Là, il se soigna surtout en menant, parmi les chevaux et les boudoirs, une « vie inimitable » — du moins autant que faire se pouvait pour un jeune officier, dans cette odieuse vie provinciale, si admirablement étudiée et décrite par Stendhal, quand il composait (à la même époque exactement, et mieux encore, la même année) cet étonnant chef-d'œuvre inachevé, intitulé *Lucien Leuwen*.

En 1835, Morny repartait pour l'Afrique, toujours comme officier d'ordonnance, mais cette fois du général Trézel. Il s'agissait de prendre Constantine. Ce fut horriblement pénible. Le temps était affreux, la pluie ne cessait point, on campait en pleine boue, on mangeait ce que l'on pouvait, quand on pouvait, il n'y avait que des apparences de chemins entièrement défoncés entre des rochers immenses et de dangereux ravins. Notre jeune lancier n'en sauva pas moins la vie de son général, qui en témoigna dans une lettre extrêmement flatteuse, le 1er décembre 1836 (papiers Morny), ce qui lui valut d'être cité à l'ordre du jour, et bientôt décoré de la Légion d'honneur. Mais il contracta, d'autre part, une effroyable dysenterie, et comment n'eût-elle pas empiré de jour en jour, quand il fallait demeurer sans trêve dans un véritable bourbier glacé, et passer les nuits sous des haillons humides plutôt que sous des tentes ?

Le malade — et très malade — surmené par une fièvre éternelle et de violentes douleurs d'entrailles, se vit ne seconde fois renvoyé en France. Après quoi, il donna sa démission. Le métier militaire ne l'intéressait plus. L'avancement est trop long. Il faut se porter trop bien. Et puis, cet uniforme.... Décidément, le frac était plus amusant, et plus difficile à porter. Le comte de Morny (après la particule, le titre avait suivi) revint à Paris.

Un de ses plus jolis souvenirs d'Afrique dut être une orange qu'on lui avait donnée. C'était un jour qu'il grelottait de la pire fièvre, au camp de Sig. « Vous avez l'air bien souffrant, monsieur de Morny, lui avait dit un officier. Voulez-vous cette orange ?... » Morny avait remercié, et demandé le nom d'un si obligeant camarade.

« Commandant Changarnier », avait répondu celui-ci en se présentant.

M. de Morny le fit néanmoins arrêter, quelque quinze ans après. La politique est la politique.

CHAPITRE III

LES DEUX FRÈRES

UN DANDY || VIE CHARMANTE ET MYSTÉRIEUSE || FAMILIER DES PRINCES || LE RAYONNEMENT DE LA COMTESSE LE HON || DÉPUTÉ (JUILLET 1842) || TEMPÊTE DE 1848 || LES DEUX FILS DE LA REINE HORTENSE || CARBONARISME || VIE D'EXILÉ.

A partir du moment où le comte de Morny cessa d'être soldat jusqu'à 1842, c'est-à-dire pendant quatre ou cinq ans on perd sa trace. On sait pourtant où il vivait, et au milieu de quelles gens, et comment. Il faisait partie de ces dandys dont la troupe chatoyante rôdait et cavalcadait sur le boulevard, le charmant boulevard accueillant et désencombré du temps de Louis-Philippe, lieu de flânerie plutôt que voie de communication, sorte de cours provincial, un mail enfin. On y voyait des chaises sous les arbres, à peine s'il y avait un trottoir, de grandes lanternes se balançaient à des poteaux, comme dans les parcs. Et les dandys promenaient là leurs redingotes exquises, leur velours, leurs satins, leurs façons qu'ils croyaient anglaises et leurs beaux chevaux de pur sang.

Or, M. de Morny scintillait au milieu d'eux. Les gazettes mondaines le citent. Il lançait des gilets noirs bordés d'un filet d'or et des chapeaux enfoncés « à la Morny ». On parlait à mi-voix de duels et de grandes aventures : un prince du sang aurait été mêlé à l'une de ces pistolades. Le séduisant Auguste ne craignait même pas de monter dans les « steeple chase », importation toute nouvelle encore : et c'était alors un exploit plus flatteur, pour nos dandys, que ne fut jamais pour Parceval et Lancelot du Lac, au temps des tournois, la déconfiture de tous les chevaliers de la Bretagne bleue ou des îles terribles. A la première réunion de la Croix-de-Berny, en 1837, un cheval appartenant au comte de Morny, et monté par l'extraordinaire cavalier Mackensie-Grieves, gagnait contre une jument appartenant au duc d'Orléans. Il y eut une revanche, et cette fois, c'est Morny lui-même qui pilotait son cheval sur ce parcours réellement très difficile et des plus dangereux : mais il fut battu par ce diabolique Mackensie-Grieves qui montait pour le prince royal, et eût changé en Pégase lui-même un cheval de fiacre.

Quand, après ces chevauchées, le jeune « gentleman rider » (on était bien fier de ce mot barbare, mais si neuf, et qui n'avait point encore dépassé la chaussée d'Antin ni le faubourg Saint-Germain) quand le « gentleman rider » Morny reparaissait au boulevard, portant son ruban rouge à la boutonnière, ses amis du Jockey Club ne devaient plus savoir au juste s'il avait gagné la croix à vingt-cinq ans pour fait de guerre en Algérie, ou peu de mois plus tard pour avoir franchi des obstacles avec une élégance téméraire dans les environs de Paris.

Néanmoins, tout le détail de cette vie que Balzac eût aimée — et qu'il avait prêtée d'avance en ses livres à son éblouissant vicomte de Marsay — nous échappe. Deux compagnons de Morny, Fernand de Montguyon et le comte d'Alton Shée, auraient pu nous en conter plus d'un trait. Montguyon fut l'ami intime de Morny, jusqu'à l'heure même de la mort : Alphonse Daudet en a tracé dans le *Nabab* un merveilleux portrait dans l'inoubliable marquis de Monpavon. Mais Montguyon ne daignait écrire — ou ne savait. Quant au comte d'Alton Shée, ancien page de Charles X, il fut l'un des fondateurs du Jockey Club, et vécut fort gaîment, pour commencer. Puis il se consacra, comme Morny lui-même, à la politique : mais l'amour du peuple dévorait l'âme d'Alton Shée, il le disait du moins, tandis que le goût seul de la raison occupait celle de Morny, qui ne s'en félicitait pas si haut. Or, en ses *Mémoires*, curieux quoiqu'assez gourmés, le noble démocrate parle volontiers de l'intelligence de Morny, de sa foi en lui-même, de son audace, de son sang-froid, de son jugement sain (nous citons, t. II, p. 8), de ses « qualités princières », telles que la « dissimulation, l'inconscience, le mépris des hommes et le besoin de leur plaire »; mais c'est à peine s'il souffle mot de leur commune jeunesse. Sujet trop futile, apparemment : un pair de France assez sérieux pour faire sans rire le révolutionnaire dans les salons, n'ira pas insister sur les turbulences de son passé, cela s'entend.

Bref, nous ne savons à peu près rien sur Morny en sa fleur de grâce et d'insouciance, sinon qu'il fut charmant, perdit ses cheveux assez vite, et monta des chevaux de race pure. Mille et trois secrets de cette existence, durant les années printanières, reposent peut-être aujourd'hui Dieu sait où, en quelque coffret disjoint et que nul n'ouvre plus, au fond d'un tiroir oublié, dans un coin de grenier. Rêvons qu'il y a là toute une liasse de lettres adressées à Zoé, Mathilde ou Juliette. Celles-ci les auront souvent relues, quand pour elles vint l'automne, puis l'hiver. Un beau jour, les bonnes vieilles auront délaissé leurs souvenirs d'amour, qu'en dépit des plus grosses lunettes elles ne déchiffraient plus, et leurs héritiers ne se seront point soucié de ces papiers jaunis. Des souris, un soir, y creuseront leur nid.

Comment Morny pouvait-il satisfaire à une si grande dépense — femmes, chevaux, équipages, soupers, jeu, vie de prince — on le comprend mal. Ce que nous payons 100 francs de nos jours valait peut-être 25 francs en 1913, et 8 à 10 francs en 1840 ; mais il n'est bourse qui ne s'épuise à la longue, notamment celle d'un jeune homme dépourvu du moindre parent d'Amérique, et qui n'avait aucun métier, plus même une solde d'officier à toucher. Admettons que Mme de Souza eût laissé quelques sous à son cher Auguste, ou même que Flahaut son père, sans parler d'Hortense sa mère (morte d'ailleurs en 1837), lui eussent épargné certains soucis, l'on ne va néanmoins pas bien loin de la sorte. Le jeune comte de Morny devait déjà s'adonner aux affaires : on a vu par la suite qu'il en avait le goût, le courage, et certes le talent.

D'autre part, la situation du général de Flahaut donnait évidemment à son fils maintes facilités, et lui ouvrait plus d'une porte. En grande faveur auprès de Louis-Philippe — quoiqu'avec certaines vicissitudes, comme Mme de Dino, par exemple, en témoigne — Flahaut avait été fort remarqué au siège d'Anvers par le duc d'Orléans, qui se piquait de savoir admirer et honorer les anciens soldats de Napoléon. Le prince royal fit de Flahaut son premier écuyer, en 1837. Après quoi, ayant très régulièrement siégé à la Chambre des Pairs, le général fut envoyé à Vienne comme ambassadeur en 1841 : il y demeura jusqu'en 1848. Mais durant son séjour à Paris, M. de Flahaut habitait avec Morny rue d'Angoulême, autrement dit rue La Boétie — dans le délicieux hôtel qu'on y voit encore aujourd'hui au coin de cette rue et de l'avenue des Champs-Élysées : domicile très « fashionable », un peu en dehors de la ville, ainsi que l'on fait à Londres. Ces messieurs Flahaut étaient anglomanes.

Si l'on joint à cela l'amitié manifeste qui liait Morny au duc d'Orléans et aux autres fils de Louis-Philippe, on conçoit qu'il ait rencontré un véritable crédit dans le Paris un peu béjaune de ce temps-là, où, hormis la société quinteuse du faubourg Saint-Germain, tout s'ouvrait si largement aux ambitieux, ainsi qu'aux hommes d'affaires : Balzac lui-même nous l'a montré.

Certes, un des meilleurs avantages de Morny venait de son assiduité aux Tuileries : il y allait en habitué. La cour de Louis-Philippe se trouvait cependant plus ou moins mise en quarantaine par de puissants salons légitimistes : c'était néanmoins la cour officielle, où se gagnaient places, prébendes, grades et sinécures. Nombres de ducs s'étaient ralliés. Les hauts fonctionnaires de l'État assistaient aux réceptions de S. M. le roi des Français. Le monde diplomatique s'y rendait, les officiers étrangers y arboraient leurs uniformes de gala, et les ambassadrices tous leurs diamants.

Parmi celles-ci, l'on nommait partout comme la plus charmante une grande blonde irrésistible : l'ambassadrice du nouveau royaume de Belgique, la comtesse Le Hon. Il lui était aussi naturel de sourire que de respirer. Son nez ciselé prêtait à son visage on ne sait quel air *quattrocento* : un Ghirlandajo, un Botticelli. En ses grands yeux scintillait la vie.

C'était une demoiselle Mosselmann, issue de banquiers d'Anvers, famille énormément riche. Elle avait épousé le comte Le Hon, qui fut le premier ambassadeur belge en France. On sait quel est toujours, et dans tous les pays du monde, le succès d'une belle ambassadrice : cette émotion ne se trouvant pas assez fréquente, peut-être, pour qu'on s'en lasse jamais. La cour de Louis-Philippe fut éblouie : le prince royal en personne environna la délicieuse Mme Le Hon de galanteries infinies, et il n'y eut seigneur ni diplomate, ministre ni financier, dandy ni journaliste qui ne fût à ses pieds. Elle régna sur un considérable salon politique, nettement orléaniste, durant toute la royauté de juillet. Le duc Decazes, Thiers, le marquis de la Valette, etc., y venaient habituellement. On montrait l'illustre hôtel Le Hon aux étrangers en excursion parmi les arbres de ce quartier excentrique et potager : l'hôtel s'élevait en effet au rond-point des

Champs-Élysées, au coin de la rustique allée des Veuves (avenue Montaigne), où rôdaient encore des poules et s'ouvraient des guinguettes. La loge de l'ambassadrice, à l'Opéra, formait un spectacle : cent lorgnettes suivaient les gestes et les mines des Rastignacs et des vicomtes de Marsay qui bavardaient là, dans l'ombre des manches à gigot. Aux plus beaux soirs, on y voyait se presser toutes les gloires et les éminences parisiennes, sans parler des éminences grises.

Un jeune homme, entre autres, un fidèle, et le plus fidèle, demeurait invariablement aux côtés de Mme Le Hon. Les médisants désignaient d'un air fin ce parfait dandy, si distingué, un peu chauve : *gentleman rider* depuis les pieds jusqu'au col, mais à partir de là, souriant diplomate. « C'est Morny », faisait-on. Et l'on ajoutait « Naturellement... » pour mieux se faire entendre des provinciaux.

L'affection invariable de Morny envers Mme Le Hon et l'attachement passionné de celle-ci pour lui ont duré tant d'années qu'il serait bien lourd et un peu sot d'en parler en badinant. « Je l'ai pris lieutenant, je l'ai laissé ministre » disait-elle à l'automne de sa vie. C'était exact. Cette femme si belle et cet homme qui eut tant de grâce ne pouvaient que se lier de toute la force de leurs affinités, dès qu'ils se furent rencontrés, puis se dévouer l'un à l'autre. Bref, ils formèrent une merveilleuse équipe, comme nous dirions peut-être aujourd'hui.

Qui sait si l'origine de cette liaison ne fut pas des plus délicates. En dépit de la différence d'âge, en effet, la jeune comtesse Le Hon — née en même temps que Morny, ou fort peu d'années après — se trouvait en relations d'amitié avec la duchesse de Saint-Leu, autrefois reine Hortense. Elles s'écrivaient, et l'ancienne reine de Hollande, qui aimait les personnes en situation, se confiait volontiers à l'étincelante et influente ambassadrice de Belgique. C'était le moment de la folle entreprise de Strasbourg, précédant l'extravagance de Boulogne, tentées par le prince Louis-Napoléon Bonaparte, fils d'Hortense. La duchesse de Saint-Leu s'inquiétait fort au sujet de ses enfants — oui, de ses enfants, car elle parle quelquefois d'une certaine « sœur Augustine », laquelle en style convenu signifiait tout simplement Auguste de Morny. Quand ce mystère aurait placé l'ambassadrice délicieuse dans une position toute spéciale, et, il faut l'avouer, assez émouvante, auprès de notre dandy charmant, aucun psychologue ne s'en étonnerait.

Il ne faut pas oublier que la bonne et sensible reine Hortense s'est toujours efforcée d'agir de son mieux en faveur de son fils inavoué. Il y a dans les papiers Morny deux lettres extrêmement touchantes, du 20 octobre 1818 et du 19 janvier 1820. Dans ces lettres adressées à M. de Souza, d'une écriture assez surprenante, datées de Philadelphie, où elle n'est jamais allée, et signées pudiquement « comtesse Henry de Morny », nom qu'elle n'a jamais porté, Hortense envoie de l'argent au mari de Mme de Souza, et le prie de placer ces sommes en rentes sur la tête du petit Auguste : une fois 2 800 francs, et l'autre fois 40 000 francs. La tradition de la famille Morny, transmise de père en fils est formelle, et attribue nettement ces lettres à la reine Hortense. Quoique peu fortunée, elle pensait à son petit, on le voit.

Cependant on se ruinait vite à vivre parmi tous les luxes, autour du perron de Tortoni, et à entretenir des chevaux de courses : même dans le Paris d'alors, où rien ne coûtait, c'était un train lourd à soutenir pour un oisif. Morny n'avait point la vocation de la médiocrité, ni des économies; d'autre part, tant au point de vue financier qu'à tous les autres, il se sentait plein d'une insouciante audace. Dès 1838, il avait trouvé le moyen de prendre parti — sans faire du tout rire — dans la vaste querelle, qui divisa positivement le pays, entre les fabricants de sucre de betteraves et les importateurs de sucre des colonies. Il avait publié avec intrépidité une brochure sur ce sujet aride, et établi encore plus courageusement une fabrique de sucre à Bourdon, près de Clermont-Ferrand. L'acte de vente de cette sucrerie est de 1837; il faut de toute nécessité que le jeune Morny ait à ce moment trouvé des capitaux, puisqu'il en manquait : il est naturel qu'il se soit fait commanditer par ses amis, cela se produit tous les jours. Nous supplions que l'on veuille ne point juger de ces choses comme s'il s'agissait d'un collégien empruntant dix francs à sa petite cousine.

Bientôt les fabricants de sucre de betteraves, réunis en congrès à Paris, n'hésitaient point à choisir pour président ce hardi garçon, encore bien jeune, bien « fleur des pois », devaient penser ces graves messieurs, mais actif, entreprenant, et manifestement doué pour les affaires industrielles. N'eût été sa date de naissance, il eût aussitôt songé à la députation : mais il fallait compter trente ans révolus. En 1842 enfin, parvenu à l'âge requis, il se présentait à Clermont-Ferrand même, son ancienne ville de garnison. On le vit courir la région et traquer l'électeur au grand trot de chevaux bien menés.

Il était généreux, et savait plaire, fût-ce aux rustauds, prenant leur ton, s'il le fallait. Voyant entrer ce dandy en certain *Cercle du Commerce*, comme il y en a tant, un brave électeur, M. Perdreau-Feuillade, s'écria, suffoqué : « C'est bien la première fois qu'un comte met les pieds ici, par exemple! — Eh! bien, répondit Morny, les bons comtes font les bons amis. » Et la poignée de mains par là-dessus.... Qui veut la fin ,veut les moyens.

Une autre fois, au cours d'une réunion électorale, un de ses concurrents l'interpelle : « Les paysans seront pour vous?... Que diable avez-vous bien pu leur promettre? — Une éclipse pour le 10 juillet, répliqua Morny. » Et il ajoute : « Et même deux, si je compte la vôtre.... » Très gros succès.

Il fut élu le 12 juillet dans le premier collège de l'arrondissement de Clermont-Ferrand, après deux ballottages, le 10 et le 11. Puis, réélu quatre ans après, le 2 août 1846, dans le même arrondissement, et cette fois au premier tour, à une écrasante majorité. Clermont-Ferrand devenait son fief : il ne devait point tarder à acquérir des terres (Marmilhat, Nades) aux environs de sa sucrerie.

On pourrait se demander, et peut-être avec un peu d'inquiétude, comment se comporta au Parlement notre député verni et ganté.

Il se comporta parfaitement. De vieux tomes du *Moniteur*, sommeillant mélancoliquement dans la bibliothèque du duc d'Aumale à Chantilly, relatent le rôle correct et assez monotone joué au milieu des orateurs par l'élégant représentant de l'Auvergne. Jamais ne fut-on moins charlatan que lui. Ami du sévère Guizot (selon le général Fleury), Morny détestait l'éloquence, ne se trouvant pas d'ailleurs doué par la nature d'une voix retentissante ni de l'aspect qu'il faut pour jouer le drame ou la grosse comédie : il récitait sans éclat des discours écrits d'avance, précis et fort intelligents. L'ordre avant toute chose, répétait-il sans cesse. Et puis, point de formules boursouflées autant que vagues. « Depuis que je suis dans cette Chambre, déclarait-il en 1845, je résiste, je l'avoue, à l'abus de certains mots; je me refuse à voir certain parti s'attribuer particulièrement le monopole du patriotisme, des sentiments nationaux et de beaucoup d'autres vertus civiques.... » Député insoucieusement ministériel, il recommandait une politique d'autorité gouvernementale, mais de libéralisme industriel, une politique de résultats et d'affaires plutôt que de principes.

De bouillants esprits, Armand Marrast par exemple, ne pouvaient supporter ce froid utilitarisme politique. Au sujet de la fameuse indemnité Pritchard — humiliation sage, mais cruelle, pour le gouvernement de Louis-Philippe — Morny s'entendit appeler avec dégoût « le plus jeune et le plus chauve des satisfaits ». L'opinion l'eût évidemment préféré courroucé, turbulent, sonore.

« A l'extérieur, disait-il en février 45, au cours d'une réponse à M. de Larochejacquelin, notre situation est bonne. »

Indigné, un député, M. de Courtais, s'écria : « Eh bien, vous n'êtes vraiment pas difficile!

— Monsieur, répliqua insolemment le représentant de Clermont-Ferrand, je ne vous demande pas si vous la trouvez bonne : je la juge telle, moi, et je le dis. »

Mais ce n'était là qu'un incident de tribune, à raconter le soir chez Mme Le Hon : et satisfait, en somme, Morny ne l'était pas tellement. Dès 1847, en pleine Chambre, il s'inquiétait déjà du communisme. Il avait beaucoup réfléchi. Des notes abondantes, au crayon, des plans de brochures politiques se trouvent dans ses papiers inédits. Peut-être, en 1848 même, songeait-il confusément à se rendre à Frohsdorf, auprès du comte de Chambord, afin de causer tout au moins : c'est Mélanie de Metternich qui nous l'apprend. Et en attendant, il ne craignait pas de présenter à Louis-Philippe en personne certaines respectueuses remontrances. Le vieux roi souriait : « Jeune homme, répondait-il, demeurez en repos : on tient la France au moyen des fonctionnaires publics. »

Il n'y a point d'âge pour les illusions.

La presse, également, avait tenté le comte de Morny : il avait mis des fonds dans le *Constitutionnel* du Dr Véron. En outre, il faisait beaucoup d'affaires, tant de Bourse que d'industrie, de chevaux, de tableaux, que sais-je! Or une mauvaise atmosphère politique trouble les spéculateurs : non, décidément, M. le député n'avait point sujet de se sentir si tranquille avant la tempête de 1848, qu'il ne prévoyait que trop. Le charmant hôtel des Champs-Élysées pouvait être emporté comme un fétu par la rafale, avec les équipages élégants, les œuvres d'art, les bonnes valeurs en Bourse et même le mandat de député : sait-on jamais où cela s'arrête, une émeute aujourd'hui, la révolution demain?

Quand éclata finalement la terrible tourmente de février qui balaya le gouvernement de Louis-Philippe, la fortune du comte de Morny souffrit en effet beaucoup dans le désarroi général des affaires : il fallut aller jusqu'à faire une vente publique de tableaux. Cependant, la situation du député se trouvait indéracinable en Auvergne, si bien qu'il se vit choisi une fois encore, comme nous l'avons dit plus haut, et nommé représentant du peuple à l'Assemblée constituante — en même temps qu'un jeune avocat de Riom, M. Eugène Rouher — puis réélu député à l'Assemblée législative en 1849. Paris pataugeait encore dans le sang, les insurrections se succédaient, continuelles, la dictature du général Cavaignac s'était montrée incertaine, absurde, l'incompréhensible expédition de Rome tournait à la risée publique et révoltait les consciences chrétiennes, tout n'était qu'attendrissements humanitaires, terreurs bourgeoises, ordres et contre-ordres, revirements, confusion, niaiserie, anarchie....

Que faisaient donc, pendant tout ce temps, les autres fils de la reine Hortense — les deux princes légitimes?

Ils s'exaltaient. La fortune éclatante du grand Empereur, leur oncle, hantait leurs cervelles adolescentes. Ils voulaient à toute force — et très noblement — se tailler une réputation, conquérir d'abord par des exploits politiques et généreux le droit de porter un nom si lourd, si beau.

Lorsqu'on est ainsi très jeune, et donc assez naïf, sans nulle bassesse d'âme, et qu'on souhaite d'agir avant tout, on se jette sur n'importe quelle cause aventureuse, plutôt que de demeurer oisif et terne. On est d'instinct pour le faible contre le fort, pour l'opprimé contre l'oppresseur avant que d'avoir seulement réfléchi. Des pays s'insurgent? Ils ont raison!... Et si l'on s'appelle Bonaparte, on prend un fusil, et l'on court.

En 1831, les Romagnes s'étaient soulevées contre le gouvernement pontifical, qu'appuyaient les Autrichiens. Bonne occasion! Voilà les fils d'Hortense partis avec un merveilleux enthousiasme, et qui se joignent aux rebelles. Ces jeunes gens de vingt ans rêvaient de gloire, on l'a vu, comme de se forger coûte que coûte le plus beau destin, à l'exemple de l'oncle sublime. Hélas, l'aîné, Napoléon-Louis, mourait bientôt à Forli, près de Faenza, d'une rougeole mal soignée. Il mourait dans les bras de son frère cadet, Louis-Napoléon. L'âme de celui-ci, un garçon de vingt-trois ans, dut éprouver une impression ineffaçable de cette scène tragique : assister aux derniers moments d'un frère aîné, en pleine retraite devant l'ennemi — les Autrichiens — et se trouver seul, triste, désespéré peut-être, loin de la mère bien-aimée, loin du père encore vivant, loin de la France et de tout, pour la cause déjà si séduisante de l'indépendance italienne.... On s'est étonné plus tard de l'indiscutable amour voué par Napoléon III à cette même cause qui renaissait, plus ardente et plus forte : les tragiques souvenirs de Forli n'y furent certainement pas étrangers.

Quoi qu'il en fût, l'année suivante le duc de Reichstadt — ou plutôt le roi de Rome — s'éteignait en Autriche : et de ce jour le jeune prince Louis-Napoléon Bonaparte (dont le père devait mourir à son tour à Livourne en 1846) se considérait comme l'héritier légitime, le représentant politique de la dynastie napoléonienne : de fait, il l'était.

Ce prince avait vécu près de sa mère dans le fort modeste château d'Arenenberg, en Suisse, où elle était exilée. Par un choix des plus singuliers, Hortense avait donné comme précepteur à son second enfant — l'aîné se trouvait confié au père — l'hellénisant et archéologue Philippe Le Bas, excellent humaniste, mais propre fils du farouche robespierriste Le Bas, celui qui se suicida en thermidor. Ce Philippe Le Bas était pédagogue dans l'âme : quoi de plus naturel pour le fils d'un terroriste ? Les Jacobins voulurent instruire de force l'univers, leurs fils s'instituent précepteurs, c'est dans l'ordre naturel des choses.

Philippe Le Bas succédait au bon abbé Bertrand, pieux et vague. Quel changement pour le petit Louis-Napoléon! Selon un effrayant et rigoureux, presque monacal tableau de travail, l'enfant apprit parfaitement le latin, le grec, le français, l'anglais, l'allemand, l'italien. Nous ne jurerions pas que c'était le français qu'il parlât le mieux. Comme il suivait les cours du Gymnase d'Augsbourg, où les devoirs étaient écrits en allemand, il est même possible qu'il ait eu un peu d'accent dans sa jeunesse. En outre sur l'emplacement du Forum, au cours de voyages en Italie, ou devant son Tacite et son Tite-Live, Dieu sait quelles leçons d'histoire le grave descendant du tribun Le Bas dut lui donner! Il faut songer que le maître et l'élève ne se quittaient pour ainsi dire jamais. En même temps que Tacite, Louis-Napoléon lisait de tout près Jules César. De plus, il y avait le colossal souvenir de l'oncle-dieu, mort en 1821 seulement, quand notre pensif adolescent avait bel et bien treize ans. Et puis, le romantisme et ses puissantes candeurs....

Après Philippe Le Bas, qui se sépara de son élève en 1827, vint Narcisse Vieillard, ancien officier d'artillerie. Ne fallait-il pas qu'un Napoléon apprît les arts de la guerre ? Ensuite, ce furent les cours de l'École militaire de Thoune (canton de Berne) qui ont permis au prince de gagner le titre de capitaine d'artillerie dans l'armée suisse.

Enfin, en 1831, il part avec son frère pour les Romagnes insurgées contre le Pape, au nom de ce qui pouvait un jour devenir l'Italie.... Et peu de mois après, Louis-Napoléon se trouvait seul, silencieux et doux, comme toujours, mais l'âme en feu, mais inébranlablement entêté dans son dessein d'améliorer la France et le monde, quand même il devrait pour cela s'emparer au besoin de l'une et dominer l'autre. Il faut ce qu'il faut.

Hélas, la vie n'est point facile pour les bannis, et l'intelligent gouvernement de Louis-Philippe tenait bon. Hortense ayant obtenu du roi la permission de faire un court séjour à Paris en 1832, se logea sur la place Vendôme avec son fils : des fidèles de l'Empire vinrent manifester sous ses fenêtres. Or, leur troupe était si mince et si peu obstinée qu'il suffit d'une pompe à incendie pour les disperser. Et l'exil recommença.

Louis-Napoléon vécut à Londres. Il se plaisait en Angleterre. La conversation des Anglais ne le troublait pas dans ses rêveries. De celles-ci sont issues des brochures, un ouvrage, *Idées napoléoniennes*, et deux coups de main : en 1836, il essayait de soulever la garnison de Strasbourg, et se faisait chasser, non sans une indéniable magnanimité de la part de Louis-Philippe; en 1840, il débarquait avec des partisans sur la plage de Boulogne, et cette fois, pris les armes à la main, il se voyait condamné par les Pairs et enfermé au château de Ham, d'où il s'évada en 1846 sous un déguisement.

Un certain Gilbert-Victor Fialin, dit Persigny, ancien sous-officier, chassé du régiment pour opinions républicaines et devenu bonapartiste ardent, conseillait au prince toutes ces folies peut-être absurdes, mais non dépourvues d'une espèce de beauté à la Béranger, un peu « romance » enfin, qui gagnaient à Louis-Napoléon les sympathies des grisettes, des bavards et des militaires, de quoi faire une bonne majorité populaire.

Or il tenait surtout à l'amitié du peuple, et pour la solliciter, écrivait beaucoup, faisant grand état de ses idées humanitaires, européennes, nationalistes, voire socialistes, de tout un peu.

Sa mère lui avait un jour écrit ces paroles singulièrement sages : « Il y a un art des princes, et vous l'apprendrez, pour faire miroiter les phrases, de manière que, par un phénomène d'optique, elles fassent voir au peuple tout ce qui lui plaît. On arrive à se composer un langage qui a la diversité d'aspect du caméléon, ou, si vous vous le rappelez, un habit d'arlequin que Florian nous montre dans une jolie fable. Chacun, selon son préjugé, y aperçoit la couleur qui le flatte. »

A quoi Hortense avait joint cette admirable phrase : « Tous les moyens de régner sont bons, suffisants, légitimes, pourvu qu'on maintienne l'ordre matériellement. »

Il ne manque à une si belle formule que d'être rédigée en un latin concis pour qu'on la grave dans l'airain des médailles ou le marbre des palais publics. Croyons que Louis-Napoléon ne l'oublia jamais.

Voici cependant comment le comte d'Alton Shée crayonna la silhouette de l'héritier de Bonaparte au cours du procès qui suivit la tentative de Boulogne : « Le prince avait le regard déjà terne, la physionomie d'un rêveur éveillé. Avec sa petite taille, son frac noir, et malgré le crachat dont il s'était décoré, quelque chose de mesquin, d'étriqué.... »

Lorsqu'arriva la Révolution de février 1848, où s'effondra le trône constitutionnel de Louis-Philippe, la frontière se trouva soudain ouverte aux Bonaparte. Louis-Napoléon accourut aussitôt à Paris, et proclamant bien haut son amour — peut-être fort sincère d'ailleurs, à cette époque-là — pour la République, fit acte de candidature aux élections pour l'Assemblée constituante. On sait que son nom prestigieux fit merveille, et qu'il fut élu dans quatre départements.

On a prétendu que les rapports de Morny et de son demi-frère Louis-Napoléon avaient été nuls pendant tout le règne de Louis-Philippe, qu'ils s'ignoraient complètement. Mais c'est trop dire. Un jour, à Londres, se trouvant en voiture avec le comte de Flahaut son père, Morny avait vu ce dernier saluer, non sans un grand respect, certain jeune homme d'aspect doux et voire effacé, qui cheminait tout simplement à pied.

« Qui est-ce ? demanda Morny.

— Louis-Napoléon Bonaparte.

— Ah ?... »

On n'ajouta rien. La voiture passa. Il y avait bien d'autres curiosités que ce « M. Bonaparte » à regarder dans Londres, quand ce n'eût été que les femmes, d'abord.

Le descendant direct du comte de Flahaut, lord Kerry, possède une très curieuse photographie d'Auguste de Morny, prise à cette époque de sa vie : ou plutôt un « daguerréotype ». On y voit un fort élégant garçon, en selle sur un cheval de pur sang. Ce cavalier porte un pantalon blanc à sous-pieds, une petite redingote fort courte, extrêmement ajustée, qui affine encore sa taille, un gilet blanc dépassant légèrement le col : tout cela merveilleusement coupé. Il a la moustache rognée en brosse, et un mince collier de barbe, une badine aux doigts, des gants clairs. Ajoutez l'énorme chapeau haute-forme du temps, enfoncé jusqu'aux oreilles. Et n'oubliez pas non plus le visage inutilement impassible des vrais dandys, bien entendu.

CHAPITRE IV

DÉSORDRE ET ANARCHIE

LOUIS-NAPOLÉON BONAPARTE, PRINCE-PRÉSIDENT || « LE JEUNE HOMME » || GACHIS DE 1849 || LE PRÉSIDENT POPULAIRE || TOUT LE MONDE ATTEND UN COUP D'ÉTAT.

UN jour de 1849, cependant, après les élections qui venaient de donner à la France une Assemblée Législative, M. le comte de Morny, réélu triomphalement en Auvergne, demandait audience au prince-président Louis-Napoléon Bonaparte. L'un et l'autre avaient trop de goût pour tomber dans l'attendrissement. Morny a même conté, dans son récit manuscrit du Coup d'Etat, qu'il n'avait pas eu d'abord grande sympathie pour Louis-Napoléon. Le geste de courtoisie, par conséquent, sans aucune allusion, peut-être un sourire des yeux — et les deux frères faisaient néanmoins cause commune, ils étaient liés pour la vie.

Qu'avaient-ils besoin de parler davantage? Leur intérêt commun leur imposait l'alliance. Leurs motifs différaient toutefois, comme leurs caractères.

Quand Louis-Napoléon, après la formation rapide et surprenante du parti bonapartiste dans la foule, après les images d'Épinal, les almanachs, les assiettes peintes, les chansons de la rue, les rassemblements quotidiens sur les boulevards et les « chahuts », si l'on peut déjà s'exprimer ainsi, de napoléoniens en bourgerons braillant sur l'air des lampions : « Poléon, nous l'aurons, Poléon.... », après aussi les faciles poignées de mains du prince-citoyen Bonaparte et ses réceptions sans morgue à l'Hôtel du Rhin, après les gaffes surtout de l'intransigeant général Cavaignac, aujourd'hui dictateur et naguère couvert du sang des ouvriers, vainqueur impopulaire des terribles barricades de juin, dompteur d'émeutes, potentat de guerre civile — quand Louis-Napoléon, héros de roman et favori tout neuf, se trouva soudain soulevé par l'engouement national jusqu'à la présidence de la République, ce Parisien de la veille ne connaissait pour ainsi dire personne. Il n'avait sous la main que son fidèle sous-officier Persigny, et puis le lieutenant Laity, et l'ancien roué Mocquard : voilà ses seuls amis.

Dès qu'il fut président, cependant, dès qu'il eut gravi les degrés de la tribune à l'Assemblée, le soir du 10 décembre 1848, en frac noir bien simple, orné seulement d'une plaque brillante, et qu'il eut ôté l'un de ses gants pour jurer de « rester fidèle à la République démocratique et de défendre la Constitution », quantité d'amis soudains lui arrivèrent de tous côtés. Mais qu'étaient-ils, ces nouveaux dévoués? Des jeunes gens, des « partisans », des militaires lourds de souvenirs et de rancunes ou pleins d'impatience, des anciens fonctionnaires, des Corses — du petit monde, en somme. Les grands parlementaires dédaignaient ce béjaune politique, dépourvu d'autorité, avec son regard vague et sa parole comme parcimonieuse. « Aucune expérience », pensaient-ils.

Ils avaient bien essayé de le former. Thiers, par exemple, n'était point d'avis qu'il s'habillât jamais autrement qu'en civil, et lui avait même conseillé un jour, avec l'assentiment émouvant du comte Molé, de couper ses moustaches, afin d'éviter jusqu'à la plus légère apparence militaire.... Cependant, à peine au pouvoir, voilà « ce jeune homme » qui revêt la tenue de général de la garde nationale, a des officiers d'ordonnance, une maison militaire, un suisse dans son antichambre. Il monte sans trêve à cheval, prétend passer des revues.... « Enfantillage!... Démence!... »

Bien pis que cela. Dès les premiers jours, ce mutin de président n'a-t-il pas témoigné l'intention de ne pas obéir à ses ministres, des sommités comme Odilon Barrot, M. de Falloux, M. de Malleville?.... Les autres éminentissimes de l'Assemblée, par une sorte d'esprit de corps, s'écartaient de ce profane scandaleux.

Bref le prince-président ne se sentait encore entouré que d'une camarilla sinon suspecte, du moins un peu aventureuse et assez « en l'air, » comme on dit familièrement. Nul doute qu'il n'eût grand besoin d'associés tenant tout de lui : un parent secret, un demi-frère inavoué comme Morny, mais d'autre part un patricien dont les relations étaient considérables, un boulevardier, un dandy qualifié, qui connaissait son Paris comme on connaît à la fois son bureau et son jardin, pouvait-on rêver une meilleure aubaine?

Quant au comte de Morny, il devait éprouver un tel dégoût en 1849! Une intelligence aussi nette et désencombrée que la sienne, assister à ce navrant essai de république sentimentale, à ce « gouvernement par la persuasion », à ces intarissables discours pleins d'emphase et de larmes, à ces créations d'ateliers nationaux dont l'indicible enfantillage nous étonne encore aujourd'hui, à ce redoutable essor des plus sottes coquecigrues politiques — et tout cela pour aboutir à l'horreur des journées de juin, et aux flaques de sang dans les rues?... Lui, Morny, petit-fils de Talleyrand, voir la France retomber dans l'anarchie aujourd'hui et demain la canaille, entre les mains de fiévreux parlementaires, peut-être futurs terroristes? Il n'y avait pas si longtemps que la guillotine se dressait encore dans Paris : à peine un demi-siècle.

Sans compter qu'on n'apercevait que marasme en Bourse et trouble aux affaires par des temps si peu sûrs : le moment viendrait de vendre jusqu'à ses bottes.... De l'ordre, pensait Morny, d'abord de l'ordre dans la maison, à tout prix!

Le 16 mai 1849, il écrivait déjà à Mme de Flahaut, cette Anglaise que son père avait épousée, et dont Auguste fut toujours le respectueux ami : « ...Il se prépare un choléra politique qui me paraît devoir être plus grave peut-être que tout ce que nous avons vu jusqu'ici, et il m'est impossible de m'éloigner, surtout après la position que j'ai prise et la confiance que j'inspire au Prince. Je le vois tous les jours plutôt deux fois qu'une. Il cause avec moi de tout : des hommes, des événements. Puis-je décemment le planter là dans un moment critique? Cela est impossible.

» Les élections paraissent devoir être moins bonnes qu'on ne s'y attendait. Le socialisme a fait des progrès effrayants; dans plusieurs départements, la liste rouge passera, et si la liste modérée passe dans d'autres, ce sera à une si faible minorité que l'effet moral en sera désastreux. Dans ce cas, il n'y aura plus qu'à plier bagages, à organiser une guerre civile, et à prier MM. les Cosaques de nous aider! Je ris en écrivant cette phrase, et je pense que votre fierté nationale va se révolter; mais croyez-moi, si vous voyiez un socialiste près de vous, vous n'hésiteriez pas à lui préférer un Cosaque. Mon patriotisme s'arrête là.

» Enfin il m'est difficile de tout vous écrire, mais soyez sûre que si la Chambre est mauvaise, nous sommes perdus dans huit jours, et si elle est médiocre, nous le serons dans un mois. Il n'y a que l'Empire qui pourrait nous sauver. Les hommes politiques y mordent, les plus gros, mais le Prince a des scrupules de probité. Enfin d'ici peu, il se passera de grandes choses.... » (Lettre publiée par lord Kerry.)

Mais il fallait la force et l'autorité — l'armée et un chef — pour tout remettre en place. Morny regardait attentivement autour de lui. Ce prince-président, en somme, ce frère tombé du ciel semblait en bon chemin. Dès son installation à l'Élysée, n'avait-il point déjà déconcerté le ministre Malleville par une lettre ressemblant à un ordre?... Allons, il y avait lieu de « miser » sur cette carte-là. Le pays s'en trouverait sans doute bien : et l'on risquait de retourner le roi. Morny était beau joueur. Il n'hésita guère.

Il y avait tout contre l'Élysée un vieil hôtel, l'hôtel Castellane, encore attristé par les échos de l'horrible assassinat Choiseul-Praslin, deux ans auparavant. Néanmoins, on ne pensait plus à tout ce sang répandu, et le comte Bacciochi, descendant d'Élisa, princesse de Lucques, cousin de Louis-Napoléon, habitait là. Persigny également y logeait, ou venait y travailler chaque jour. Auguste Chevalier, Mocquard, ancien secrétaire de la reine Hortense, homme d'esprit, vieux roué, y avaient leurs tables à écrire, sinon des chambres et des bureaux. Bref, les plus fidèles amis et partisans du prince-président se réunissaient en cette maison, non sans une apparence de mystère : c'était, si l'on veut, une sorte de « Bonaparte Club », où l'on conspirait plus ou moins. Morny se mit à hanter assidûment cette société de bonapartistes ardents : il en devint rapidement, non pas l'apôtre le plus convaincu peut-être, puisque Persigny était là, ni le plus annotateur et méthodique, car il y avait Mocquard, en tous cas le plus nettement résolu.

Il ne faudrait cependant pas prendre à la lettre ce mot de complot. Le prince-président, environné par ses amis, ne complotait pas contre l'État dont il était le premier magistrat : loin de là, il ne songeait avec bonne foi qu'au bien de la France. Hâtons-nous de l'ajouter, ses adversaires le désiraient en général aussi :

les traîtres, les coquins, peut-être même les égoïstes cyniques ne sont pas en si grand nombre qu'on dit. Mais des hommes réunis en Assemblée, en Parlement, ne pensent plus comme des êtres normaux. On le sait bien, et c'est là une observation positivement physiologique.

Les complots du prince-président se bornaient donc à lutter contre le Parlement, c'est-à-dire l'Assemblée constituante d'abord, et la Législative ensuite. A propos de l'expédition de Rome, de la loi électorale, du commandement de l'armée de Paris, de la « liste civile » de l'Élysée, de la révision enfin de la Constitution, Louis-Napoléon engageait la bataille. Voici comment le gros public pouvait se représenter à peu près ces conflits, sans cesse renaissants.

Rome, d'abord. Les Romains avaient chassé le Pape. La France, soucieuse de ne pas se laisser ôter par l'Autriche le rôle de protectrice du Saint-Siège, envoie des troupes, quelques soldats, sous le commandement du général Oudinot. Rome se met en défense. Les Français sont repoussés. Fureur, à Paris, de la Montagne (on appelait ainsi la gauche de l'Assemblée, les républicains, les socialistes, etc.). « Quoi! une expédition française contre une République étrangère!... » Et l'on exige que ce scandale cesse. Mais le président répond par une lettre personnelle au général Oudinot : « Notre honneur militaire est engagé. Je ne souffrirai pas qu'il reçoive aucune atteinte. Les renforts ne vous manqueront pas. » Il entraîne le sentiment public : « L'honneur militaire!... » Louis-Philippe n'avait pas fait assez cas de cette déesse-là.

La loi électorale. L'Assemblée effrayée par des succès électoraux de gauche (on avait élu notamment Eugène Sue, auteur des ces ouvrages « redoutables », *Les Mystères de Paris, Le Juif errant*!) vote, le 30 mai 1850, une loi restreignant de beaucoup le nombre des électeurs. Le prince-président, qui se sent plus soutenu par les suffrages de la grande foule que par ceux d'une élite restreinte et mouvante, oppose une grande résistance. A la bonne heure, pense le public, il défend le suffrage universel, l'œuvre de 1789!

L'armée de Paris. Le général Changarnier, glorieux, infatué, passionnément orléaniste, et tout dévoué à la cause monarchiste, commandait cette armée. Il parlait sans trêve de faire un coup d'État, de tout balayer et d'arrêter le président. Celui-ci le destitue, en dépit d'un orage terrible à l'Assemblée et d'un renversement de ministère. Louis-Napoléon, dit encore le public, protège l'État contre le rétablissement de la monarchie.

La « liste civile » (on ne l'appelait pourtant pas de ce nom, trop ancien régime). Le président a des frais énormes de maison, de représentation. Il s'endette, ne sait plus comment s'en tirer. L'Assemblée lui refuse piètrement deux pauvres millions.

La révision. Les monarchistes légitimistes demandent la révision complète de la Constitution, afin de pouvoir faire élire un roi. Les orléanistes louvoient. Les « rouges » fulminent. Quant au président, il voudrait une réunion partielle qui lui permît d'être élu de nouveau à l'expiration de son mandat, en 1852. Que le pouvoir exécutif dure, au moins, si le Parlement est si divisé, si faible!... Mais l'Assemblée ne peut se décider, ne vote rien. Et le temps passe....

Certes, un tel exposé semblera partial. Sur le papier, et d'après les procès-verbaux de l'Assemblée, il est naturellement plus nuancé. Mais en réalité, quand on restitue l'atmosphère même dans laquelle vivait le pays, et les émotions, les illusions de la foule alors si mal informée, combien tout se simplifie! Les républicains, les « rouges », confondus avec les socialistes, les communistes, les pillards de campagne et les émeutiers des villes, épouvantaient la majorité. On se rappelait la Terreur de 1793, que des ancêtres encore vivants avaient connue. D'autre part, le spectre du royalisme rôdait : c'est-à-dire, pour la masse ignorante, les abus, les faveurs, les Jésuites, l'étranger chez nous, l'indemnité Pritchard. Les débats de l'Assemblée, les votes, le jeu des réactions parlementaires, autant de mystères obscurs pour la foule de cette époque, un jeu d'échecs, auquel on n'entendait presque rien....

Tandis que le prince-président, au contraire, galopait çà et là en brillant uniforme et sur un beau cheval, au milieu d'un état-major : il se laissait acclamer, comme au camp de Satory! « Vive l'Empereur! » avaient crié les soldats. Il tenait à l'honneur de la France, tout en ne parlant que de paix. Il passait pour le martyr d'une Assemblée composée à la fois de réactionnaires et de rouges dangereux. Il représentait l'autorité, le juste armé d'une épée, le prince — sans titre qui pût choquer — parmi la tourbe des persécuteurs en redingote ou des partageux. On l'aimait. Ou du moins, une majorité de simples gens l'aimait.

L'armée le proclamait déjà. Les bonapartistes, de plus en plus nombreux et puissants, ceux de la première heure, puis les Fould, les Rouher, les Baroche, les de Parieu, les généraux Magnan, de Castellane, etc..., en profitaient pour leur propagande. Morny, poussait au coup d'État. « C'est moi, déclarait-il, qui le ferai. Quand on me verra parvenir au ministère, on pourra dire : « Voilà, c'est maintenant! »

A la veille de décembre 1851, l'Assemblée législative présentait en vérité le plus rebutant, le plus lamentable spectacle : aucune majorité possible, les deux tiers des représentants qui ne songeaient qu'à renverser la République, sans pourtant cesser un instant de se haïr et de se diviser, un tiers qui réclamait en faveur d'un humanitarisme dont tant de fois déjà nous avions vu en France les désastreux effets. Fautes sur fautes et contradictions perpétuelles, éloquence intarissable, le commerce inquiet, la Bourse fantasque, les paysans dans la stupeur et la misère, des terres en friche, du désordre, de la révolution qui couve....

Au château de Saint-Cloud, en l'automne de 1851, tandis que les feuilles d'or et de pourpre se posaient doucement sur le sol des belles allées, Morny faisait observer au prince-président, ainsi qu'à Rouher, Persigny et Carlier, préfet de police : « On n'a plus à sévir contre des gens en prison, et des arrestations faites avec intelligence peuvent prévenir la guerre civile. »

Louis-Napoléon, cependant, avait ajourné son coup d'État, naguère prévu pour le 17 septembre. Il tenait de bons généraux tout prêts : le fidèle Magnan, nommé commandant des troupes de Paris, ainsi que le fameux Saint-Arnaud, entre plusieurs autres, presque tous officiers d'Algérie. Les « Africains » étaient alors les seuls soldats qui eussent fait la guerre d'une manière assez rude. On entendait dire pendant longtemps dans le public : « Un Tel est en Afrique.... » et petit à petit une réputation d'énergie, d'acharnement, de bravoure, s'établissait autour de ce combattant sans peur et sans reproche. Le général Saint-Arnaud, notamment, jouissait d'un grand prestige, et n'avait pécuniairement comme socialement rien à perdre, ou du moins il ne pouvait que gagner. Il se laissa séduire sans peine par l'attrait d'une aventure qui pouvait devenir magnifique, et dans laquelle son audace ferait merveille. Comme il ne se trouvait encore que général de brigade, on sut lui organiser tout exprès une petite expédition en Kabylie, afin qu'il y gagnât le bicorne de divisionnaire, qu'il porta très élégamment. Physiquement, Saint-Arnaud ressemblait un peu à Richelieu, cependant à un Richelieu droit comme une tige, la taille sanglée, le regard beau et grave : un chef. Morny devait faire cas de ce vrai « duc » militaire : nous prenons « duc » au sens latin du mot.

Ce fut, a-t-on prétendu, Saint-Arnaud surtout qui refusa la date du 17 septembre : « L'Assemblée se trouvant en vacances, les représentants organiseraient une Vendée dans leurs départements. » On attendit.

Mais cette idée de coup d'État flottait dans l'air. Dès janvier 1849, le général Changarnier avait proposé au président et à Thiers d'en exécuter un. En septembre, en novembre 1851, le projet du prince-président était presque mûr. Or, depuis des mois, on réclamait plus ou moins ouvertement quelque coup de force à Paris, sur toutes les petites scènes du boulevard et dans les revues de fin d'année. Un vaudeville joué au Gymnase en février 1850 s'appelait sans plus d'ambages *Un coup d'Etat* : les allusions y fourmillaient. Rien n'arrive subitement, ici-bas. Un observateur attentif et paisible devrait tout prévoir. (Ne souhaitons d'ailleurs à personne un tel châtiment !)

Enfin, tout se passa avec une précision et une vigueur où l'influence de Morny paraît bien clairement visible. Nous ne prétendons point que Louis-Napoléon n'ait agi par lui-même : mais un homme le secondait sans cesse, et l'on retrouve dans la préparation entière du 2 décembre sa façon nette, légèrement dédaigneuse, presque sa signature. Voici d'ailleurs ce que Morny écrivit de sa propre main, par la suite. Ces lignes si curieuses figurent dans les papiers inédits que M. le duc actuel de Morny voulut bien nous permettre de feuilleter :

« Je crois pouvoir affirmer que sans moi le coup d'État n'aurait jamais eu lieu. J'oserai presque dire que sans ma participation il n'aurait pas réussi de la même façon.... Quand je vis le prince pour la première fois après son élévation à la Présidence, je le trouvai imbu de préjugés, de faux systèmes, de défiances. Il avait les idées qu'on prend naturellement dans un exil prolongé, une espèce de libéralisme sentimental naturel aux proscrits, mais avec lequel on ne conduit pas longtemps un gouvernement. Son entourage se composait d'une collection de niais ayant passé leur vie dans l'opposition ou en prison, et incapables de conseiller au prince une bonne marche. Je fus le seul à cette époque qui l'engagea à se rapprocher des hommes considérables, etc.... »

On le voit, la confidence est claire, l'aveu bien net : Morny se donne lui-même pour l'âme du Coup d'État. On s'en serait bien douté, rien qu'à constater avec quel style, si l'on peut s'exprimer ainsi, ce gros obstacle fut franchi.

Le commandement des forces de Paris fut d'abord confié, on l'a vu, au général Magnan. Notons pour mémoire que ce dernier s'était trouvé compromis, en 1840, dans le débarquement tenté à Boulogne.

Un nouveau ministère, composé de gens à peu près obscurs jusqu'à ce jour, fut ensuite appelé aux affaires : on y remarquait Saint-Arnaud comme ministre de la Guerre. La préfecture de police échut à Maupas, alors fonctionnaire presque destitué.

Un des premiers actes de Saint-Arnaud consista en la rédaction d'une circulaire déclarant que le chef seul, dans l'armée, était responsable, et que l'obéissance devait être aveugle.

Après quoi, le 4 novembre, le président propose à l'Assemblée le rétablissement du suffrage universel beaucoup moins restreint, au grand enthousiasme de la minorité républicaine. Quant à l'Assemblée, elle se dépopularise encore en rejetant cette habile proposition.

Le 11 novembre, Saint-Arnaud conteste la légalité d'un décret de 1848 permettant au président de l'Assemblée de requérir directement la force armée, fût-ce en dehors du président de la République : ce droit de l'Assemblée, les questeurs prétendaient le remettre en vigueur. Terrible discussion (17 novembre), tumulte, indignations contradictoires de tous les partis. « Qu'avons-nous besoin de soldats! s'écrie le fougueux et candide républicain Michel de Bourges.... Il n'y a aucun danger, et s'il y avait péril, une sentinelle invisible est là qui nous garde : le peuple!... » D'autres proposent tragiquement de mettre en accusation le ministre de la Guerre. « Allons, conclut Saint-Arnaud dans la bagarre, on fait trop de bruit dans cette maison : je vais, chercher la garde.... » Et il se lève. Était-ce le signal ?...

Mais tout s'arrange, car l'Assemblée désemparée et dont la majorité se déplaçait sans cesse, vote contre elle-même, pour l'Élysée, et la proposition des questeurs est repoussée.

DÉSORDRE ET ANARCHIE

L'État flottait donc au gré des bourrasques, il n'y avait plus qu'incohérence et anarchie. Le ministre de l'Intérieur adressait au préfet des circulaires confidentielles où se trahit une réelle angoisse. On peut les voir aux Archives nationales. Elles sont curieuses : « Les socialistes et anarchistes se groupent (4 mars).... » « Il faut lutter contre les publications provocatrices, criminelles, les assemblées clandestines, les banquets factieux, les almanachs — ce « livre du pauvre » — les imprimeurs insoumis et animés du pire esprit.... » Contre les cabarets aussi : « Les ouvriers, entrés au cabaret le samedi soir, n'en sortent plus que le mardi » (21 novembre). Le 24 novembre : « Les anarchistes se proposent de tenter un mouvement insurrectionnel pour le 30 de ce mois. »

Dans le monde, même cruel malaise. Le duc de Noailles écrit à la duchesse de Dino, le 7 octobre : « Chacun ici est triste, l'Élysée est triste, les fusionnistes et les légitimistes sont tristes, les orléanistes ne sont pas gais, la confusion est au comble, les divisions sans bornes et la prévision impossible. »

La droite affolée cherchait maintenant à conspirer contre la gauche avec le prince-président, on ne savait plus, les salons ne parlaient que d'un coup de force, la voie était libre.... « Ce sera pour le 20 », dit Louis-Napoléon... « Non, pour le 25!... » Pourtant, on remet encore. Enfin, dans la nuit du 1er au 2 décembre...

CHAPITRE V

LE DEUX DÉCEMBRE

DANS LA NUIT DU 1er AU 2 DÉCEMBRE ‖ MAGNIFIQUE ÉNERGIE DE MORNY ‖ IL EST MINISTRE DE L'INTÉRIEUR ‖ LA RÉSISTANCE ‖ LE PLÉBISCITE (21 DÉCEMBRE 1851).

DANS la nuit du 1er au 2 décembre, M. le comte de Morny se trouvait à l'Opéra-Comique, où l'on jouait *Les Châteaux de Barbe-Bleue.*

Il occupait une des avant-scènes du rez-de-chaussée, et de là saluait ses belles amies des loges voisines. Il leur souriait avec de savantes nuances, selon leur importance ou leur rang. Il se faisait voir, en tous cas. On aurait au besoin pu croire aussi qu'il écoutait. A ces deux vers, pourtant bien innocents, du premier acte,

Sans vergogne et sans souci
Arrêtons-les tous ici,

il daigna en effet approuver d'un signe de tête, tandis que toute la salle éclatait en applaudissements.

On ne rêvait positivement que d'arrestations, de révision et de chirurgie politique. Mais on ignorait si ce seraient les « rouges » — comme on disait non sans horreur — qui allaient mettre dans la plaie leur bistouri redouté, et d'ailleurs ébréché pour avoir trop servi, ou si les bonapartistes jetteraient en prison les orléanistes, ou si même les légitimistes enfin réveillés ne mâteraient pas tout le monde. Durant l'entr'acte, une mondaine recherchée, Mme Liadières, avait apostrophé Morny, moitié riant : « Eh bien, il paraît qu'on va vous mettre à Vincennes ? »

Et celui-ci de répondre : « Le grand coup de balai, madame ?... Possible, en effet.... De toute façon, je tâcherai de me mettre du côté du manche. »

Parole sans doute légendaire. Vingt ou trente femmes nous content aujourd'hui qu'elle fut dite à leurs propres arrière-grand'mères. Elle a bien le ton Morny, du moins. On voit à merveille notre homme qui murmure cela sans insister, guère sérieux, pas trop ironique non plus : le Français, qui ne se pique de rien, mais ne laisse d'agir... Morny, flânant ostensiblement dans les couloirs, eut cependant le tact de ne point échanger des plaisanteries, fines ou non, avec les généraux Cavaignac et Lamoricière, tous deux à l'Opéra-Comique, ce soir-là : ce n'eût plus semblé d'un goût parfait le lendemain matin.

Vers dix, onze heures, une fois l'entr'acte terminé enfin, Morny passa sans bruit sa houppelande, et s'esquiva. Bientôt il se glissait doucement à l'Élysée. Quatre conjurés l'attendaient : Saint-Arnaud, Maupas, Mocquard et Persigny. Le prince-président les rejoignit bientôt. Il y avait eu réception, comme chaque lundi : on n'eût eu garde, par prudence, de remettre à quelque autre semaine cette cérémonie un peu languissante, au cours de laquelle, afin de mieux donner le change, Louis-Napoléon s'était montré affable envers ses hôtes, très calme toutefois, et d'un air un peu distrait, ainsi qu'on le voyait le plus souvent. Quand le colonel Vieyra, chef d'état-major de la milice citoyenne, était venu le saluer, le prince avait retenu par un bouton de sa tunique ce partisan tout dévoué, et lui avait dit à mi-voix, sans broncher : « Colonel, regardez-moi, et que pas un muscle de votre figure ne bouge.... Etes-vous prêt ? Oui ?.... Eh bien, l'affaire est pour cette nuit.... » Après quoi, ils avaient pris ensemble plusieurs dispositions très utiles, toujours comme s'ils parlaient de choses fades et insignifiantes, et le colonel Vieyra s'en était allé presque aussitôt faire crever notamment tous les tambours de la milice, afin qu'il fût matériellement impossible de battre le rappel dans les rues.

Puis, ses invités partis, le prince-président se rendit dans le cabinet où se trouvaient les conjurés, ouvrit un tiroir secret, et y saisit un dossier intitulé *Rubicon*, en souvenir de Jules César. (Ce mot présente, on le sait, un mystérieux attrait pour les auteurs de coups d'état, ou ceux qui rêvent de s'y essayer). Les pièces nécessaires à la grande nuit formaient cette liasse qualifiée de *Rubicon* : par exemple, le décret qui nommait Morny ministre de l'Intérieur, la proclamation destinée à couvrir les murs de Paris au matin du 2 décembre, différents autres papiers encore.

La proclamation fut portée à l'Imprimerie nationale — gardée militairement — où des équipes de typographes la composèrent par fragments divers, afin qu'aucun d'eux ne pût comprendre exactement ce qu'il faisait. Saint-Arnaud, de son côté, reçut et signa le message à l'armée, puis expédia les ordres destinés au général Magnan, commandant les troupes qui venaient se masser en ce moment même sur la place de la Concorde et dans les Tuileries. Maupas enfin devait recevoir dans un instant la visite des commissaires de police, ses subordonnés, chargés d'arrêter dans leurs lits les principaux parlementaires.

« Messieurs, dit Morny, il est bien entendu, n'est-ce pas, que nous y allons tous de notre peau ?... Vous le savez ?... »

Le vieux Mocquard ricana :

« Pour ce que vaut la mienne, ridée comme elle est!... Je n'y perdrai pas grand'chose.... »

Mais le cœur des autres devait battre assez fort. Sauf celui de Morny, toutefois, ou du moins il n'y parut guère au cours de cette nuit surprenante. Arsène Houssaye prétend que notre conjuré avait demandé, la veille, de l'acide prussique à un savant de ses amis. Cela semble bien « roman chez la portière » pour un tel dandy.

Quand tout fut bien réglé, Mocquard, toujours correct et soigné, brossa son habit et retourna se montrer dans un bal donné par un de ses amis qui mariait sa fille : alibi mondain, excès de précaution, coquetterie....

Au fait, l'histoire ne nous conte pas comment les six conjurés étaient vêtus quand ils se retrouvèrent en cette heure suprême, sous la lampe de l'Élysée. On rapporte seulement que le général de Saint-Arnaud « n'était pas en costume de guerre ». Portait-il donc quelque uniforme de gala ?... Le prince-président, en tous cas, venait de recevoir des invités, Morny arrivait du théâtre, Mocquard s'apprêtait à paraître au bal : tous trois, par conséquent devaient être en habit de soirée. Pour peu, c'était avec des gants blancs qu'on eût préparé le 2 décembre.

Sous ces gants, il y avait de bonnes poignes, qui serraient bien.

LE DEUX DÉCEMBRE

Le gros Thorigny, ministre de l'Intérieur, devait être un brave homme. Sa conscience ne lui reprochait rien. Il était demeuré fidèle à la Constitution, fidèle au président, fidèle à l'Assemblée, fidèle à la société qu'il défendait de son mieux à coups de circulaires aux préfets. Il dormait donc du sommeil des innocents, pelotonné dans son lit ainsi qu'il convient avant le lever du jour, en plein hiver et par un froid des plus aigres. Aucun remords ne troublait son repos. Il ronflait, peut-être.

Soudain, dans le crépuscule du matin, un bruit extraordinaire remplit la cour du ministère. Des chevaux s'ébrouaient, on entendit un cliquetis, des ordres. L'honnête Thorigny ouvrit un œil : « Mais qu'est-ce qu'il y a ?... » Il se lève, les yeux tout gros, passe une robe de chambre, et frotte les carreaux de la fenêtre pour essayer de distinguer vaguement quelque chose à travers la brume. La pendule marque sept heures dix.

A sept heures un quart, on frappe à la porte de sa chambre. C'est le comte de Morny. « Monsieur, vous êtes destitué, excusez-moi de vous l'apprendre si subitement. C'est moi qui ai l'honneur de vous remplacer. Faites-nous la grâce de vouloir vous retirer sans perdre une minute. »

A sept heures et demie, l'infortuné Thorigny sortait incognito de son ministère où, parmi le personnel nouveau qui déjà s'y installait et recevait des consignes à la clarté des bougies, nul ne le saluait seulement. On ne s'en étonnera point, il n'y avait plus pour le connaître en cette maison que le concierge, peut-être, ou quelque huissier. Or, ceux-là n'auront pas vu passer devant eux le patron de la veille, ils venaient certainement de tourner la tête.

Pendant ce temps, Maupas, préfet de police, avait mandé force commissaires, ses subordonnés, afin de leur communiquer tour à tour les ordres qu'ils devaient exécuter. Ils « marchèrent », comme on dit aujourd'hui, avec une résolution plus ou moins désintéressée, mais ils « marchèrent ». Au matin, quatorze représentants du peuple, soixante-deux républicains et de nombreux chefs militaires étaient arrêtés. La plus grande déférence avait été surtout recommandée, à quoi l'on peut reconnaître l'influence, la manière de Morny, et c'est bien poliment que les généraux Cavaignac, Changarnier, Lamoricière, Bedeau, Le Flô — plus ou moins tragiquement indignés — et des chefs politiques comme Thiers — plus ou moins résignés — sans compter bien d'autres encore, furent conduits en prison temporaire et courtoise, à Vincennes, Mazas, au Mont-Valérien ou au quartier de cavalerie du quai d'Orsay.

En outre, on avait partout collé les affiches si mystérieusement composées à l'Imprimerie Nationale. On sait qu'elles contenaient un Appel au peuple, contre l'Assemblée, « foyer de complots.... prête à renverser la République », ainsi qu'un projet de constitution, proposant un Conseil d'État, un Corps législatif, un Président responsable et nommé pour dix ans, etc. D'autre part, une proclamation aux soldats, des plus flatteuses, devait soulever, et soulevait en effet l'enthousiasme ainsi que l'orgueil de l'armée.

Si bien qu'en se réveillant, le 2 décembre, par un vilain froid et une petite pluie fine qui tombait par instants, les Parisiens se frottèrent les yeux après une bonne nuit : n'oubliez pas qu'on avait crevé les tambours de la garde, coupé les cordes des cloches dans les clochers, parlé à mi-voix, agi très vite, dans le plus grand silence possible.... Bref, nos badauds encore ensommeillés trouvèrent tout fait ce fameux coup d'État dont ils parlaient depuis si longtemps. Ils en demeurèrent stupéfaits. Alors, on ne discourait plus?... Un conte? Un rêve?... Ils se tâtaient....

Certains entre autres, durent méditer profondément. Par exemple un digne gentilhomme, nommé le baron de Lamerville. Il avait demandé la veille même à son ami Morny des cartes d'entrée pour la séance du 2 décembre à l'Assemblée. Or, si l'aimable comte avait accordé bien volontiers à ce cher baron, son camarade de cercle, les cartes pour ce jour où il savait pourtant assez, lui, Morny, qu'il n'y aurait point séance, et non sans raison, il n'avait pas laissé d'ajouter, avec un bon sourire : « Si l'on vous oppose la moindre difficulté à la porte, cher monsieur de Lamerville, faites-moi donc appeler, n'hésitez pas.... »

Le nouveau ministre de l'Intérieur était en pleine forme, on le voit. Granier de Cassagnac, qui l'alla visiter au ministère, dans la matinée du 2, le trouva « calme et gai ». Le fils de Flahaut ne tremblait naturellement pas. Le petit-fils de Talleyrand se sentait partout chez lui.

Le vieux comte de Flahaut, mis dans le secret, et qui s'en était fort chevaleresquement venu en France tout exprès pour assister au dangereux coup de main, écrivait à Mme de Flahaut, non sans quelque émotion paternelle : « Auguste a été héroïque; son courage, sa fermeté, son bon sens, sa prudence, son calme, sa bonne humeur, son sang-froid et son tact ont été, pendant toute l'affaire, inégalables, et l'on peut en dire autant de sa modestie. Ceux qui l'aiment peuvent être fiers de lui. »

Il est dommage que le matin du 2 décembre, Morny n'ait point figuré dans l'escorte présidentielle, quand vers dix heures, Louis-Napoléon se mit en selle pour aller se montrer à ses troupes, aux Tuileries et sur la place de la Concorde. Il y avait dans cet état-major cavalcadant, le vieux roi Jérôme, en tenue militaire, les généraux Magnan et Saint-Arnaud, d'autres officiers. La place du ministre de l'Intérieur n'était guère parmi ces uniformes guerriers, évidemment : toutefois le dandy, qui montait si bien, y eût présenté son cheval à ravir.

Puis, il était adroit financier : de telle sorte que tout en trottant, et au bruit des acclamations, il eût toujours pu glisser à son demi-frère quelque heureux conseil touchant le moyen de rembourser 50 000 francs distribués aux soldats à l'instant même, mais que le président avait dû emprunter. Dame! les temps étaient durs, et Louis-Napoléon n'avait plus un écu.

On devait cependant bien s'attendre à quelque résistance : les Français de 1851 descendaient vivement dans la rue. Puis il y avait des consciences politiques, qui préféraient le respect des principes à l'horreur du désordre.

Environ 300 députés se réunirent à la mairie du Xe arrondissement pour protester et tenter de donner encore des ordres à l'armée. Un Berryer, un Odilon Barrot étaient de ces hardis. Des soldats vinrent et les emmenèrent à Mazas, non sans que les officiers portassent respectueusement, en leur parlant, la main au képi. Une haute-cour tenta de se réunir : aucun succès, le projet avorta.

Enfin les députés républicains appelèrent le peuple aux armes, et pour le coup, la réussite fut meilleure : Paris se couvrit de barricades. C'était encore la ville émeutière de 1848, de 1830, des journées de juin et de la rue Transnonnain : elle vous dressait la barricade en un tournemain. Parmi les animateurs de la résistance se trouvait le fameux député Baudin, dont on sait qu'il mourut après un mot illustre et sans doute fabriqué, mais avec un fort beau courage, qui vaut mieux que tous les traits du monde.

Malheureusement pour les défenseurs des barricades, la guerre des rues n'avait plus de secrets pour les militaires de ce temps-là : eux aussi s'étaient entraînés. Au lieu d'enlever une par une ces forteresses de pavés, on comprenait qu'il fallait au contraire permettre au peuple de les construire à son gré, afin de les cerner et, autant que possible, écraser tout d'un seul coup. Morny se rappelait son ancien métier d'officier : « Le plan des émeutiers, écrivait-il au général Magnan, est de fatiguer les troupes pour en avoir bon marché le troisième jour.... Il ne faut pas exposer les troupes.... Il n'y a qu'avec une abstention entière, en cernant un quartier et le prenant par la famine, ou en l'envahissant par la terreur, qu'on fera la guerre de ville. » Et encore : « On me mande que quelques troupes trop faibles sont cernées. Comment fait-on cette faute, au lieu de laisser les insurgés s'engager tout à fait et des barricades sérieuses se former, pour ensuite écraser l'ennemi et le détruire? Prenez garde d'user la troupe à des escarmouches, et de ne l'avoir plus à l'heure décisive. » Le ministre de l'Intérieur était bon tacticien.

Durant deux jours, il y eut bataille autour des barricades, et fusillade — parfois, hélas! trop précipitée ou peu justifiée. Nous avons tenu en mains le texte des dépêches, écrites le plus souvent au crayon sur des lambeaux de papier, que Morny envoyait ou recevait au cours des combats de décembre. On en a contesté certaines, mais nous les avons vues, la famille Morny les possède. La plus curieuse est bien celle-ci : « Chambord arrive avec un régiment de lanciers », écrit un affolé. Réponse paisible : « Je n'y crois guère ». Et au-dessous, de la propre main de Morny : « Je n'y crois pas du tout ».

En voici une autre, griffonnée en hâte : « On croit Victor Hugo caché chez M. Fauché.... » Cette autre encore, assez savoureuse : « Faut-il mettre en liberté, malgré lui, M. de Sainte-Beuve? » N'aime-t-on pas ce « malgré lui?... »

Dans presque toutes ces dépêches, et souvent de l'écriture même de Morny, la politesse est obstinément recommandée. Mieux eût valu qu'on l'eût toujours écouté, et qu'un général Forest, entre autres, n'eût point répondu notamment au député Piscatory, le jour qu'on arrêta celui-ci, prisonnier des plus agités : « Si vous ajoutez un mot, je vous f... mon sabre dans le ventre! » Les grossièretés sont aussi dégradantes que vaines : Morny les condamnait, les détestait.

Le 4 décembre au soir, la résistance tombait, tant grâce à la troupe qu'à la lassitude, et il faut bien le dire, au peu d'enthousiasme de nombre d'émeutiers. Beaucoup, dit Viel-Castel, se faisaient payer, et même assez cher, du moins pour l'époque — jusqu'à 18 francs — pour aller aux barricades. Le 5 décembre, tout était fini, l'armée avait achevé le coup d'État de Louis-Napoléon. Un lointain préfet télégraphiait à Morny : « On répète dans mon département que l'Assemblée triomphe sur toute la ligne, est-ce vrai?... » Le ministre lui répondit : « Au contraire, la ligne triomphe sur toute l'Assemblée. »

Dans les départements, la lutte ne fut pas beaucoup plus longue qu'à Paris, et y fit sans doute moins de victimes. (On a donné pour Paris, la liste d'ailleurs peu certaine, de 191 morts. Un journal, *Le Moniteur,* disait 380. Du côté des soldats, 27 morts, 181 blessés.) Ce fut exagéré que de parler d'une vraie jacquerie dans les campagnes : néanmoins, elle faillit se dessiner çà et là. On ne manque jamais de trouver des « jacques » tout prêts, comme chacun sait, dans les chemins creux et au cabaret. « Vous venez de soutenir en 1851 la guerre sociale, qui devait éclater en 1852.... » écrivait Morny aux préfets, dans une circulaire publique du 10 décembre. Il y a en ces mots un peu d'éloquence officielle.

On peut préférer le ton parfait de ses lettres privées. Un exemple, entre cent. Le 18 décembre, le général Cavaignac était encore enfermé au fort de Ham. Or, il se trouvait alors fiancé avec une demoiselle Odier, et Morny avait non seulement autorisé Mme Odier et sa fille à voir leur futur époux et gendre, mais encore très galamment envoyé à cette dame l'ordre de mise en liberté du général. « Je refuse ma libération, avait répondu le sévère Cavaignac, si c'est une grâce. Je veux bien sortir de prison, et en sortirai le 19, mais on admettra donc ainsi, nettement quoique tacitement, que je n'avais rien fait pour m'y trouver. » À cette roideur si aigre et hautaine, Morny le gentilhomme répondit en ces termes :

« Général,

« Lorsque j'écris, c'est avec l'intention que mes lettres soient lues seulement par les personnes à qui elles sont adressées.

« En transmettant à Mme Odier l'ordre de votre mise en liberté, je n'ai eu d'autre but que d'être agréable à une famille que j'aime et que je respecte; je n'ai pas songé à autre chose. Si je me suis laissé aller à parler des sentiments de M. le président de la République, c'est que — vous le savez mieux que personne, général — si les grands actes politiques qui ont pour but le salut d'un pays imposent parfois de dures nécessités, ils n'effacent pas les sentiments d'estime qu'on peut éprouver pour ses adversaires, et n'en interdisent pas l'expression.

« Vous comprendrez donc que je ne réponde pas à ce que vous me faites l'honneur de me dire sur l'illégalité de votre arrestation, et que je me borne à me féliciter que la date du 19, choisie par vous, soit si rapprochée.

« Veuillez recevoir, etc. »

Les innombrables témoignages de félicitation que reçut le comte de Morny après le Coup d'État, débordent d'un enthousiasme et d'une tendresse dont on ne s'étonnera point si l'on songe au succès de l'entreprise. « Voici l'un de nos maîtres », pensait-on : et l'émotion suivait aussitôt. Jusqu'à Guizot lui-même, le considérable et grave Guizot, qui ne laissa point d'envoyer une longue épître, en date du 15 décembre, où se détache cette phrase lapidaire : « La dictature lutte contre la démagogie, il n'y a pas à hésiter : il faut que la dictature triomphe .» (Papiers inédits Morny).

Le 21 décembre eut lieu le plébiscite annoncé dans la proclamation du 2 décembre. Par 7 439 216 *oui*, 646 737 *non* et 36 880 bulletins nuls, le pays acceptait la dictature de Louis-Napoléon.

Nous n'allons évidemment point juger ici le 2 décembre : nous ne traçons que le portrait d'un homme. Évitons toutefois de manquer de précision, et résumons ainsi : un Parlement, en grande partie monarchiste, ne parvenait pas à s'entendre sur la direction à donner à la nation française. Cette Assemblée se méfiait du président de la République, tâtonnait, bavardait, complotait en tous sens. Aucune majorité stable. L'anarchie montait. Le président, en général populaire, mais surtout dans l'armée, en appela au pays, prit le pouvoir et rétablit l'ordre dans l'État. Le comte de Morny fut le principal ouvrier de ce grand événement : et dès cet instant, son nom participe à l'histoire de France.

Quant aux autres... animateurs du 2 décembre, combien ne

sont-ils pas, si l'on en croit les souvenirs et les Journaux! Chaque mémorialiste a les siens. M. de Béville (*Journal intime* d'E. Ollivier, février 64) allait jusqu'à vouloir que les initiés au secret eussent été seulement lui, Béville, Morny, Saint-Arnaud et Maupas. Mais ni Persigny, ni Fleury, ni Magnan ne savaient rien. C'est aller un peu loin. Ils sont tous ainsi.

Ajoutons encore un mot, le dernier, touchant le Coup d'État. Lorsqu'un chirurgien pratique une opération, ouvre un ventre, par exemple, vous n'ignorez pas qu'il est tenu pour un personnage sacré, en cas de réussite : on l'adore, très légitimement d'ailleurs, comme le dieu lare de la famille et du foyer. Mais si, par infortune, le malheureux vient jamais à rater son opération, il se voit traité de misérable, d'assassin, on le voue sans hésiter à toute les hontes comme à tous les supplices.

Ainsi des coups d'État. Ainsi de tout, en vérité.

CHAPITRE VI

L'HORTENSIA

UN EXCELLENT MINISTRE ‖ LE DOIGTÉ ‖ LE FACHEUX PERSIGNY ‖ DES ARMES PARLANTES ‖ UN NUAGE ‖ MORNY QUITTE LE MINISTÈRE (JANVIER 1852).

Le comte de Morny a-t-il trouvé grand plaisir en ses fonctions ministérielles? Il est permis d'en douter.

Certes, il y a presque toujours quelque saveur en la nouveauté, et sans doute le ministre de l'Intérieur se sera-t-il vivement intéressé, dès qu'il fut en place, à diverses obligations de son poste considérable, par exemple à la rédaction des circulaires confidentielles ou publiques aux préfets et autres fonctionnaires importants. C'est au moyen de ces messages, secrets ou non, qu'un ministre répand le mieux son influence, s'il en a, et cherche à imposer telle ou telle théorie, tel ou tel principe de gouvernement, ou s'en prend, avec plus ou moins de prudence et d'habileté, à d'autres théories dont il se méfie, d'autres principes qu'il désapprouve.

Or, il est certain que Morny composait des circulaires extrêmement adroites, dépourvues de toute phrase impérieuse ou irritante; il excellait à se montrer précis en même temps que presque avenant, à force de vouloir ou de paraître vouloir persuader plutôt que commander. Et pourtant, sa tâche était rude : rétablir l'ordre dans un pays troublé par trois ou quatre années de confusion parlementaire; rassurer, rasséréner les commerçants, les petits bourgeois, les campagnes; insufler l'autorité dans l'âme des plus lointains préfets, les engager à témoigner un zèle exact et souriant.... Combien il fallait combiner et peser ses paroles pour obtenir un tel exploit administratif!

Mais le nouveau ministre s'entendait précisément à choisir ses mots mieux que personne, et aussi ses formules, comme à doser ses conseils. Le voici qui s'adresse aux préfets, dès janvier 1852, à propos des futures élections, auxquelles il songe déjà : « Tournez-vous surtout, leur écrit-il, vers les hommes entourés de l'estime publique, plus soucieux des intérêts du pays que des luttes de partis, sympathiques aux souffrances des classes laborieuses, et s'étant acquis, par un bienfaisant usage de leur fortune, une influence et une considération méritées. » Le 20 janvier, il précise encore : « Quand un homme a fait sa fortune par le travail, l'industrie ou l'agriculture, a amélioré le sort de ses ouvriers, a fait un noble usage de son bien, il est préférable à ce qu'on est convenu d'appeler un *homme politique* : car il apportera à la confection des lois un esprit pratique, et secondera le gouvernement dans son œuvre de pacification et de réédification.»

Et il ajoute : « Faites bien comprendre à tous les fonctionnaires qu'ils doivent s'occuper avec soin des intérêts de tous, et que celui qu'il faut accueillir avec le plus d'empressement et de bonté, c'est le plus humble et le plus faible. La meilleure des politiques, c'est celle de la bienveillance pour les personnes, de la facilité pour les intérêts; que la bureaucratie ne se croie pas créée pour l'objection, pour l'entrave et la lenteur, tandis qu'elle ne l'est que pour l'expédition et la régularisation. Si j'attache autant d'importance à ces détails, c'est que j'ai été à même de remarquer que les agents inférieurs croient souvent grossir leur importance par des difficultés et des embarras. Ils ne savent pas ce qu'ils recueillent de malédictions et d'impopularité au gouvernement central; cet esprit administratif doit être inflexiblement modifié, cela dépend de vous; entrez fermement dans cette voie. Soyez sûr qu'alors, au lieu de voir dans le gouvernement et dans l'administration des ennemis, le peuple n'y verra qu'un appui et un secours. Et quand vous viendrez ensuite, au nom de ce gouvernement loyal et paternel, recommander un candidat au choix des électeurs, ils écouteront votre voix et suivront votre conseil. »

Que de fine insistance, que de bienfaisante habileté.... Parmi les plus mauvaises notes pour les préfets, au temps de Morny, figuraient celles-ci : « Vulgaire, grossier, cassant, violent, manque de tact ». Un député disait : « Je ne sais comment s'y prend cet homme : il ne vous accorde rien, et vous renvoie toujours content.» Quand Persigny va succéder à Morny, tout changera singulièrement, à commencer par les missives ministérielles et les circulaires : à les lire, on croirait entendre les admonestations d'un adjudant.

Certes, tout ce travail de délicate fermeté dut agréer à Morny, qui ne s'y sentait pas inégal. Mais par ailleurs, il y avait plus d'un déplaisir. Et tout d'abord, la répression. On emprisonna beaucoup de personnes, on en déporta beaucoup d'autres. Le nombre des arrestations ou poursuites fut de 26 900, ou peu s'en faut. Les membres des sociétés secrètes, en grande majorité socialistes, furent assimilés aux repris de justice. Tout cela n'eut qu'un temps, évidemment, mais c'était fort pénible. Morny figurait parmi les plus irréductibles ennemis du désordre social : toutefois le rôle de gendarme ne le séduisait guère, quelque grâce qu'il y mît. Une fois, il alla jusqu'à envoyer sa voiture à un ancien ami qu'il faisait arrêter par convenance, au moment du 2 décembre. Cet ami répondit d'ailleurs : « Quand Morny tombera, je lui rendrai le même service. Mais dites-lui bien qu'il y perdra : je ne vais qu'en fiacre. »

En outre, le nouveau régime de la presse. On ne pouvait pas dire que la liberté de la presse fût théoriquement supprimée. Néanmoins elle l'était en fait, vu les incroyables obligations imposées aux journaux, comme du reste aux imprimeurs et libraires : autorisation préalable, cautionnement, droit de timbre, compressions de toutes sortes, délits de presse, avertissements, suspensions, communiqués forcés, etc.

Il n'y a pas lieu de prendre au tragique cette fameuse liberté de la presse. Certains oublient qu'on n'a jamais pensé si librement qu'en des temps où elle n'existait guère, sinon point du tout. Quelques précautions et tours de style, d'ailleurs favorables au talent d'écrire, permettent d'exprimer ou de faire comprendre à peu près ce que l'on veut, en dépit des censeurs officiels : car ils sont le plus souvent pareils, ces censeurs, à des filets dont les grosses mailles retiendraient les poissons épais, les langoustes inoffensives et vainement hérissées, les raies à la bouche éloquente autant qu'insignifiante, mais laisseraient passer les anguilles, celles-ci fussent-elles pleines du pire venin.

Cependant, c'est un rôle ingrat que de s'en prendre à la liberté de la presse. La plèbe tient à cette licence de pouvoir tout dire, tout lâcher sans se contraindre, et nombre de patriciens se sentent offensés, eux aussi, dès qu'on attente à ce vieux privilège, comme si déjà des malandrins leur demandaient leurs montres, ou que Louis XIV les voulût renvoyer chuchoter dans son antichambre.

Morny ne s'imaginait pas que le monde dût périr, ni surtout la France agoniser parce qu'on allait, coûte que coûte, empêcher les journaux d'attaquer le gouvernement. Pourtant il s'agissait là d'une besogne si décriée qu'il en dut souffrir. On a beau plutôt réprouver qu'approuver la liberté de la presse — privilège trivial, au vrai sens du mot, — on a beau même, au besoin, se féliciter qu'on la supprime du moins temporairement, la tenue de don Juan n'en est pas moins élégante : quand son père le vitupéra si rudement, que fit en effet notre gentilhomme? Loin d'arrêter net une telle semonce, on sait qu'il se contenta de dire au vieux seigneur avec le plus insolent respect : « Monsieur, si vous étiez assis, vous en seriez mieux pour parler ». Le comte de Morny ne pouvait pas ne point éprouver la nostalgie de cette attitude-là, même quand il s'appliquait, ou exigeait que l'on s'appliquât minutieusement dans les services compétents de son ministère, à éteindre les pétards et les fusées de la presse, à creuser de toutes parts des tranchées, à placer des fils de fer plus ou moins barbelés, des doubles grilles, des chausse-trappes et des pièges à loups contre la turbulence sentimentale des républicains, l'offensive des orléanistes et les séduisantes mélancolies des légitimistes.

Le ministre de l'Intérieur connaissait d'ailleurs d'autres sujets d'ennui. On l'enviait. Il portait ombrage à ses meilleurs amis. ou sinon à ses amis, du moins à ses compagnons de coup d'État, Le ministre de la Police Maupas, être à la fois puéril, vaguement suspect — comme tant de ministres de la Police — jaloux et vaniteux, ne pouvait le souffrir. L'opposition du ministre des Finances, le fameux banquier Achille Fould, grand argentier du nouveau régime, était plus habile et plus grave.

Quoi de si troublant, en effet, que ce parent secret du prince-président, parenté dont au surplus il se vantait peut-être un peu trop haut? Allait-il jouer au prince du sang, maintenant?... Et puis, un « monsieur » si distant malgré ses sourires, si impertinent en dépit de sa politesse scandaleuse, et si manifestement ambitieux, et brave en outre, il l'avait prouvé, et redoutablement énergique, non, décidément, on n'aimait cela qu'à demi dans l'entourage présidentiel, tout à l'heure impérial. On ne se souciait pas de voir renaître un Richelieu, ni même un Mazarin. Quant à Persigny....

Fialin, dit Persigny, Fialin de Persigny n'avait pas le choix, il fallait bien qu'il se reconnût comme le complice de Morny en tous les événements qui avaient précédé et suivaient le coup d'État, il fallait bien qu'il agît comme tel. Mais comment cette barre de fer, ou plutôt cette trique, eût-elle jamais pu vraiment sympathiser si l'on peut s'exprimer ainsi, avec un Morny, tout pareil, lui, à l'une de ces badines incassables qui plient dans la main avant que de fendre jusqu'à l'os, au besoin, le visage de l'ennemi ?

Ce maussade Persigny, au visage encore assombri par des moustaches de sergent et des favoris de loup de mer, ce naïf Persigny, toujours grognon et jadis chassé du régiment pour ses opinions républicaines, était devenu l'ami de Louis-Napoléon parce qu'il avait eu foi en l'étoile du Bonaparte, non point par intelligence comme Morny, mais par foi tout bonnement, et de mauvais garçons diraient tout bêtement. Le prince, d'autre part, lui en savait profondément gré, ce qui est naturel, et l'aimait comme une manière de disciple sauvage, une sorte de prophète de la première heure, quelque Jean-Baptiste hirsute, farouche et nourri de sauterelles. Cependant, et quoiqu'il nous en coûte de porter des jugements si simples, il se pourrait bien que Persigny n'eût jamais été qu'un fâcheux, fût-ce pour Louis-Napoléon lui-même.

Ce lourd, ce gauche exalté devait se représenter la politique en images d'Épinal, à la façon des enfants à l'école. Après la tentative de Strasbourg, il répétait avec la plus sotte fierté aux magistrats qui le jugeaient : « Sans l'intervention d'Aladenize, je tuais à coups de baïonnette l'un des sous-lieutenants d'abord, et ensuite le capitaine.... » Tout juste ce qu'il fallait surtout se garder de dire! Mais il se croyait sans doute un Brutus

Et il se rêvait probablement parfait « prince » du Quattrocento, selon l'idéal de Machiavel, quand il avait la candeur de déclarer chez la comtesse Le Hon, l'avant-veille du 2 décembre : « Tout ça va bientôt finir.... Et nous saurons comment mener l'État : une bourse dans une main, la cravache dans l'autre! »

Il pensait à coup sûr que l'âme sublime de Caton revivait en lui, lors d'un dîner demeuré fameux, vers le milieu d'avril 1852. S'adressant au comte de Nieuwerkerke, directeur général des musées, Persigny s'exprima ainsi : « Je compte m'employer à ce que la grande galerie du Louvre soit désormais occupée par les bureaux d'un ministère. Il est indispensable de concentrer le pouvoir, et de réunir les diverses administrations dans un centre commun, qui devienne comme la grande caserne où le gouvernement siégera avec tout son pouvoir. »

Nieuwerkerke, suffoqué, essaya de sourire. « Mais ce n'est pas une plaisanterie! » répéta Persigny. Et l'autre ayant murmuré avec une pâle ironie : « Il faudra donc vendre nos chefs-d'œuvre?...

— Pourquoi pas ? s'écria derechef Persigny. Les arts importent peu en face des graves nécessités politiques. »

Un pareil lourdaud pouvait-il faire en France un chef agréable, utile, opportun, obéi ? Non. Même encore aujourd'hui, notre nation se montre assez sentimentale, quant à ses œuvres d'art, quant à celles qui sont du moins étiquetées et reconnues pour telles, et l'on aurait peut-être tort — jusqu'à nouvel ordre — de traiter ouvertement ses musées comme de simples marchandises. Mais dès qu'il s'agissait de déplaire ou de commettre des pataquès, le fougueux Persigny ne se possédait plus.

« Persigny revient de Londres ?... Ah, que n'y reste-t-il! Que ne va-t-il étudier le Kamchatka!... Il a peut-être sur toutes choses le don de seconde vue : mais la première lui fait toujours défaut. »

Ainsi parlait Morny vers la fin de sa vie. Il avait sûrement raison. Sait-on — encore un exemple, le dernier, mais le plus beau, le plus touchant! — sait-on bien quel conseil Persigny donnait à Bismarck en 1862, au temps que celui-ci était ambassadeur de Prusse en France, et comme tous deux causaient ensemble dans la familiarité charmante d'une entrevue particulière ? Il était alors question d'une dissolution possible de la Chambre prussienne. Persigny dit tout rondement au cher Bismarck, avec cette rude franchise qui convient au génie :

« Écoutez-moi, et retenez bien mes paroles, dissolvez votre Chambre deux fois, trois fois, quatre fois, s'il le faut. Aucune importance.... Seulement, je vous en supplie, n'allez pas négliger votre armée. Voilà qui est capital! Tenez-la toujours en bon état, et prête à servir.... »

En vérité l'on ne prononçait pas toujours le nom de M. le duc de Persigny avec une gravité sans limites. La duchesse, son épouse, y était peut-être aussi pour quelque chose. Elle montrait un goût désordonné pour les secrétaires d'ambassade, à ce que prétendaient les calomniateurs. « Madame la duchesse est perdue, s'écriait-on, impossible de la retrouver!... — Bon, répondait l'autre, avez-vous bien cherché sous tous les meubles, tables, buffets, secrétaires ?... » Et de rire. Les Parisiens sont sans respect.

Nonobstant ces fariboles, il est trop certain que Morny ne fut pas le dernier à souffrir, dès le début, des erreurs, et notamment politiques, du Croquemitaine Persigny. Ils ne se trouvaient pas ennemis, si l'on veut, mais rivaux. Or, de deux rivaux, si l'un est ministre, l'autre a beau jeu : son rôle n'est que de blâmer. Rôle en or, selon le langage des comédiens. Persigny n'y manquait pas. Et puis....

Et puis, il y avait l'hortensia.

Le comte de Morny devait prendre un jour ces armes parlantes, et même criantes : une fleur d'hortensia épanouie, avec la devise : *Tace sed memento* (Tais-toi, mais souviens-toi). Sans doute, en fils trop passionné, avait-il adopté dès 1852 cet emblème indiscret. Le prince Louis-Napoléon, frère légitime, ne disait rien, ne pouvait, ne voulait rien dire : de fait, il n'a jamais renié, nous l'avons dit, la parenté si proche de Morny. Pourtant, comment supposer qu'il lui eût été agréable qu'on insistât si fort sur une erreur conjugale de sa mère ? Une fois, plus tard, il fit adresser délicatement un reproche à Morny par l'impératrice, nous conte Émile Ollivier, au sujet d'un portrait de famille trop publiquement affiché.... Aucune excuse, certes, n'avait manqué à la reine Hortense. Pourtant il s'agissait d'une tache, rien de moins, dans la famille de l'ex-roi de Hollande; or, l'Europe, sans même parler du faubourg Saint-Germain, portait dès lors les yeux sur le prince-président, non sans quelque vague ironie, et celui-ci devait faire aussi bonne figure que possible devant les cours étrangères : les rois étaient déjà presque ses cousins.

Morny eut donc au début l'étourderie de ne point songer assez à ces nuances, psychologiques autant que politiques. Le 4 janvier 1852, au cours d'un banquet que lui offrait le préfet de la Seine, il se montra publiquement d'une extrême imprudence en ses paroles, précisant un peu trop le rang... naturel qu'il eût, à son avis, peut-être pu tenir auprès du souverain, et ce fut là, sans doute, la seule faute de tenue qu'il commit jamais.

Comme il sut bien la réparer, d'ailleurs! Le 22 janvier paraissaient deux décrets, rendus sous la double pression de Louis-Napoléon et de Persigny, et contraignant les princes d'Orléans, alors exilés, à vendre les biens immenses qu'ils possédaient en France; en outre, on les privait de la donation considérable à eux faite par Louis-Philippe en 1830, « illégalement, » jugeait le second décret : les millions ainsi récupérés revenaient à l'État, et devaient être employés en œuvres d'amélioration sociale. Ces décrets n'avaient rien de beau, ils présentaient on ne sait quel air de vengeance assez acharnée et de piraterie sournoise : le premier vol de l'aigle, disaient les plaisants du boulevard. Ils furent impopulaires dans tous les partis, même dans l'entourage du prince-président. Il n'y eut pas juqu'au Conseil d'État, pour endoctriné qu'on le vît, qui n'admît qu'à une seule voix de majorité cette inélégante spoliation de princes en exil. Seul, M. de Persigny discernait là l'une des plus heureuses inspirations du nouveau régime.

Or, on se rappelle les anciennes et affectueuses relations qui avaient uni aux princes d'Orléans le jeune Morny. Sans hésiter, il eût le bon goût de donner sa démission de ministre de l'Intérieur à l'apparition des fameux décrets. Ainsi, le geste était irréprochable. Il ne s'en allait point parce que Persigny, Maupas ou d'autres envieux lui avaient chanté pouilles, ni parce que l'hortensia qu'il s'était mis à la boutonnière avait paru démesuré. Non, il quittait la place afin de ne pas s'associer à une action qu'il jugeait inconvenante; afin de ne pas répondre par une discourtoisie, même gouvernementale, aux invitations passées du feu duc d'Orléans, son ami. N'était-ce point là d'un galant homme ?

En quittant le ministère, Morny écrivit à Persigny : « Mon cher ami, agissons sans façon. J'ai un habit de grand uniforme, que je n'ai pas mis. Nous sommes de la même taille. Ne pourriez-vous vous en arranger ?... » Il s'agissait de son habit de ministre.

Granier de Cassagnac, qui nous rapporte l'anecdote en ses *Souvenirs*, se demande gravement si Morny n'a pas voulu réaliser un petit profit, n'étant « pas encore bien millionnaire »; ou bien s'il n'y faut pas voir la « répugnance d'un esprit délicat » à livrer au fripier un tel habit, encore neuf.

Nous pensons que « l'esprit délicat » nourrissait des pensées moins solennelles en rédigeant ce petit billet à l'adresse de « l'ami » Persigny.

Les papiers du comte de Flahaut, récemment publiés par lord Kerry, contiennent de curieuses lettres alors adressées par Morny à son père. On y voit que l'ex-ministre de l'Intérieur éprouva malgré tout quelque rancœur, après sa très élégante démission. On l'avait certes acceptée bien légèrement. « Le prince, écrit Morny le 26 janvier 1852, n'a de réelle amitié pour personne, et pour moi peut-être encore moins que pour d'autres, et ma situation particulière par rapport à lui l'ennuie.... Il n'accepta ma présence qu'à contre-cœur, et mes services lui pesaient. Il est méfiant et ingrat, et il n'aime que ceux qui lui obéissent servilement et le flattent.... » Et le démisssionnaire revient plusieurs fois sur ce point.

La comtesse Le Hon écrivait aussi au comte de Flahaut : « On n'a rien essayé pour le garder. Vous savez, car je vous l'ai souvent dit, quelle était la jalousie à son égard, et combien certaine personne était hostile à accepter ses décisions ou suivre ses conseils... » etc!... « Certaine personne », c'est le prince Louis-Napoléon. Quant à « il, lui, » qui veut-on que ce soit, quand Mme Le Hon parle ?

N'importe, d'ailleurs. Il ne s'agit point de bouder comme un bourgeois. On a fait le joli geste, il faut l'achever à la perfection. « Je suis toujours en bons termes avec le prince, déclare Morny le 23 janvier. Et je ne lui fournirai certainement aucune raison de se plaindre soit de ma conduite, soit de mes paroles. »

CHAPITRE VII

L'EMPIRE EN SA FLEUR

DÉPUTÉ PAISIBLE ‖ FIÈVRE DES AFFAIRES ‖ LE LUXE HEUREUX DE L'EMPIRE ‖ BIEN DES FEMMES AUTOUR DE MORNY ‖ PRÉSIDENT DU CORPS LÉGISLATIF ‖ SON TACT ET SA TENUE ‖ L'OPPOSITION.

Quoi qu'il en fût, Morny avait certainement commis par trop de hâte un impair vis-à-vis de son frère Bonaparte : le mieux, c'était donc de demeurer coi pendant quelque temps. Il n'y a pas de meilleure méthode, nul ne l'ignore, pour réparer les gaffes. On devrait presque tenir celles-ci pour d'heureux accidents, tant la cicatrice se forme à souhait après ces éraflures d'âme, pourvu cependant qu'on laisse faire le ciel, et qu'on ne touche à rien.

Le comte de Morny reprit fort raisonnablement son siège de député du Puy-de-Dôme au Corps législatif. Pendant deux années, il y coula des jours tranquilles, votant avec une agréable sérénité tout ce que l'on désirait : rétablissement de l'Empire et des fastes impériaux, pouvoirs considérables du souverain, grands établissements de crédit, immenses travaux publics, débuts de la guerre de Crimée, etc.

Il ne songeait guère à faire de l'opposition : et aussi bien était-il fort difficile à un député, en ce temps-là, non seulement de lutter contre les initiatives gouvernementales, mais encore d'avoir même une opinion, en un mot d'être hérétique — puisque, selon l'étymologie, « hérétique » signifie proprement « celui qui a une opinion ».

La Constitution avait tout prévu. Elle faisait préparer les lois par le Conseil d'État, qui s'y employait avec tout le soin possible, et ajoutons-le, sous l'influence la moins retenue de l'Empereur et de son entourage. Une fois parfaitement au point, et lorsqu'il ne leur manquait presque plus rien, ces lois se trouvaient soumises au Parlement, dont le rôle consistait à les approuver avec modestie. L'opposition se réduisait alors à quelques voix, qu'on eût pu compter sur les doigts de la main. On croit rêver si l'on compare cette angélique douceur législative à l'aigre désordre qui l'avait précédée, ou à nos cyclones de tribune, frénésies parlementaires, affreuses insultes, et autres gentillesses d'aujourd'hui.

En vérité, Morny se fût bien gardé de troubler la paix charmante du Corps législatif, et par conséquent vota docilement de 1852 à 1854, à l'exemple de ses chers collègues, en faveur de tout ce que l'on voulut.

Il nourrissait d'ailleurs de bien autres soucis : les affaires!... On se rappelle qu'il en éprouvait le goût, sinon la passion, et qu'il s'y entendait. En outre, il n'avait pas peur — pas assez. Morny faisait des affaires hardiment, dangereusement. Qui ne s'y essayait, du reste, à ce moment de notre histoire?

Le nouvel Empereur, Napoléon III, encourageait la nation à se tourner vers l'industrie et les grandes entreprises. Dût la spéculation s'ensuivre, et au besoin la plus effrénée, il est trop certain qu'une société occupée à faire fortune par les moyens les plus hasardeux, ou à se ruiner si le destin l'exige, en néglige d'autant la politique : tel était le premier des rêves impériaux en 1852.

Aussi vit-on pulluler de toutes parts, et non sans l'encouragement et l'appui de l'État, maintes entreprises imposantes — pour l'époque — de travaux publics, de crédit, d'agriculture, de navigation, de banque ou de chemins de fer. On se montait l'imagination, touchant les mines lointaines, l'or d'Australie, par exemple. On émettait des actions pour ces vastes affaires, on les cotait en Bourse, et aussitôt les financiers de se livrer à leurs combinaisons. Sans doute y avait-il moins de monde autour des agents de change qu'à notre époque : la fièvre propre à ce lieu n'en saisissait pas moins à la gorge les risque-tout. Maintes femmes elles-mêmes spéculaient, après cette catastrophe de 1848-51, ainsi qu'on les vit faire en 1919, dès qu'elles se sentirent positivement en paix. Elles engageaient leurs bijoux pour mieux jouer à la hausse ou à la baisse. Cet amusement redoutable grisait tout Paris. On disait avec respect : « De très intéressantes affaires d'industrie.... » et l'on y risquait des sommes comme à la roulette : ce qui s'appelle des sommes, la dot de la fille, l'avenir du fils, le capital enfin.

Morny, homme à la mode, sacrifiait plus que personne à cette fureur industrielle comme à ce délire boursier. Entreprise après entreprise, lancement après lancement. Millionnaires ivres d'espoirs et pires cerveaux brûlés se succédaient dans son bureau. Il les recevait en fumant, habillé chaudement de velours, au coin d'un bon feu de bois. Ce n'était pas jactance de sa part que de parler de sa familiarité aux Tuileries, de ses très hautes relations, bref de son tout-puissant appui. « Morny est dans l'affaire », disait-on, et les actionnaires se frottaient les mains : mais les mains vides, s'entend, car ils avaient donné leur bel argent, qui parfois leur revenait quintuplé, parfois au contraire s'envolait vers la lune lointaine, comme un ballon d'enfant dont le fil est coupé.

L'État, sous le Second Empire, accordait seul les autorisations de créer les sociétés à capital élevé, décrétait les grands travaux publics, dont il passait les marchés avec les entrepreneurs, etc. On devine qu'un personnage haut placé se trouvait singulièrement apte à seconder les belles initiatives. Et plus celles-ci étaient audacieuses, plus on avait recours à lui. La phrase « Morny est dans l'affaire » passa vite en proverbe. Sur le boulevard, c'était une ironie, une perfidie. Rien, en somme, n'oblige à croire que les malveillants eussent absolument tort. Rien ne commande non plus de décider qu'ils avaient tout à fait raison. Poursuivre le procès d'un homme, d'un surhomme d'affaires, Dieu lui-même s'y perdrait. Songez que ce fameux Panama, qui nous mit aux cent coups, était en somme un cas très simple, presque courant.

On ne doit pas oublier non plus qu'outre la passion des affaires pour les affaires, de l'art pour l'art enfin, M. le comte de Morny éprouvait aussi de dévorants besoins d'argent. Il lui en fallait, et beaucoup, et tout de suite. Son train de maison étonnait déjà. Il ne dédaignait point la représentation officielle, si discrète que fût celle d'un simple député du Puy-de-Dôme. Il jouait, chassait, s'habillait comme un lord, achetait des objets d'art, des tableaux, songeait à son écurie de courses — casaque rose, toque rose — choisissait ses équipages entre mille, raffinait sur la tenue de ses voitures. Tout cela coûte cher.

LE DUC DE MORNY

« Depuis le 23 janvier 1852, écrit le Dr Véron, M. le comte de Morny s'est tenu jusqu'à un certain point en dehors de la politique; mais il a consacré ses loisirs à des études industrielles, financières et scientifiques. Chemins de fer, crédit mobilier, fermes-modèles, haute industrie, il met la main à toutes les importantes entreprises, pour les aider de ses conseils, de l'autorité de son nom et de son crédit. N'allez pas croire pourtant qu'au milieu de cet entrain et de ce bruit d'affaires, M. de Morny ensevelisse son intelligence sous de nombreux dossiers, sous des flots de correspondances, et qu'il veille jour et nuit dans le silence du cabinet. Il surveille de haut, et souvent sur place, les travaux féconds dont il a patroné la mise en activité; mais, comme les grands noms politiques de l'Angleterre, il concilie les nobles distractions et les affaires.

» Il n'est pas un homme d'État de la Grande-Bretagne qui n'élève des chevaux de courses, ne chasse le renard, ne monte tous les jours à cheval, et ne vive dans des conditions d'élégance mondaine et d'intelligente liberté, tout en se préoccupant des grandes affaires du gouvernement. En France, au contraire, on ne se croit guère un ministre sérieux qu'en affichant les habitudes les plus guindées, qu'en se montrant dès sept heures du matin vêtu de noir et en cravate blanche. M. de Morny, placé à la tête d'un grand mouvement d'affaires, ne fait d'infidélité ni à la chasse, ni au *sport*, ni à l'Opéra, ni aux soirées de Racine, de Corneille, de Molière et de nos auteurs modernes, à la Comédie-Française; ni aux salons privilégiés où se donnent rendez-vous les grands esprits et les grandes dames de notre temps. Vous le rencontrerez même, au besoin, chez Beurdeley, chez Manheim, ou à de riches ventes publiques cataloguées par Bonnefons et Lavialle, mettant un haut prix à ce qui se vend de rare et de précieux. »

Et encore ici n'est-il point question de certaines dépenses plus gracieuses encore que faisait sans doute le trop séduisant dandy, s'il est vrai que don Juan lui-même se plaisait jadis à offrir parfois soit une rose à ses dames, soit un diamant, soit les violons. Morny cueillait des sourires charmants au fond des boudoirs bleu azur ou bouton d'or que l'on aimait tant à cette époque. On voyait se pencher de très jolies femmes dans les calèches, quand il passait sous les arbres frissonnants des Champs-Élysées. Plus d'un éventail montait devant des lèvres fines, s'il s'avançait lentement dans un bal, aux mille bougies des flambeaux, des torchères et des lustres. Il portait maintenant la moustache et la mouche comme l'Empereur, il lui ressemblait curieusement : mais il était plus pâle, plus chauve, plus distingué. Nul ne « faisait plus prince » que Morny.

Dès le Coup d'État, et surtout dès l'Empire, un luxe incroyable s'était épanoui tout à coup : tant on avait plaisir à se sentir heureux et rassuré. On ressentait un grand besoin de se détendre après les maussaderies, les inquiétudes, les massacres, bref l'affreux malaise de la IIe République. Napoléon III lui-même, d'ailleurs, poussait aux frais somptuaires, aux plaisirs, à l'insouciance. Il voulait tenir une cour, venait de se marier à la belle espagnole Eugénie de Montijo. (Et notons ici que Morny avait fort applaudi à ce mariage, quoiqu'on ait tant soutenu le contraire : une lettre particulière, conservée dans les papiers de sa famille, en témoigne nettement.) Pour faire le service des Tuileries, écrivaient avec stupeur les contemporains, il y avait alors jusqu'à 300 maîtres d'hôtel....

Tenons compte de quelque exagération bourgeoise, mais il est certain que tout se remettait sur le pied d'autrefois. Tant aux Tuileries qu'ailleurs, c'en était fait des économies à la Louis-Philippe, et des humbles *raouts*, et des tristes berlines de voyage, et des châteaux où il y avait juste le personnel indispensable pour ratisser la terrasse sous les fenêtres, panser à la diable les courtauds de service, et nourrir tant bien que mal une bande de barbets derrière lesquels on sonnait de la trompe à la Saint-Hubert.

L'Empereur restaurait un magnifique équipage de vénerie pour chasser à Compiègne, à Fontainebleau. Il conduisait lui-même à vive allure des phaétons parfaits. Il donnait aux Tuileries des bals où scintillaient les uniformes de toutes les nuances du prisme, et comme orfévris tant ils resplendissaient d'or, tandis que dans les cheveux des femmes, ainsi qu'aux bras, aux doigts, aux oreilles et sur les belles épaules étincelaient les pierreries accumulées par trois générations d'aïeules.

Hélas, il faut bien convenir qu'aux magnifiques réceptions des Tuileries assistaient une excessive quantité d'étrangers : et non seulement une quantité, mais une foule. La très bonne société, ou enfin la très vieille société légitimiste du faubourg Saint-Germain boudait la nouvelle cour et mettait l'Empire en quarantaine. Cette rigueur hautaine ne devait guère durer : pendant les trois ou quatre premières années, pourtant, elle ne fléchit que fort lentement et peu à peu. Tant il y a que des personnages pittoresques, venus de tous les coins d'Europe, emplissaient les salons : leurs costumes étaient rutilants ou bizarres, l'assemblée y gagnait en imprévu ; mais il eût évidemment semblé de meilleur ton que l'on eût davantage parlé français autour d'un souverain français.

Chaque après-midi, en tous cas, montant et descendant l'allée sans pareille qui menait à l'Arc-de-Triomphe, roulaient avec grâce les incomparables voitures d'un temps qui fut vraiment l'âge d'or de la carrosserie. Mollement suspendues entre leurs deux grands ressorts, les calèches à la daumont, ces berceaux, balançaient des ombrelles de Lilliput et des crinolines étalées. Ou bien des coupés légers, pareils à des coffrets de laque, fuyaient parmi la brume. Un chantonnement continuel de cuirs souples et de gourmettes d'acier caressait l'oreille. Les chevaux piaffaient en trottant, ou au contraire effleuraient à peine le sol, les jockeys des daumonts s'enlevaient en cadence, tout raides en leurs culottes de peau, les cochers tenaient haut leurs fouets, haut les guides, haut la tête.... O luxe ravissant, plaisir de vivre !

Le comte Auguste de Morny ne passait point qu'on ne le remarquât en ce flot chatoyant : un trotteur couleur de neige, un trotteur couleur de jais, un phaéton perché sur des roues immenses, c'était lui, c'était le fameux député, l'homme influent, l'élégant financier : « Morny est dans l'affaire.... »

Au rond-point des Champs-Élysées, il retenait son attelage, il était chez lui ; sinon chez la comtesse Le Hon, où il se rendait fréquemment. Les deux hôtels se trouvaient tout voisins, le jardin de l'un touchait au mur de l'autre. Et le public souriait.

Il est très délicat de parler des femmes à propos de Morny. Toutes l'adorèrent. Beaucoup le lui ont passionnément avoué. Il rendit certaines heureuses au point qu'elles en firent à peine mystère. Mais hormis peut-être la grande amie de sa jeunesse, c'est-à-dire la belle comtesse Le Hon, ou sauf quelque insignifiante Alice Ozy, comment se permettre de citer des noms ? Aujourd'hui même, chacun peut rencontrer en plus d'un salon les propres petites-filles de ces tendres rêveuses dont les fronts se penchèrent un soir sur l'épaule du comte Hortensia, comme on l'appelait sur le boulevard. Ces descendantes nous feraient des reproches : « Écrivez-vous l'histoire, nous diraient-elles, ou des cancans ? Et puis, d'ailleurs, que savez-vous de ces prétendues intrigues ? »

Pas grand'chose d'incontestable, il est vrai. Lorsqu'il fut à l'agonie, Morny exigea que son vieil ami Fernand de Montguyon brûlât des centaines de lettres enfermées en un meuble secret. Ces lettres étaient écrites sur de jolis papiers, de toutes les teintes, de tous les grains, portant toutes sortes d'initiales, d'armoiries ou de devises, exhalant tous les parfums. D'innombrables souvenirs d'amour s'en allèrent ainsi en fumée, ou plus tristement encore, a-t-on raconté. Bref, on ne connaît rien de rigoureusement exact sur tant de passions errantes. Il y eût sans trêve un frémissement de soie autour de Morny. On apercevait toujours, non loin de lui, quelque regard détourné trop vite, ou la lueur mal éteinte d'un sourire complice. N'ajoutons rien de plus, par crainte de tomber dans les conjectures, fâcheuses en toutes circonstances, mais ici particulièrement déplacées.

Assurément, l'amour eut beaucoup d'importance vers les années 1852. Non pas le délire fatal des romantiques, ni la stratégie toute en finesses du XVIIIe siècle, mais un amour quelque peu simplifié, d'autant plus intrépide peut-être, tel qu'on le constate en toutes les périodes de renaissance publique et de calme relatif après la tempête. On peut le supposer du moins, si l'on en croit une pièce de théâtre qui fit alors courir tout Paris. Pièce scandaleuse, paraît-il, et qui mettait le rouge au front des mondaines, mais reproduisait les « fureurs lascives » de l'époque : il s'agit de *La Dame aux camélias* du jeune Alexandre Dumas fils. Nous n'exagérons pas. On s'écrasait au Vaudeville. Écoutez plutôt Viel-Castel : « *La Dame aux camélias*, le drame d'Alexandre Dumas fils, est une insulte à tout ce que la censure devrait faire respecter. Cette pièce est une honte pour l'époque qui la supporte, pour le gouvernement qui la tolère, pour le public qui l'applaudit. Chaque soir, le Vaudeville fait chambrée complète, les équipages se pressent sur la place de la Bourse. Les femmes de la meilleure compagnie ne craignent pas de se montrer en loge. *La Dame aux camélias* a enfin toutes les proportions d'un scandale public.

« Pendant cinq actes, *La Dame aux camélias*, autrement dit la fille entretenue, étale devant un public civilisé les honteux détails de sa vie de prostituée. Rien ne manque au tableau, ni l'entremetteuse, ni les chevaliers du baccara, ni les mots cyniques, ni les scènes qui sont empruntées aux lieux les plus abjects. Toute cette pièce sue le vice et la débauche, etc. »

Ceci n'est qu'un témoignage un peu exubérant, peut-être. Mais enfin admettons que des amours éperdues et pressées naquirent en ces années de stabilité politique. Puis, ceci constaté, notons qu'en dépit des affaires qui l'accablaient, Morny se montra jusqu'à sa mort livré aux femmes comme une proie complaisante. Voilà le plus et le moins qu'on puisse dire sur ce sujet périlleux

Rien en revanche ne défend qu'on mentionne les nombreuses amitiés féminines, justifiées cette fois par des nécessités de gouvernement, d'intérêt ou de carrière, que sut gagner notre séducteur parmi les salons, entre autres ceux où fréquentaient les diplomates. Il y eut sous le Second Empire une foule de femmes auxquelles on a prêté, non sans raison probablement, une influence politique. Par exemple, a-t-on songé à l'essaim de belles Italiennes qui auront charmé la cour de Napoléon III, depuis la Walewska jusqu'à la Castiglione, pour ne citer que les plus connues ? Nous ne soutiendrons pas qu'on leur ait dû la campagne d'Italie, mais enfin....

Le fort intelligent, et parfois remarquable diplomate Walewski était, on le sait, le propre fils de Napoléon, premier du nom, et de la polonaise Marie Walewska. Ressemblant merveilleusement à son père, du moins quant au visage qu'il avait soin de porter tout rasé, le comte Walewski avait grand air, et ne craignait même point quelque solennité. Sa jeune femme, née Florentine, l'admirait et croyait en lui. Il lui avait inculqué un respect peut-être excessif des chancelleries, des ministères, des conseils de cabinet, des formules ingénieusement vagues, et des ruses diplomatiques, même les moins indispensables. Si bien que la petite comtesse Walewska était devenue une ambassadrice de premier ordre. Elle recevait à miracle la cour et la ville, l'Église et la Bourse, l'Europe et l'Amérique. Ni les Cavour ne devaient un jour lui faire peur, ni les Bismarck l'étonner, ni surtout les rois. Walewski, fils de Napoléon le Grand, se tenait pour un prince du sang de César. Il n'admettait pas toujours, d'ailleurs, que Morny, fils d'Hortense, s'estimât son égal, et leurs relations se trouvèrent plus d'une fois tendues. La charmante comtesse Walewska épousait alors la querelle de son mari.

Walewski était d'ailleurs ambassadeur à Londres en 1853 et 54. Nous n'avons point cité la comtesse, son épouse, parce qu'elle intéresse la vie de Morny, mais comme un parfait exemple des femmes qui, en ce temps-là, ne pouvaient être négligées par un ambitieux. Il s'en trouvait beaucoup d'autres : Morny le savait, et s'entendait à ne point leur déplaire. Il y a des grâces d'État.

Au mois de juillet 1854, le comte de Morny se vit appelé par l'Empereur — sans qu'on puisse dire que ce fût une bien grande surprise — à la présidence du Corps législatif : il remplaçait là Billault, devenu ministre de l'Intérieur à la place du redoutable Persigny.

On était en pleine guerre de Crimée. Déjà nos soldats mouraient par centaines dans ces tristes plaines marécageuses de la Dobroudja, qu'Ovide jugeait déjà si affreuses en hiver, quand Auguste l'y exila, mais qui, l'été, se montraient plus abominables encore. Les plus grands intérêts se trouvaient partout en jeu. Des affaires considérables engendraient des affaires plus colossales encore, ou qui alors semblaient telles, et comme on avait partout besoin de capitaux, l'intérêt de l'argent montait de manière à affoler les bourgeois, habitués à la tranquillité financière du temps de Louis-Philippe. Le nouveau préfet de la Seine, Haussmann, éventrait entièrement Paris et le rebâtissait. Le nouvel Empire jouait une fort grosse partie, pour ses débuts. On sent bien qu'en de telles conditions, c'était un vrai poste de confiance que la présidence du Corps législatif; il ne fallait pas en effet que l'Empereur éprouvât la moindre difficulté de la part de son Parlement. Au président de les lui épargner, s'il savait montrer assez de tact et d'autorité : or, qui pouvait-on choisir, sinon Morny, pour ce travail à la fois énergique, tenace et délicat?

Non que sa tâche se trouvât surhumaine, évidemment non. L'opposition se composait de quelques voix, toujours les mêmes. Le règlement défendait les interpellations, ce qui était bien commode, et si Morny tolérait des « observations présentées avec tact, loyauté et dans un bon esprit » — la formule est de lui — cela semblait un trait merveilleux de mansuétude et de libéralisme. En outre, on demeurait encore poli. Certes, l'on s'indignait, parmi les républicains notamment, et l'on ne craignait pas de recourir aux termes les plus pompeux de l'art oratoire; néanmoins, la courtoisie subsistait presque entière. Qui eût prédit alors qu'en plein Parlement français, et moins de cent ans après, certain député ferait tournoyer ses bretelles en vociférant, l'on eût tenu pareil devin pour fou. Dans les assemblées politiques, à cette époque-là, notre pays conservait des mœurs. La besogne d'un président s'en trouvait fort simplifiée.

Comment se comporta le comte de Morny en sa haute fonction, ses contemporains nous l'ont cent fois décrit. Ils auront tous, amis comme ennemis, reconnu son prestige extraordinaire. Et d'abord il s'entendit mieux que pas un autre, paraît-il, à flatter l'Assemblée : il soutenait, en des occasions bien choisies, ou se donnait l'air de soutenir les intérêts de celle-ci contre le pouvoir du gouvernement, il faisait mine de la considérer sérieusement ainsi qu'un corps indépendant et fier. Enfin, on le voyait protéger « son » Assemblée ainsi que le bon seigneur, jadis, protégeait ses vassaux confiants. Bonne note pour un président : les députés lui en gardaient une extrême gratitude.

En revanche, il faisait ostensiblement peu de cas de l'éloquence, moitié par dégoût d'un art qui déplaisait à son esprit net et entreprenant, moitié par rancune contre les méfaits du bavardage sous Louis-Philippe et surtout la deuxième République, et peut-être un peu aussi par dépit amoureux : car il ne parlait guère bien à la tribune aux harangues. Quand nous écrivons toutefois qu'il faisait « ostensiblement » peu de cas de l'éloquence, entendez qu'il écoutait avec une politesse accusée à l'excès, sinon en poursuivant, sans trop s'en cacher, d'autres rêves. « Renversé dans le fauteuil présidentiel, l'air endormi et las », ainsi nous le montre Alphonse Daudet en ses *Souvenirs d'un homme de lettres*. Le comte de Morny ne se fût permis ni beaucoup plus, ni beaucoup moins qu'une telle attitude à l'égard de ses collègues, même les plus éloquents. Cela suffisait, d'ailleurs, car on s'apercevait encore des nuances, en cet âge civilisé.

N'a-t-il jamais passé la mesure ? Si, peut-être. L'affectation de la nonchalance, du naturel — par réaction contre les allures lourdement solennelles, ou le style soutenu, les phrases ampoulées, d'un ridicule si cruel — il faut s'en garder autant, sinon plus que de toute autre. Vouloir tout traiter sur le ton dont on parlerait du temps qu'il fait, ou d'une visite ennuyeuse qu'on ne peut se dispenser de rendre par convenance, c'est s'exposer à tomber quelquefois dans une espèce d'insolence un peu facile et point toujours d'un goût parfait. Mais Morny se sauvait par son esprit précis, et sa compétence : il « savait ». En fait d'agriculture, d'industrie, d'affaires, de politique, on ne le prenait jamais au dépourvu, il « avait la pratique, » comme on dit. Or, un homme au courant peut toujours s'offrir le luxe de quelque détachement. Ceux qui contrefont les négligents afin de mieux cacher leur ignorance, voilà les tricheurs et les niais, par exemple.

Si nous rappelons les exquises façons de Morny, son affabilité continuelle, et pourtant assez distante pour qu'on en sente tout le prix, on comprendra comment le Corps législatif tout entier finissait par avoir l'impression de commettre une espèce de faute mondaine quand il s'abandonnait à une opposition trop marquée ; et que si l'on y élevait trop la voix, il semblait positivement qu'on eût manqué au président : celui-ci n'allait-il pas ramasser ses gants, effiler sa moustache et gagner un salon de meilleure compagnie ?...

On ne peut traiter tous les sujets, il le faudrait pourtant dès que l'on prétend replacer un personnage en son vrai cadre. Ce serait ici le lieu de dire un mot de ce que fut l'opposition pendant les dix ou douze premières années de l'Empire. Moins que rien !... Il y avait quatre ou cinq importants journaux tout au plus, hormis les feuilles officielles : *Le Siècle*, protégé par le prince Jérôme, où l'on mangeait du curé ; *L'Univers*, où, tout au contraire, le surcatholique et terrible Louis Veuillot fulminait des excommunications et vomissait des torrents d'injures ; *La Gazette de France*, légitimiste patiente ; l'orléaniste et libéral *Journal des Débats* enfin, admirablement rédigé (Renan, S. de Sacy, St-Marc Girardin, J.-J. Weiss, etc.). Tout cela, du reste, surveillé de très près, et réduit par la censure à une opposition assez dangereuse, mais maquillée, dissimulée, et qui ressemblait à un jeu d'esprit.

N'oublions pas E. de Girardin qui, sans avoir peut-être autant de génie qu'il s'en croyait, fut le véritable créateur de notre presse moderne, fondée sur la publicité et non plus sur les seuls abonnements. Cet homme rasé comme Napoléon Ier, ramenant une mèche comme Lui, et qui se félicitait d'une sublime activité d'esprit, toujours comme Lui, composait ses articles en chevauchant chaque jour au Bois de Boulogne. Mais sa politique était fantasque et soumise à des motifs personnels.

Il y avait encore l'opposition des salons. Puis, celle de l'Académie, en majorité orléaniste et légitimiste. On y élisait des candidats hostiles à l'Empire. On y proclamait dans les discours l'apologie des régimes passés. On y faisait des allusions par le moyen de l'histoire romaine. On y cultivait l'ironie savante, féroce, habilement développée.

Un jeune écrivain notamment, Prévost-Paradol, devait bientôt devenir un spécialiste illustre de l'ironie grave : il y acquit une gloire véritable. Et de fait, il était plein de talent, on le relit encore avec agrément, quand on a du loisir toutefois, car il prend tout son temps pour lancer ses flèches, et son originalité se trouve assez souvent aussi cachée que sa malice. Bref, pour goûter à souhait ce normalien prodige, il ne faut pas s'impatienter. Rallié vers la fin de l'Empire et devenu ambassadeur, Prévost-Paradol oublia cette fois toute ironie pour apporter aux États-Unis, en 1870, les sereines assurances de paix inscrites au ciel de l'Europe heureuse : mais comme la guerre franco-allemande éclata sur ces entrefaites, le nouveau diplomate se suicida. Ceci n'est pas un conte.

On voudrait aussi traiter de la politique religieuse au commencement de l'Empire. Napoléon III se montrait fort clérical, selon le vocabulaire d'aujourd'hui : il prétendait avoir les prêtres pour lui, gouverner avec leur appui, et presque toujours y réussit à merveille. (« Les bonapartistes vont à la messe à tort et à travers », écrivait-on de Londres). Par conséquent le représentant officiel de la pensée impériale dans l'Assemblée, c'est-à-dire le président, avait à placer, ou à s'arranger pour qu'on plaçât sous un jour favorable les vœux du clergé, de façon que ceux-ci se trouvassent généralement approuvés et soutenus. Ménager l'Église, désarmer ou déconcerter une opposition plus perfide que brutale, voilà une escrime où Morny excellait.

Il lui fallait encore apaiser, distraire ceux qui trouvaient la guerre de Crimée interminable. « Comme c'est long! » disaient déjà les Parisiens assis au chaud devant une volaille rôtie. Nos troupes, cependant, crevaient de froid, de misère et d'ennui devant Sébastopol. Les Anglais guerroyaient avec une gaucherie rare. « Nous avons vu, écrit Paul de Molènes — cité par Mme M.-L Pailleron — la mauvaise volonté, la pesanteur, les incertitudes de toutes sortes d'une armée dont nous sommes obligés de prendre tour à tour tous les travaux. » « Leur imagination peu fertile en expédients, dit des Anglais encore Mme Baroche, ne leur a pas fourni les moyens de franchir un fossé sur lequel ils ne comptaient pas. » Et sans trêve ainsi. On entendait un concert de plaintes touchant leur candeur en campagne : qu'ils ne se fâchent point, leur courage n'est nullement en cause. Mais, pour une raison ou l'autre, la guerre durait, traînait, la nation s'irritait. Ce fut un grand soulagement que les premiers pourparlers de paix précédant le traité de Paris, définitivement signé en mars 1856.... Le bon pilote Morny veillait néanmoins à tous les orages, grains, ouragans ou cyclones qui eussent peut-être, sans lui, mis l'Assemblée en péril. Il fallait que l'éloquence se déchaînât avec une violence particulièrement horrible pour qu'on le vît s'endormir irrésistiblement dans son fauteuil, comme il fit par exemple sous les yeux de Mme Baroche, un jour que le mari de celle-ci parlait avec ampleur.

Et toutefois, en dépit de « cette guerre », tout à l'heure si glorieuse d'ailleurs, on se montrait d'une gaîté folle. L'Exposition de 1855 avait réussi au delà de tous les vœux. On dansait, la cour faisait étinceler ses livrées, ses uniformes, ses aiguillettes et ses diamants. Les femmes portent des crinolines démesurées, des chapeaux qui leur tombent sur la nuque, ou leur mettent le visage comme au centre d'un bouquet, des lieues de rubans, des tonnes de dentelles. Les hommes se ruinent en chevaux, en équipages, en fêtes parisiennes, en vie de château.

Le soir venu, cependant, M. le président daigne sourire aux dames des Tuileries, revêtu de son habit de cour, bleu à boutons d'or, doublé de satin blanc, avec la culotte courte. Ou bien, il se laisse inviter ailleurs. Il vient alors en habit noir, portant parfois quelques plaques, ou la simple Légion d'honneur. « Nul mieux que lui ne savait se présenter dans le monde, traverser un salon gravement, monter en souriant à la tribune.... Le résumé de son attitude dans la vie : une distinction paradoxale.... Aisé, dans ses moindres gestes, fort rares d'ailleurs, laissant tomber négligemment des phrases inachevées, éclairant d'un demi-sourire la gravité de son visage, cachant sous une politesse imperturbable le grand mépris qu'il avait des hommes et des femmes.... » (Alphonse Daudet, *Le Nabab.*)

Napoléon n'avait que trop besoin de ce prince de toutes les élégances pour diriger avec une maîtrise inimitable ce que la

France nommait alors son Parlement : mais quel ambassadeur un Morny n'eût-il pas été!

En une circonstance exceptionnelle, il est vrai, l'honneur de représenter la France comme envoyé extraordinaire lui fut effectivement confié. C'était pour le sacre de l'empereur de Russie. Nous dirons comment il enchanta Saint-Pétersbourg, en rapporta d'abord une femme ravissante, puis toutes les sympathies possibles envers notre pays, à défaut de l'alliance franco-russe qu'il souhaitait si ardemment dès 1856. On l'eût conclue, selon son vœu d'homme d'État, que la France évitait peut-être Sedan, plus tard, et Bismarck à Versailles, et ce qui s'ensuivit.

CHAPITRE VIII

SON EXCELLENCE

LES RÊVERIES DE NAPOLÉON III : L'ESPRIT NET DE MORNY ‖ IL SE MÉFIE DE L'ANGLETERRE ET DE LA PRUSSE ‖ AMBASSADEUR EXTRAORDINAIRE EN RUSSIE EN 1856 ‖ L'ALLIANCE RUSSE ‖ MORNY ÉPOUSE SOPHIE TROUBETZKOÏ ‖ MENACE DE SCANDALE.

Nous sortions donc vainqueurs d'une guerre dure et longue, où l'Angleterre avait été notre alliée. De cette guerre acharnée — guerre de siège surtout, et martyre d'hiver — le poids principal était manifestement retombé sur les Français. A la fin, l'ennemi se reconnut battu. La France avait alors un éclatant prestige en Europe. On signa un traité de paix par lequel les Anglais conquirent des avantages matériels, et nous des avantages moraux. Les difficultés commencèrent néanmoins au sujet de l'application du traité, que les vaincus n'exécutaient guère : ce fut alors que l'Angleterre commença de témoigner à son ancienne alliée, la France, une méfiance extrême et les moins tendres sentiments.... Et ceci se passait — qu'on ne s'y trompe pas — en 1856 : il s'agit de la guerre de Crimée.

Or, l'empereur Napoléon nourrissait pour l'alliance anglaise un goût obstiné. Nul n'était, en vérité, plus obstiné que cet homme honnête, bienveillant et doux, mais dont le cerveau se trouvait plein de chimères, d'ailleurs on ne peut plus généreuses. On a prétendu que sa politique extérieure errait d'incohérence en incertitude : Emile Ollivier démontre pourtant à merveille, dans son remarquable *Empire libéral*, que toute la politique de l'Empereur ne poursuivait jamais que deux grands desseins, dominant tous les autres : 1° détruire des traités de 1815, conclus par les rois contre la France de la Révolution et de Napoléon Ier;

2° poursuivre la politique des nationalités. (On sait ce que l'on entend par politique des nationalités : elle consiste en somme à approuver et appuyer le droit, pour les peuples, de choisir eux-mêmes la nationalité qu'ils désirent.)

Le cerveau de Napoléon III avait élevé là une construction idéologique admirablement établie, sur le papier! Ces deux principes, en effet, se commandent l'un l'autre : les traités de 1815 avaient fondé l'Europe nouvelle sur les droits de la légitimité, autrement dit des souverains légitimes, sans tenir compte des nations régies par eux; c'était donc lutter contre 1815 que de soutenir les droits, non plus des princes, mais des nations, et désirer que celles-ci se pussent former, amalgamer selon leurs vœux, exprimés ou non par des plébiscites. On reconnaîtra ici les idées, ou si l'on préfère, les effusions en faveur au temps de la jeunesse de Louis-Napoléon Bonaparte. Elles menaient tout droit à l'affranchissement des peuples asservis et morcelés, tels que la Pologne — dont Napoléon III souhaita toujours, mais vainement, de prendre la défense — tels surtout que l'Italie, tristement captive et divisée.

Il y avait aussi la Prusse. Napoléon III éprouvait un faible pour la Prusse.... On ne sait trop pourquoi cette race féodale éveilla tour à tour chez nous la sensibilité des philosophes du XVIIIe siècle, puis l'amour des Jacobins, puis les sympathies d'utopistes sans nombre, enfin celle de Napoléon III lui-même. Les uns voyaient à Berlin l'adversaire naturel de l'Autriche, grande puissance dangereusement réactionnaire; les autres tenaient ce peuple guerrier pour une nation petite et faible, qu'il était chevaleresque de défendre contre des voisins redoutables; d'autres encore versaient des larmes dès qu'on leur parlait des pays au delà du Rhin, ainsi que de leurs habitants si doux, qui fumaient pensivement leurs pipes en poursuivant des songes métaphysiques : et à tout hasard, on englobait avec attendrissement la Prusse dans cette Allemagne de romance.... Or, notez que Persigny lui-même, dont la qualité principale n'était pas la plus fine claivoyance, écrit dans ses *Mémoires*, en parlant de l'accueil que lui avaient réservé les Prussiens de l'aristocratie, vers 1850 : « Je sentais, au milieu de ces hommes pleins de passion et de préjugés, comme une atmosphère de glace. Il n'y avait pas de conversation possible avec eux; à peine pouvait-on rencontrer dans le monde les égards que la plus simple politesse impose aux gens de bonne compagnie. »

L'Empereur, néanmoins, ne trouvait pas ces bons amis renfermés en de justes frontières : il leur eût volontiers prêté la main — au début de son règne, en tous cas — pour qu'ils s'agrandissent un peu, les pauvres gens. (Et combien de Français pensaient ainsi!)

Aussi bien ne doit-on jamais oublier qu'une rêvasserie géographique a toujours habité l'âme de Napoléon III. M. de la Gorce a décrit en termes excellents cette espèce de libellule des atlas qui voltigea sans trêve en la cervelle impériale : « Napoléon trouvait un charme infini à caresser le plan d'une Europe idéale... harmonieuse pour le regard, vue sur la carte.... » Il se plaisait à combiner « des États faits à souhait pour le bonheur des peuples comme pour le plaisir des yeux. » (t. V, p. 239).

Quant à l'alliance anglaise, l'Empereur y était attaché pour ainsi dire superstitieusement. On ne saurait sans inconvenance parler de fétichisme en des matières aussi graves que la politique extérieure : cependant, on en serait ici tenté. Napoléon III songeait que l'Angleterre avait abattu son oncle à Waterloo, et que Charles X, puis Louis-Philippe étaient tombés après avoir, ou sur le point d'avoir rompu avec elle. Avant tout, il n'allait point commettre cette faute, lui!... Ainsi certaines personnes croiraient-elles tout perdu si elles priaient à dîner, par exemple, treize invités. Rien qu'à lire ce mot : treize, elles frémissent déjà.

Enfin, il existe une sorte d'influence astrale, appelée anglomanie. Depuis le XVIIIe siècle, non seulement notre société élégante la subit, mais encore notre « monde des affaires », notre littérature, souvent aussi notre politique. En ce dernier cas, la chose est infiniment plus grave, et il faut craindre les hommes d'État qui se troublent trop justement si les Prussiens sont à Sadowa, mais ne s'alarment nullement quand les Anglais sont partout ailleurs. Napoléon III était né sous cette influence, et s'y abandonnait sans remords, en croyant de toute son âme qu'il agissait en profond diplomate et en Français prudent.

Or, le comte de Morny ne pensait pas ainsi. Il ressemblait si peu à son frère, du moins quant à l'esprit! Sans même parler de leurs hérédités paternelles, leurs formations avaient été si différentes! Louis-Bonaparte, élevé en Suisse et mûri dans l'exil, en proie à tous les élans de 1830 à 1840. Morny habitué dès l'enfance, par son entourage encore XVIIIe siècle et ancien régime, à juger toutes choses avec clarté, simplicité, modération moqueuse au besoin. On eût pu en imposer au premier par des considérations sentimentales, fussent-elles un peu emphatiques. Le second exigeait tout d'abord des notions précises, et n'attribuait aux hommes que leur valeur sans phrases. Et ce qui lui paraissait de mauvaise qualité allait au rebut, voilà tout. Il laissait les grands mots, bons pour la rue.

Avec un sens politique très fin, Morny — contrairement à l'Empereur — se méfiait de la Prusse, et même de l'Allemagne entière. « L'Allemagne nous déteste du fond du cœur », écrit-il à l'Empereur le 15 septembre 1856. Il déclare à Walewski le 4 janvier 1857 : « Quoique je ne sois guère prussien de ma nature.... » (En revanche, le roi Louis, père de Napoléon III, disait avec émotion dans sa *Réponse à Walter Scott* : « La Prusse est l'alliée et l'amie inséparable de la France. »)

Sa défiance à l'égard de l'Angleterre n'était pas moins vive, certes. Qu'on lise ses lettres, ses notes. « Les Anglais! comment se sont-ils conduits à Constantinople, à Vienne, à Turin, à l'égard du système des Principautés? N'ont-ils pas combattu la politique de l'Empereur partout? La rupture de l'alliance anglaise sacrifiée à des intérêts de famille a perdu Louis-Philippe; prenons garde que son maintien, en y sacrifiant notre dignité, notre indépendance, ne fasse un grand tort à l'Empereur. Moi, je redoute les Anglais comme le feu. » (à Walewski, de Pétersbourg, 1856). «... Et puis, avec les Anglais, c'est un mauvais calcul que la faiblesse. Il faut être très ferme et très net avec eux; ils ne vous passent rien, il ne faut rien leur passer. Je ne veux pas revenir sur leur inqualifiable conduite depuis quelque temps.... » (à Walewski, 13/25 novembre 1856). « Il ne faut pas que l'Empereur permette à l'Angleterre de le traiter avec sans-façon et insolence; il ne faut pas non plus qu'il attelle la France à cette politique désordonnée et inconséquente qui ne repose sur aucun principe; qui fait de l'abolition en Amérique, de l'esclavage dans les Indes, du libéralisme ou de l'absolutisme selon les besoins de sa cause et de ses intérêts, et qui, à la première légère divergence d'opinion, au premier ombrage, s'allie avec l'Autriche contre nous, attaque et renverse notre influence à Constantinople, la ruine en Sardaigne et injurie de la façon la plus grossière et la plus calomniatrice, dans sa presse, les hommes qui ont la confiance de l'Empereur. » (à Walewski, 17/29 novembre 1856.) « Ces Anglais sont de drôles de gens ; ils demandent déjà au gouvernement russe de les aider en Perse et de s'entendre avec eux sur d'autres affaires, exactement comme s'il n'y avait pas eu l'ombre de difficulté, et comme si les flottes ne faisaient pas chaque jour dans la mer Noire mille avanies au pavillon et aux autorités russes. » (à Waleswki, 30 novembre-17 décembre 1856). « Les Anglais envahissent tout ; on les laisse faire et si on voulait prendre un petit point de la Calédonie, de la Zélande, de Madagascar, du Brésil, ils crieraient comme des brûlés. Avec eux, il ne faut jamais faire le petit garçon ; ils ne vous savent aucun gré des concessions qu'on leur fait, et se montrent pour eux aussi exigeants à la première occasion » (à l'Empereur, 20 décembre 1856).

Une parenthèse. Remarque-t-on combien le langage politique de Morny est, sinon fort original, du moins ferme, précis et sans bavure ? Voilà un grand mérite si l'on songe au pesant et solennel amphigouri, à la gaucherie sans pareille, à la prétentieuse incorrection du style diplomatique, que M. de Tocqueville accusait déjà en ce temps-là (voir ses *Souvenirs*) d'être un style « flasque, » et qui est devenu aussi vilain de nos jours, aussi commun que le patois parlementaire ? Qu'il s'adresse à Walewski, à Gortchakof, à l'Empereur — il l'appelle à la fois familièrement et respectueusement « mon bon Empereur, mon cher Empereur » — Morny parle net et sans ambages, ni jargon de chancellerie.

S'il eût souhaité que son pays prît garde à la Prusse et surveillât de plus près les inquiétants amis d'Angleterre, le comte de Morny ne cessait par contre de recommander l'alliance franco-russe, déjà rêvée par la diplomatie de Charles X. Il y voyait une union naturelle, raisonnable, qui pouvait au besoin, si l'on savait s'y prendre, se concilier avec l'amitié anglaise, tenir surtout en respect l'Autriche et la Prusse, bref, assurer la paix européenne. Hélas, que ne l'a-t-on mieux écouté !

Se trouvant en ces dispositions, Morny accepta de grand cœur la mission d'ambassadeur extraordinaire que lui proposa l'Empereur, afin d'aller représenter la France en Russie, pour le couronnement du nouveau tzar Alexandre II, pendant l'été de 1856.

Ce que fut cette ambassade, demeurée longtemps légendaire à Saint-Pétersbourg et à Moscou, le nom seul de Morny doit le suggérer : somptuosité inouïe, élégance folle, et le meilleur ton.

Et tout d'abord, quelle suite, quelle « maison » militaire et civile! Trois généraux, un lieutenant-colonel, un capitaine d'état-major, un capitaine, un lieutenant, un sous-lieutenant, héros de la guerre et portant les plus beaux noms; en outre, trois secrétaires d'ambassade, six attachés, et le comte Joachim Murat, secrétaire du Corps législatif. Dix-sept dignitaires officiels : une cour!... Parmi ces personnages ainsi délégués par la France, et présentés en quelque sorte comme des « spécialités » nationales, on se plaît à constater qu'outre Morny lui-même, prince des séducteurs, il y avait deux jeunes gens bientôt destinés à la plus tapageuse et souriante célébrité : le petit duc de Gramont-Caderousse et le marquis de Galiffet, sous-lieutenant aux guides. Le tapage, certes, au cours d'une ambassade ne se trouvait point admis : mais restait le sourire, qui était au contraire recommandé.

Il est difficile de rendre avec des mots l'éclat inouï, et en même temps le pittoresque, la somptuosité folle, à demi-asiatique, l'étrange imprévu des spectacles auxquels assistèrent en Russie l'ambassadeur de France et sa maison. Cinquante années après, le même pays devait envoyer à Paris une sorte de magicien nommé Diaghilew, qui, à la tête de ses danseurs, de ses peintres et de ses musiciens, bouleversa l'art français par des ballets jusque-là sans pareils. Positivement le récit des fêtes pour le couronnement d'Alexandre II rappelle certaines scènes des spectacles de Diaghilew, et non des moins somptueuses ni des moins originales : mieux vaudrait les faire mimer et danser sur une partition de Stravinsky que d'essayer de les raconter en quelques mornes phrases. Le comte J. Murat nous en a du mois laissé une sorte d'aperçu, sinon de programme, dans la relation du voyage... ou du rêve que fit en Russie la mission française. (Brochure introuvable aujourd'hui : nous en avons dû la lecture à l'obligeance de la princesse Murat.) Et nous pouvons ainsi, à défaut de la musique, recopier ici quelques lignes du livret.

Le jeudi 7 août (date française) le comte de Morny, accompagné de toute son ambassade, remit ses lettres de créance. La cérémonie eut lieu au palais de Péterhof, situé à une heure de Pétersbourg. Collation servie par la livrée de l'Empereur, voitures de la cour, audience solennelle, tenues de gala, deux nègres en costume oriental, immobiles à chaque porte. Et aussitôt après l'audience de l'Empereur, même cérémonie auprès de l'impératrice, resplendissante de pierreries comme une icône, et revêtue d'une robe de brocart d'or, dont deux pages soutenaient la longue traîne. Aux portes de la souveraine, encore les nègres des Mille et une nuits. Et la scène se passait dans un bien étonnant salon, « où une tête de femme, reproduite quatre ou cinq cents fois sur les panneaux, dans des médaillons de même grandeur, exprimait successivement, avec une attrayante variété, tous les sentiments de l'âme.... » Quoi! tous les sentiments, sans en oublier un seul?

Suivirent des dîners, des promenades, des fêtes de toutes sortes, en attendant le départ pour Moscou. Le 29 août, entrée officielle de l'Empereur en sa ville de Moscou. Cortège extraordinaire, dont le défilé dura plus d'une heure, entre une triple haie de troupes. D'abord, l'escorte particulière du tzar : guerriers d'une tribu lointaine, revêtus de cottes de mailles et coiffés de casques pointus; Tcherkesses, portant à la main la longue carabine, en bandoulière l'arc et le carquois; deux escadrons de Cosaques, montés sur des chevaux tartares à tous crins; cent Boyards, à cheval également, en costumes nationaux; puis, une foule de chefs, d'émirs, de khans, délégués par les peuplades asiatiques soumises à la Russie : et l'on devine la fulgurante et bizarre splendeur de tous ces rois mages. Enfin, les piqueurs, les coureurs, les nègres à turbans ou bonnets à aigrettes, les carrosses à six chevaux, les chambellans, maîtres des cérémonies et dignitaires de la cour; l'Empereur, et les membres de sa famille, tous à cheval, et en uniformes d'officiers; les aides de camp, les généraux, les princes étrangers. Les carrosses à huit chevaux des impératrices : celui de l'impératrice-mère avait été, sous Louis XV, peint par Boucher. Les voitures des princesses impériales, des dames et demoiselles d'honneur. Les escadrons de cavalerie, etc.

Une immense revue eut lieu peu de jours après. Un régiment, entre autres, intéressa fort les Français : c'était celui de Pavlovsky Non seulement il avait conservé l'ancienne coiffure, un schako élevé, terminé en pointe, et « dont la plaque, percée de trous, porte glorieusement la trace des balles ennemies; » mais encore il avait seul le privilège de défiler la baïonnette croisée; et — prestige encore plus saisissant — tous les hommes de ce maître-régiment devaient avoir le nez relevé en pied de marmite. Morny ne pouvait que s'enorgueillir de représenter une dynastie dont le fondateur avait battu de tels soldats à Austerlitz!

Le 7 septembre enfin (26 août russe), cérémonie du couronnement. La fête des fêtes. Notons sans plus attendre que le carrosse et les équipages de l'ambassadeur de France furent admirés comme les plus beaux, et surtout ceux qui témoignaient du meilleur goût : carrosse à six glaces, roues dorées, tout brodé à l'intérieur, et attelé de six magnifiques chevaux anglais. Laquais et cochers poudrés, livrée blanc et or, tricornes, culottes et gilets rouges. De son côté, l'ambassadeur d'Autriche, le prince Esterhazy, [illegible] de perles et de diamants, l'aigrette de son bonnet valant à elle seule, disait-on, une fortune.

Les [illegible] très compliqués du couronnement lui-même, dans l'église de l'Assomption, au Kremlin, occupèrent des heures et des heures. Et pendant les trois soirs qui suivirent cette journée féerique, Moscou entièrement illuminée parut encore une fois rougeoyer sous l'incendie, comme sous Rostopchine. Et les bals, cependant, ne cessaient point. On soupait en de la vaisselle d'or. Chaque ambassadeur, tour à tour, reçut toute la cour. Le nouveau tzar, le jour d'une fête offerte à la bourgeoisie et aux marchands, ouvrait les portes du Kremlin à vingt-cinq mille invités. Le lendemain, pour un banquet populaire donné dans une plaine, c'étaient deux cent mille hôtes qui se jetèrent sur les tables — par une pluie diluvienne — et dévorèrent 1 500 bœufs, 4 000 moutons, 100 000 canards, 100 000 poulets, sans parler des fontaines de vin, d'hydromel et d'eau-de-vie, qui furent entièrement taries, au milieu d'une mare de sang, car on se battit à mort tout autour, bien entendu. Des tables elles-mêmes, il ne resta que d'informes débris : les moujiks ne les avaient-ils pas englouties pêle-mêle avec tout le reste?

Il y eut encore une journée de courses : des trotteurs, attelés à des drojkis. Ensuite une journée de chasse : on lâcha des barzoïs sur des loups, des renards et des lièvres. Morny et ses Français galopèrent avec plaisir sur des chevaux de prix, mais la vénerie russe leur parut primitive : et de fait, ils n'avaient point tort. Ce fut là, du moins, la seule réserve à l'émerveillement perpétuel, et d'ailleurs trop justifié du comte Murat.

Durant ces quelques mois d'ambassade, et nonobstant ces prodigieux spectacles, Morny multiplia les plus habiles et intelligents efforts au moyen d'entrevues amicales, lettres, notes et dépêches, et tant auprès des deux Empereurs que des deux ministres des Affaires étrangères, le chancelier Gortchakof et le comte Walewski, afin d'amorcer au moins, sinon réaliser l'alliance franco-russe : mais en vain. Alexandre II n'eût sans doute pas demandé mieux, les deux ministres y eussent prêté les mains, Napoléon III lui-même écoutait, ne disait pas non. Cependant, l'Angleterre s'en montrait contrariée, offensée, et c'en fut assez pour que Napoléon, finalement, ne conclût rien avec les Russes. Il n'y a rien à faire avec les obstinés, lorsqu'ils sont doux.

On ne saurait pourtant croire que Morny eût perdu son temps en Russie. Et d'abord, ce n'est jamais perdre son temps que de promener à l'étranger les grâces de son pays. Une jolie femme qui voyage fait déjà de la propagande : que dire d'un ministre fastueux et charmant? Puis, il n'y a jamais d'effort perdu : les raisons données par un homme d'État si perspicace étaient bonnes; quarante années après, elles s'imposaient à tous. Mais il avait fallu la guerre de 70 pour y aider. Dure école!

Enfin, le comte de Morny s'était marié, là-bas. Il le souhaitait. On lui avait déjà prêté certains projets : un prélude à Florence, une Américaine, puis une jeune fille du meilleur Faubourg, d'autres encore. La duchesse de Dino, qui détestait le président du Corps législatif — peut-être pour des raisons vaguement familiales — écrit à la date du 20 août 1856, tandis que celui-ci arrivait en Russie : « Le bruit répété que M. de Morny refuse, tout le long de sa route, d'épouser des princesses, tantôt en Saxe, tantôt en Mecklembourg, et aussi de Hohenzollern, est sans doute une mauvaise plaisanterie que font courir ses ennemis. »

Mais non, pas si mauvaise. Et puis, ce n'était pas une plaisanterie : bâtard, oui; cependant, fils de reine, et le second personnage peut-être de l'Empire français, il y avait en lui de quoi tenter des Allemandes, en quelque sorte princesses de province. Ce gentilhomme, d'autre part, ne voulait pas se mésallier, il lui fallait une épouse d'un très beau sang. Il la trouva dans l'entourage de la tzarine. Toutefois, il ne l'avait pas prévue si délicieuse : et il l'aima. Son Excellence l'ambassadeur de France fit un mariage d'amour.

C'était une très jolie jeune fille blonde. La figure fine, le nez ciselé, et des yeux bruns : le miel et l'onyx, la perle noire parmi les grains de blé. Joignez cet air délicat de certaines lampes d'albâtre au cœur desquelles la flamme brûle, bien rouge, et transparaît, rosée à peine.

Elle s'appelait Sophie Troubetzkoï. Son père avait fait mille folies. Un Russe entre les Russes. Le tzar finit par l'envoyer au Caucase. Sa mère fut sans doute fort jolie, elle aussi : il y eut de grands orages autour de ce berceau. La petite fut élevée surtout par les soins de l'impératrice, à Pétersbourg. On en fit une demoiselle d'honneur : Morny la vit, et la choisit aussitôt. L'union parut à souhait.

Pourtant, à la cour de Russie, où l'on se montrait si sévère, un bâtard, même illustre, et fût-il de reine.... Était-ce une reine, d'ailleurs, que la pauvre Hortense aux yeux de ces Orientaux, dont le chef avait seulement salué le nouvel empereur Napoléon III de l'appellation « bon ami », et non pas « frère », comme c'est l'usage entre souverains?

Sans doute. Mais Morny avait tant de crédit, de séduction, et au surplus, Sophie l'adorait. Puis, le nouveau tzar Alexandre II vénérait la mémoire du tzar Nicolas, son père : et ce dernier s'était intéressé bien vivement, bien singulièrement à la petite Sophie, après s'être, disait-on, tant intéressé aussi à la princesse Troubetzkoï, mère de cette ravissante fillette.... Bref, Alexandre II dota Sophie Troubetzkoï, qui portait légitimement un des plus beaux noms de Russie, et le mariage eut lieu à Saint-Pétersbourg, le 7 janvier 1857. L'acte de mariage fut rédigé en latin : on aurait pu faire à un diplomate l'honneur d'une rédaction française, même si l'on ne voulait point citer ses parents. (Est-ce par délicatesse qu'on ne mentionna pas non plus ceux de Sophie Troubetzkoï?....)

Le comte de Morny montra sa petite comtesse aux Tuileries et dans les salons, au printemps de 1857. Paris la jugea divine. Son mari, plus tard, la trompa certes beaucoup — il le fallait bien! — mais nourrit toujours une tendresse infinie pour cette manière d'oiseau des îles. Il lui passait tout. Il admettait qu'elle reçût assez mal, n'honorât point les députés, témoignât de la froideur à l'impératrice Eugénie et quelque dédain à nombre d'autres mondaines, ainsi que certaine dérision, en somme, vers tout ce qui n'était point russe. Ou tout au moins de la cour russe. Les Tuileries faisaient pitié à cette fille des Troubetzkoï. Les femmes françaises, jugeait-elle, aimaient petitement, sentaient petitement : tandis qu'elle et ses compatriotes!... Morny, mon Dieu, avait d'autres soucis que les opinions de Sophie : et il aima très sincèrement sa fleur des neiges. Qui dit sincèrement ne dit pas aveuglément, comme chacun sait, ni fidèlement : pour un Morny, c'eût été presque monstrueux.

Une entre autres, pourtant, eût alors apprécié la fidélité de l'ambassadeur, c'était la comtesse Le Hon. Que depuis longtemps déjà Morny cueillît loin d'elle les roses de la vie, cette grande dame, si belle sous Louis-Philippe, s'y résignait peut-être en souriant, et aussi bien n'avait-elle que ce parti à prendre. L'amitié subsistait entre eux, officielle et sans doute véritable.

Mais dès qu'il s'agissait d'un mariage, tout changeait : ou, si l'on veut, tout s'aggravait. Une femme est une femme, à tout âge. Et puis, supporter l'épouse d'un ami, la vraie épouse, et qui pis est, la jeune épouse.... Que l'on songe aussi à l'amour-propre des mondaines : qui aurait le pas, en des circonstances délicates ? La victorieuse d'hier, forte de ses lauriers d'automne, ou la triomphatrice d'aujourd'hui, portant les bourgeons d'avril ?

Hélas, au cours de sa carrière si active, Morny avait brassé bien des affaires, on l'a vu. Plus d'une avait été tentée en commun avec la comtesse Le Hon. Voulut-on les mieux établir, sur des contrats plus rigoureux ? Ou des contestations surgirent-elles par l'empoisonnement naturel qui se produit dans les associations d'intérêt, lorsqu'une des parties se raidit, se hérisse, soulève des scrupules auxquels nul ne songeait pendant la période affectueuse ?

On ne sait. Et le général Fleury, qui raconte toute cette histoire dans ses *Souvenirs* avec plus d'attention que les autres contemporains, ne précise rien non plus sur le fond même du débat. Et jamais probablement n'en connaîtra-t-on davantage, puisqu'en somme *il n'y eut point de procès*, par conséquent pas la moindre trace.

Ce qui paraît certain, c'est que le ministre auvergnat Rouher — dont le député de Clermont-Ferrand avait naguère appuyé les débuts — s'en fut devers l'Empereur, et lui dit (nous citons Fleury) : « Mme Le Hon se trouve ruinée par l'abandon de Morny. Elle a droit à une indemnité pour la dédommager d'une rupture qui compromet l'avenir d'une foule d'affaires dans lesquelles Morny et elle sont engagés. Elle demande la protection de l'Empereur et son arbitrage souverain. Si elle n'obtient pas de Votre Majesté une compensation satisfaisante, Mme Le Hon est décidée à porter ses réclamations devant la justice. »

Emile Ollivier écrit en effet, dans son *Journal intime*, que

Rouher fut « arbitre » en cette circonstance, et « peu favorable à Morny ; l'autre arbitre ayant été le notaire de l'Empereur. »

Ceci se passait, ne l'oublions pas, pendant l'éclatante ambassade du comte de Morny. Qui sait si Rouher n'en était pas un peu jaloux? Car un tel zèle, un si furieux accès de chevalerie.... L'envie est un incoercible péché capital : on le commet rarement à l'état pur, pour ainsi dire; mais il accompagne tous les autres péchés, et souvent plus d'une vertu. C'est peut-être une infection utile.

Quoi qu'il en fût, l'Empereur craignit, non sans raison, quelque scandale capable d'atteindre l'ambassadeur de France. Il exigea, d'une manière assez vive, que celui-ci payât tous les dédits, désistements, rectifications de comptes, etc., qu'on lui demandait : bah! quelques millions, peut-être, mais Morny « était dans tant d'autres affaires!... » Le souverain, d'ailleurs, consentait à aider l'ambassadeur, auquel il ne laissa pas d'écrire presque vertement en cette circonstance : la lettre, très curieuse, est encore inédite et figure dans les papiers de la famille Morny.... Bref, on « liquida » la situation, argent comptant, et tout fut dit.

Si bien qu'en dépit d'une brouille que l'on avait pu craindre au sujet de ces contestations pénibles pour chacun, le comte de Morny ne s'en vit pas moins nommé de nouveau par Napoléon III président du Corps législatif, à son retour de Russie, en 1857.

Par la suite, ces deux puissants personnages, Morny et Rouher, furent amenés à se serrer de nouveau la main, vu leurs situations officielles. Mais jamais, en son cœur, le premier ne pardonna au second ce qu'il appelait trop justement une trahison. Et bien moins encore le second ne fit grâce au premier : sans doute lui reprochait-il de l'avoir induit en tentation.

CHAPITRE IX

LA FIÈVRE ITALIENNE

L'ATTENTAT D'ORSINI ‖ L'EMPEREUR EST TENTÉ PAR LA QUESTION ITALIENNE ‖ HOSTILITÉ ANGLAISE ‖ « LABORATOIRE D'ASSASSINATS » ‖ MORNY NE PEUT AIMER LA GUERRE D'ITALIE.

A peine Morny venait-il de reprendre le titre de président du Corps législatif qu'eut lieu l'un des faits les plus étranges, a-t-on dit, en tous cas les plus importants du Second Empire : l'attentat d'Orsini.

Il semble néanmoins qu'on l'ait fort compliqué, qu'on y ait voulu voir bien du mystère. A notre avis, pourvu que l'on étudie de près la psychologie des deux personnages principaux, Orsini et l'Empereur, il n'y a rien de si clair que cette espèce de coup de théâtre. Afin de l'expliquer parfaitement, il suffit de se bien rappeler que Napoléon III était avant tout un sentimental, et plus précisément un romantique, élevé dans l'exaltation de l'exil, et toujours demeuré, au fond, tel qu'en sa jeunesse. N'oublions pas non plus qu'il eût l'esprit le plus honnête. Quant à Orsini, si l'on veut bien admettre l'extraordinaire naïveté, et l'on peut même dire simplicité de ce fanatique patriote républicain, on trouvera dès lors cette histoire tout à fait limpide. Nous le croyons du moins.

Notons d'abord que l'attentat fut commis le 14 janvier 1858. Or, à ce moment avaient eu lieu les « détestables » élections du printemps 1857 : l'opposition légitimiste ou démocratique avait recueilli pas mal de voix, et cinq candidats républicains — les fameux Cinq ! — avaient passé... Et ils avaient passé, ces cinq héros, en dépit de la pression gouvernementale, pourtant sérieuse et bien organisée. Certes, une majorité encore énorme avait effectivement voté en faveur des candidats de l'Empire; mais ce n'étaient que les indifférents en matière politique qui composaient cette masse d'électeurs. En revanche, ceux qui s'intéressaient à la chose publique dans les dîners ou les parlottes de fumoir, ceux-là critiquaient, blâmaient le régime. En effet, la France se trouvait en pleine gloire et prospérité, prépondérante en Europe, rien encore n'avait atteint le prestige de Napoléon III. Une pareille situation donne des loisirs aux personnes graves dans les nations, et quand les personnes graves ont des loisirs, elles songent aussitôt à améliorer le sort de l'humanité. Or, on sait que le premier devoir, en ce cas, c'est d'abord de renverser l'État.... Bref, les élections de 1857 avaient donc été « détestables ». L'Empereur se sentait blessé en son idéal d'ordre et de bonne volonté. Une vague de mauvaise humeur avait déferlé.

Après s'être réuni en novembre pour la vérification des pouvoirs, le nouveau Corps législatif s'était prorogé jusqu'au 18 janvier 1858. Il était redoutablement orné de ses terribles Cinq, comme le bouclier de Persée portait en son milieu la tête de Gorgone. Le public attendait, s'interrogeait.... La réponsefut la bombe d'Orsini.

Cet Italien était né à Rome, d'une famille noble et ancienne. Il n'y avait que dévouement et générosité dans l'âme de cet ingénu. Il conspira toute sa vie. Le républicain nationaliste Mazzini l'eût pour disciple, et lui enseigna sa doctrine favorite, à savoir celle de l'assassinat politique. On connut Orsini membre de la Constituante romaine en 1849, puis condamné, emprisonné; il s'évada enfin miraculeusement des geôles de Mantoue, et gagna Londres, terre promise, en ce temps-là, des rénovateurs de la société — ou plutôt, précisons, des rénovateurs de la société dans les pays voisins.

Là, notre réfugié médita profondément, et se dit : « Ma patrie est opprimée, notamment par l'Autriche, le Pape et le roi de Naples : des tyrans. Il y a bien la France, apôtre de la liberté, qui pourrait nous aider, mais son Empereur est un traître, il oublie les serments qu'il a faits quand il était *carbonaro* dans sa jeunesse, et combattait pour nous. Au besoin il se rapprocherait même de l'Autriche, c'est un faux frère. Si l'on tue l'Empereur, la révolution va naturellement se déchaîner en France, les dernières élections le démontrent assez. La révolution italienne suivra, puis la révolution allemande. Trois grandes républiques occuperont le centre de l'Europe, et ainsi ma patrie sera libre — enfin! »

Exalté par ce raisonnement qu'il jugeait rigoureux, Orsini raccola des complices, trois Italiens, Rudio, Gomez, Pieri, et un exilé français, le docteur Bernard, grâce auquel il put fabriquer des bombes explosives. Les conjurés rentrèrent en France, moins le docteur Bernard, et le soir du 14 janvier, tandis que l'Empereur et l'impératrice arrivaient à l'Opéra, situé alors rue Le Peletier, les bombes furent lancées. Détonation épouvantable, 142 personnes blessées, 8 morts, l'Empereur légèrement atteint à la figure, la robe de l'impératrice tachée de sang. Quand le couple impérial — après s'être occupé des blessés — parut dans la salle du théâtre, saluant avec un grand calme, un tonnerre de bravos et d'acclamations s'éleva.

Mais Napoléon III était exaspéré. Plusieurs fois déjà l'on avait attenté à sa vie, pourtant cette dernière tentative d'assasinat, aussitôt après des élections qu'il jugeait très mauvaises, le frappa tout particulièrement. Il y crut voir l'indice assez grave d'une dangereuse fermentation populaire. N'oublions pas non plus que pour la première fois des criminels venaient d'employer des explosifs chimiques. Les imaginations les plus ardentes se crurent à la veille d'une guerre déclarée à la civilisation par des anarchistes qu'allaient armer les savants. On eut peur, certains même s'affolèrent à l'excès.

Les conjurés, cependant, étaient arrêtés le soir même : tandis que le pays presque entier, ou du moins la bourgeoisie du pays se resserrait en majorité autour du souverain, l'armée notamment. Des mesures très dures de répression étaient prises dans la France entière, des arrestations opérées préventivement, une loi de sûreté générale promulguée, le ministre de l'Intérieur Billault remplacé par le « général de Coup d'État », Espinasse. A la Belgique, à la Suisse, qui se soumirent volontiers, on demanda d'agir énergiquement contre les suspects et les journaux révolutionnaires.

Mais on fit surtout, et en termes hautains, pareille demande à l'Angleterre. Des colonels et des officiers français s'unirent pour envoyer à l'Empereur plusieurs adresses que reproduisit *Le Moniteur*, journal officiel de l'Empire. On y lisait, entre autres gracieusetés : « Que les misérables sicaires, agents subalternes de pareils forfaits, reçoivent le châtiment dû à leur crime abominable, mais aussi que le repaire infâme où s'ourdissent d'aussi infernales machinations soit détruit à tout jamais.... L'armée saurait y dépenser jusqu'à la dernière goutte de son sang.... Ce repaire d'assassins qu'on irait un jour chercher jusque dans son île... etc. » Toujours opportun, toujours du meilleur goût, notre ambassadeur à Londres, Persigny, arrivait au Foreign Office en habit de cour — dit Émile Ollivier — et s'écriait : « C'est la guerre!... » en tirant à demi sa petite épée de cérémonie qui portait, comme celle des Académiciens, une rigole pour le sang.

Or, en réalité, le ciel diplomatique était fort noir. La foule se rendait en masse à Hyde Park pour huer la France et les Français. On acquittait triomphalement et scandaleusement, à Londres le docteur Bernard, poursuivi pour conspiration.... Au dernier moment, toutefois, l'Empereur craignit encore de briser son fétiche, l'alliance anglaise, et dissipa le malaise par une note diplomatique des plus conciliantes, ainsi que par l'envoi du maréchal Pélissier, duc de Malakof, comme ambassadeur, en remplacement de l'impétueux Persigny.

Restait le Piémont, vrai nid de conspirateurs, et dont la France avait pour ainsi dire exigé, contre ces forcenés politiques, des actes de sévérité presque humiliants. Ce miracle d'intelligence, d'adresse et d'énergie qu'on appelait le comte de Cavour, menait alors avec une rare maîtrise ce petit pays, de concert avec son roi Victor-Emmanuel, personnage étrange, mélange incroyable d'esprit politique et d'esprit chevaleresque, de gaillardise et de bigoterie, de bravoure, de crânerie, de ruse, d'imprévu,. finalement de profond patriotisme et de belle tenue, un vrai chef, un fondateur d'État, et un souverain plein de race, malgré ses moustaches à faire peur aux gens.

Cavour tenait à ménager infiniment l'Empereur, dont il attendait tant pour son pays. La libération de l'Italie préoccupait beaucoup Napoléon III, quoiqu'en eût pensé ce niais d'Orsini : le principe des nationalités commandait cet affranchissement, défendu d'autre part en vertu des traités de 1815, tenus par l'Empereur en exécration. Mais c'était difficile. Mais l'Angleterre s'y montrait hostile. Mais les attentats contre Napoléon avaient presque tous été perpétrés par des Italiens. Mais... mais.... Puis, il fallait aussi que le Piémont s'inclinât devant les exigences vraiment inadmissibles du trop puissant voisin.

Or, Cavour s'inclina... tant qu'il put, jusqu'à la limite de l'indépendance nationale. Quand celle-ci fut pourtant au point de se voir atteinte, il répondit avec une dignité parfaite, et par des mots d'une extrême noblesse, après lesquels on eût pu croire les ponts absolument coupés.... Et ce fut alors que Victor-Emmanuel dépêcha son aide de camp Della Rocca vers Napoléon III. Ces messieurs bavardèrent, fumèrent des cigares, l'Italien commit l'habile imprudence de montrer une lettre familière de son roi, lettre toute fière et révoltée, mais en même temps toute loyale et amicale.... L'Empereur fut touché : « Voilà, fit-il, ce que j'appelle avoir du courage. Votre roi est un brave, j'aime sa réponse.... » Un mouvement du cœur, une émouvante attitude : l'affaire était enlevée (février 1858).... « Dites à M. de Cavour, conclut Napoléon III, qu'il entre en correspondance directe avec moi. »

Quant à Orsini.... Le préfet de police alla le voir en sa prison : « Mais, malheureux, lui dit-il, l'Empereur des Français est le seul dans toute l'Europe qui songe à l'Italie, et vous voulez le tuer ?... La révolution, tant en Italie qu'en France, ferait simplement de l'Europe une colonie de l'Angleterre, de l'Autriche ou de la Russie.... A quoi songiez-vous? »

Orsini, être sans détours, et le caractère le moins bas qu'on pût voir, se laissa convaincre en un tournemain. Il écrivit le 11 février 1858 à l'Empereur une lettre magnifique, dans laquelle, sans du tout demander grâce, il adjurait seulement Napoléon III de secourir l'Italie malheureuse et asservie. « Que votre Majesté ne repousse pas le vœu suprême d'un patriote sur les marches de l'échafaud; qu'elle délivre ma patrie, et les bénédictions de 25 millions de citoyens La suivront dans la postérité. »

Jules Favre, avocat d'Orsini, lut cette lettre vraiment poignante à l'audience. *Le Moniteur*, organe de l'Empire, la publia.... Napoléon III se sentait profondément ému, et comme appelé par une voix divine. Ses plus chères et grandes idées se dressaient devant lui, les nationalités, le vœu des peuples.... Ce fut malgré lui qu'il dut laisser guillotiner Orsini (13 mars). A Plombières, l'été même de 1858, il décidait avec Cavour de faire la guerre d'Italie. Les précautions diplomatiques devaient suivre : elles coûtèrent de longues peines.

Que s'était-il passé dans l'âme de l'Empereur?... L'émotion puissante, le romantisme, l'appel des mots, toute sa jeunesse qui remontait.... Non, en vérité, il n'y a psychologiquement rien de si clair que l'énorme affaire Orsini.

Et Morny, cependant, que faisait-il ?

Morny n'était pas un romantique, lui. Il réfléchissait plus froidement — plus finement — et suivait ses bonnes directives, sans se laisser distraire par des papillons, ceux-ci fussent-ils magiques et diaprés. On pense bien qu'après l'attentat, l'occasion de s'en prendre à l'Angleterre était trop belle pour le président du Corps législatif, et peut-on nier, cette fois, qu'il n'eût raison ?

Une conviction dès longtemps mûrie en son cerveau, c'était que l'amitié de l'Angleterre ne valait rien pour la France, que nous ne pouvions trouver ni sûreté ni profit chez ces insulaires toujours occupés à niveler l'Europe, afin qu'aucune nation trop forte ne se trouvât jamais en état de gêner les navires britanniques sur les mers lointaines. Combien plus utile eût été l'alliance russe!

D'autre part, Morny avait en grande partie contribué à préparer l'Empire du 2 décembre. Il avait joué sa vie sur cette carte, et il avait gagné.... Mais si l'on tuait l'empereur, tout s'écroulait : pas d'héritier, sinon un enfant, et quelle curée politique une fois le chef à terre!... Or, voici déjà plus d'un attentat dirigé contre Napoléon III, et d'où venaient les assassins ? D'Angleterre. Qui donnait asile aux bannis, aux conjurés, aux plus acharnés et furieux ennemis de l'Empire ? L'Angleterre.

Le 16 janvier, les grands corps de l'État s'en vinrent solennellement aux Tuileries pour saluer l'Empereur et le féliciter d'avoir échappé à cette tentative d'assassinat. Après le président du Sénat, ce fut au président du Corps législatif à parler :

« — Nous avons cru, prononça Morny de la voix la plus accentuée, que vous nous permettriez un langage dicté par une légitime indignation et un profond attachement à votre dynastie. Les populations s'inquiètent des effets de votre clémence, qui se mesure trop à la bonté de votre cœur. Elle se demandent comment des gouvernements voisins et amis sont impuissants à détruire de vrais laboratoires d'assassinats. »

Laboratoires d'assassinats!... Le terme parut terriblement rude, il eut presque l'air d'un affront sur les lèvres d'un Morny, toujours si mesuré en ses expressions. Une sorte de stupeur frappa tous les assistants, dont chacun pourtant tenait à sembler aussi indigné que le plus indigné : mais une phrase si dure, prononcée en public par le diplomatique Morny, donnait à penser. En était-ce donc fait de l'amitié, de l'alliance anglaise, peut-être de la paix?

La campagne menée par le président du Corps législatif ne faisait cependant que de commencer. Les contemporains lui ont attribué, non sans raison, une grande part dans la poussée anti-anglaise en ce début de l'an 1858. Le comte de Morny avait des idées claires, que servait une énergie sans lassitude comme sans secousses : en un mot comme en cent, il était tenace.

Quand la guerre d'Italie se dessina de plus en plus nettement sur l'horizon politique, puis lorsque l'orage menaça, éclata, gronda pour se dissiper trois mois après, comment devait agir le président d'un des grands corps d'État? Pouvait-il, lui, le représentant officiel du souverain, désapprouver celui-ci à la face de l'univers? Risquerait-il de compromettre son autorité de personnage considérable dans une opposition scandaleuse, et d'ailleurs battue d'avance? Non, point d'effort perdu. Point de lutte inutile.

En outre, cette libération d'un peuple semblait une entreprise démocratique et plaisait aux faubourgs. Morny sentait bien la valeur de cette bizarre équivoque, ramenant par chance la plèbe à l'Empire : il ne serait pas si entêté que de ne point adopter une guerre opportune, malgré qu'il en eût. « La guerre sera localisée et limitée, déclarait-il à la Chambre le 26 avril 1859, surtout si les puissances allemandes ont la sagesse de comprendre qu'il n'y a là qu'une question purement italienne, qui ne cache aucun projet de conquête, et ne peut enfanter aucune révolution. » Et il se faisait nommer rapporteur d'un projet de loi élevant le contingent militaire pour l'année 1859. Il rassurait ainsi, il encourageait ses députés déconcertés.

Nul doute, d'ailleurs, que Morny n'eût été jusqu'à blâmer l'arrêt de la campagne en pleine victoire, et cette paix de Zurich qui laissait tout en suspens. C'était une paix choquante, maladroite et tarabiscotée, propre à nous aliéner l'Italie; une paix conclue d'ailleurs sous la menace, pourtant assez vague, d'une guerre sur le Rhin. Pauvre paix, vilaine paix. Si l'on fait tant que d'aider à vivre un peuple voisin, il ne faut pas ensuite le planter là tout d'un coup. Napoléon III était un vrai collectionneur d'ennemis : plutôt que d'en manquer, il s'en fabriquait lui-même.

Cependant, tout ce branle-bas de nationalités, en Europe, ne pouvait réellement plaire à Morny. Ce que détestait le plus au monde cet esprit si bien équilibré, de si bonne race et culture françaises, c'était le désordre. Ses parents et ses proches avaient trop souffert des révolutions, lui-même en avait trop éprouvé le dégoût pour ne pas repousser instinctivement tout ce qui, près ou loin, sentait le manque de direction et de discipline, tout ce qui tendait vers la politique sentimentale plutôt que raisonnable. Or les patriotes italiens, avec leur carbonarisme passé et aujourd'hui leur agitation perpétuelle, leur rébellion inassouvie, leurs imprécations mazziniennes contre les monarchies traditionnelles — y compris celle du Pape, bien entendu — ces éternels factieux devaient éveiller chez Morny une méfiance involontaire. Ainsi, cinquante ans après la Terreur, des fils d'émigrés pâlissaient-ils encore à entendre seulement des braillards chanter dans la rue.

« ... Je suis enchanté, écrivait Morny à Walewski (4 janvier 1854), quand nous ne protégeons pas les foyers révolutionnaires. Les révolutionnaires ne sont jamais des amis sûrs; ils se servent des sympathies qu'ils excitent pour arriver à leurs fins, mais ils n'ont jamais ni reconnaissance ni modération, et je suis convaincu que même aujourd'hui le roi de Naples est moins l'ennemi de l'empereur Napoléon que le plus doux révolutionnaire. »

Morny n'aima point la guerre de 1859. A cause de l'enthousiasme populaire, il se fit par devoir Italien d'État, si l'on peut dire.

« Notre situation est difficile, mandait-il mélancoliquement à Gortchakof en octobre 1860. Pouvons-nous être réactionnaires en Italie?... Combattre maintenant dans le sens opposé aux principes mêmes qui nous ont déterminés à entreprendre la guerre est impossible; on ne peut l'exiger de nous. »

Le comte de Morny avait pris l'habitude de parler de plus en plus dédaigneusement, du bout des lèvres, comme si les plus graves affaires ne méritaient pas, en vérité, l'attention d'une personne comme il faut. Il devait faire bon l'entendre, à table, prononcer ce mot : « Les nationalités. »

CHAPITRE X

POLITIQUE DU MOMENT

COMMENT MORNY SE MONTRE UNE FOIS « ITALIANISSIME » ‖ MALAISE CONFUS ‖ LES CINQ; ÉMILE OLLIVIER ‖ UNE JOLIE DISCUSSION ‖ SÉDUCTION SAVANTE D'UN DÉPUTÉ ‖ « C'EST L'EMPEREUR! »

Il se montra pourtant « italianissime, » une fois. Mais c'était un tour de séducteur, une rouerie.

Expliquons l'affaire.

Après la guerre de 1859, on ne saurait encore prétendre que l'Empire fût malade : il avait cependant, si l'on peut s'exprimer ainsi, absorbé de mauvais microbes, rapporté de la chaude Italie quelque paludisme.

Rien n'allait plus à l'unisson. Les républicains reprochaient notamment à Napoléon III ses trop rudes mesures après l'attentat d'Orsini, non sans toutefois applaudir à la guerre en faveur d'une Italie qu'ils croyaient presque jacobine. Les conservateurs blâmaient au contraire l'Empereur d'avoir contribué à créer aux portes de la France un nouvel et dangereux État. Les catholiques s'irritaient du tort causé au pouvoir temporel du Pape, tandis que les anticléricaux ne toléraient point qu'on empêchât les Italiens de prendre Rome pour capitale. L'Autriche se souvenait de sa défaite, la Russie, l'Angleterre soupçonnaient tour à tour la France des pires complots. La Prusse était furieuse, à son ordinaire.... Et à l'intérieur de nos frontières, toute la bourgeoisie commençait à s'ennuyer : un régime qui dure depuis huit interminables années, en dépit des victoires, des affaires, des plaisirs, du luxe, et de la prépondérance au moins apparente en Europe, quel Français aura jamais pu supporter cela?

L'opposition parlementaire essayait de grandir. A la Chambre, les fameux Cinq (Jules Favre, Emile Ollivier, Darimon, E. Picard, Hénon) croyaient de toute leur âme à leur mission. On s'irritait à l'envi contre l'enchaînement de la presse. Nul n'aurait plus écrit ces lignes charmantes du jeune Prévost-Paradol (dans une lettre à Gréard, le 17 mars 1853) : « Vive l'oppression, pour donner toutes ses ressources, tout son prix à la pensée, pour nous instruire à la force contenue, aux nuances savantes, au style laconique et acéré. Que le silence général est favorable ! Les braillards se taisent ; plus de chanteurs de rues : place aux artistes !... » Dilettantisme ! se fût écrié avec dégoût plus d'un citoyen de 1860.

Napoléon III sentait cette fièvre latente. Par moments, il tentait d'appliquer quelque remède préventif afin de calmer ou tout au moins de distraire les plus agités : et ce fut ainsi qu'il ne craignit pas d'accorder l'amnistie générale, en août 1859, à tous les condamnés politiques. On sait comment Victor Hugo refusa en alexandrins la clémence du tyran. L'année suivante, l'Empereur se tourna vers les petits commerçants et industriels en faisant voter des accords de libre échange avec l'Angleterre. Enfin, pensèrent nombre de Français, nous voici délivrés d'un vasselage envers les potentats du haut négoce !... Mais ce furent surtout les Anglais qui y gagnèrent en inondant plus aisément nos marchés.

Mieux encore, le 24 novembre 1860 paraissait un décret restituant au Parlement certaines libertés, telles que les séances publiques, le compte rendu de ces séances dans les journaux, le droit pour le Sénat et le Corps législatif de répondre par une Adresse au discours de l'Empereur, lors de l'ouverture des sessions. Preuves évidentes d'une tendance nouvelle — quoique prudente encore — dans la politique intérieure de l'Empire.

Or, si l'Empereur avait ainsi pressenti qu'il y eût peut-être lieu de desserrer légèrement la constitution, l'on peut croire que Morny s'était dès longtemps avisé, lui aussi, fin et perspicace comme il était, du malaise confus dont croyaient alors souffrir à tort ou à raison les personnes inquiètes. Aussi, peu à peu, commença-t-il à concevoir un grand dessein, et ne fût sa mort, hélas, qui sait s'il ne l'eût pas mené à bien : ce vaste projet, en somme, ne visait à rien de moins qu'à établir un Empire libéral, mais infiniment plus retenu et surveillé que celui dont Emile Ollivier se fit le protagoniste et le patron quelques années plus tard. Morny, vers 1860, songeait surtout à se laisser arracher progressivement, de ci de là, maintes libertés de pure forme qui produisent presque toujours un excellent effet, sans modifier vraiment le fond des choses. En revanche, il s'agissait d'écarter telles ou telles imposantes réformes, généralement présentées sous couleur de nouveau statut, majestueux et solennel, après quoi il n'y a plus que la culbute, sinon, par contraste, la pire des réactions. Morny préférait avec raison les changements accomplis jour par jour, que l'on fait... et défait sans trop de peine.

Et puis il importait avant tout de désarmer les opposants, les Cinq principalement. Pour les désarmer, quoi de mieux que de les séduire? Tout pouvait et devait servir dans cette intention, depuis le sourire et les grâces profanes jusqu'à l'appât des vanités parlementaires, depuis les attentions politiques jusqu'aux prestiges irrésistibles du pouvoir. Certes une telle entreprise était difficile, mais Morny se jouait parmi ces entrelacs et ces nuances, il connaissait comme pas un l'art d'envoûter autrui.

Dès l'ouverture de la session, en 1860, il s'était mis au travail, et le voilà, pour son début, qui se pose en anticlérical, ou peu s'en faut : « Lorsque le peuple, déclare-t-il en son discours présidentiel, n'a devant lui que le pasteur humble et charitable qui lui traduit la morale sublime de l'Évangile, cette douce civilisation du cœur, prêchant l'amour du prochain, le pardon des injures, le détachement des biens terrestres, alors sa foi se fortifie. Mais lorsque le prêtre sort de son caractère, emprunte des armes mondaines, et empiète sur les intérêts civils et politiques, soudain la susceptibilité gallicane se réveille, et l'esprit religieux perd tout ce que gagne l'esprit d'indépendance civile et politique qui fait le fond de l'opinion du pays. »

Si les plus courroucés parmi les ennemis du pouvoir théocratique ne se sentaient point touchés par cette déclaration d'indépendance laïque, fallait-il donc que Morny parlât le langage du père Duchêne? Devait-il affirmer, en mettant des points énormes sur les i, que la France n'était pas au service du Pape, ou que le président du Corps législatif, en France, refusait, pour sa part, de se mettre sans réserve au service du Pape ?... Mais non, il n'avait pas besoin de s'exprimer grossièrement : les Cinq l'entendaient fort bien à demi-mot.

Et à ce propos, un psychologue pourrait se demander si Morny fut un catholique, non pas seulement politique, mais sincèrement croyant. Question à laquelle on répondra malaisément, attendu que les documents font défaut. Dans aucun des papiers dont nous avons eu connaissance ne se trouve la moindre allusion à la foi religieuse. Morny avait d'autres soucis que d'agiter les plus hauts problèmes de l'âme. Dans sa jeunesse, à vingt et un ans, il écrivait de Fontainebleau, où il servait au Ier lancier : « J'étudie les livres de religion, parce que je veux tout de suite couler à fond cette question-là.... » Soit. Admettons que notre sous-lieutenant, grâce aux éclairs d'un printanier génie, en ait ainsi fini à la hussarde avec les anxiétés dont un Pascal souffrit pendant des années; il n'en est pas moins vrai qu'il n'y revint guère, et que les alternatives de la croyance et du doute ne semblent pas l'avoir tourmenté. Tenons pour vraisemblable que selon une tradition très ancienne dans la noblesse française, il dut accomplir avec correction les devoirs religieux dont un personnage en vue ne se fût dispensé sans scandale : il était mieux né — héréditairement parlant — que ce turbulent prince Napoléon, dont l'irréligion publique appuyait la démagogie, comme celle-ci fortifiait celle-là. Mais quant à la foi réelle d'Auguste de Morny, c'est affaire, aujourd'hui, entre la mort et lui. Son biographe, en tous cas, n'a pas sujet de s'en préoccuper, puisque Morny lui-même a laissé d'y songer.

Néanmoins, cet homme si profondément politique pesait, soupesait, examinait à la loupe le cléricalisme et l'anticléricalisme momentanés et parfois contradictoires de l'Empereur, de l'impératrice, du Parlement, de l'armée, de la nation, etc. On sait qu'un tiers de l'histoire du second Empire est fait de ces dissensions à demi diplomatiques, à demi spirituelles, et qui devraient pourtant figurer parmi les plus nobles peut-être de l'histoire des hommes, si l'on y réfléchissait de beaucoup plus haut encore que de Sirius.

En tous cas, Morny se fût bien gardé de négliger ce merveilleux appât pour attirer, si possible, les Cinq à l'Empire....Émile Ollivier surtout le tentait.

« Émile Ollivier était alors un des Cinq, écrit Alphonse Daudet, un des cinq députés qui, seuls, osaient braver l'Empire, et il siégeait au milieu d'eux, tout en haut des bancs de l'Assemblée, isolé dans son opposition comme sur un inexpugnable Aventin. En face, renversé dans le fauteuil présidentiel, l'air endormi et las, Morny, de son œil froid de connaisseur d'hommes, guettait celui-ci : il l'avait jugé moins Romain que Grec, plus emporté par la légèreté athénienne que lesté de prudence et de froide raison latine. Il connaissait l'endroit vulnérable : il savait que sous cette toge de tribun se cachait la vanité native et sans défense des virtuoses et des poètes, et c'est par là qu'un jour ou l'autre il espérait en venir à bout. »

Patient, tenace et chatoyant, le président du Corps législatif poursuivit avec soin sa grande séduction. Quelques mois avaient à peine passé au cours de cette session (mai 1860), que déjà une voix s'écriait ironiquement en pleine Chambre : « Il n'y a plus qu'à nommer Émile Ollivier président!... » Tant on consentait volontiers à ce qu'il voulait, et tant le véritable président s'efforçait de s'attacher par les faveurs et les complaisances celui qu'il avait résolu de tenir bientôt captif.

Pourquoi, cependant, Morny n'avait-il pas aussi bien choisi Jules Favre parmi les redoutables Cinq, pour s'en faire un secret ami politique, d'abord, et peut-être plus tard un allié? Jules Favre, cet éclatant seigneur de la parole, cet enchanteur d'assemblées, cette voix délicieuse aux phrases balancées comme les strophes d'une mélodie ? Ce chef si écouté des conciles du peuple, ce Grand-Maître de la démocratie, ce duc de République sous l'Empire ?

Mais précisément parce qu'il était un trop remarquable artiste, qui le premier prenait plaisir à s'entendre parler, et qui ne donnait toute sa mesure que dans les occasions considérables, solennelles; qui plaidait avec autant d'éclat que d'attention les causes retentissantes, mais négligeait les petites contestations quotidiennes. Un acteur admirable, un « bel acteur », comme Michelet le disait de François Ier. Pour agencer quelque irrésistible coup de théâtre, il eût dénoncé tout à coup les tentatives présidentielles, et trahi la confiance qu'on eût mise en lui, au risque de retarder ou compromettre les progrès de cette liberté dont il se proclamait si souvent le gardien, le tuteur et le suprême pontife. Jules Favre était très dangereux.

Rien de tel avec Émile Ollivier. Plein de prestige, lui aussi, auprès de l'opposition républicaine, et pareillement merveilleux orateur, mais non pas si dédaigneux, il s'attachait avec plus de soin, pour ne pas dire de conscience, à toutes les occasions de faire avancer le libéralisme et naître les facilités politiques. Puis il y avait en lui, quoiqu'en dise Alphonse Daudet, un vrai Latin :

mais entendez un Latin de Méditerranée, et même de Provence, qui d'abord comprend tout sur un signe, et de plus ne sait résister ni à l'attrait des formules ingénieuses, bonnes à graver dans le marbre des portiques et des colonnes, ni même à la belle pourpre des consuls, ni aux sourires du lendemain, dont le moindre gamin de Marseille voit luire les promesses dans l'azur du ciel et le scintillement des vagues charmantes. Quand il accéda enfin à la plus haute place, quand il devint en 1870 premier ministre de l'Empire, ce grand diable maigre à lunettes, si simple d'ailleurs, et pareil au plus austère des tabellions avec ses favoris dépourvus de fantaisie — c'était, en dépit des apparences, le plus bouillant esprit méridional qui apportait aux Tuileries tout un essaim de coquecigrues, pour les joindre aux diables bleus environnant déjà la cervelle de l'Empereur fatigué.

Et voilà l'homme qu'il fallait à Morny : celui-là était à cueillir — avec des doigts bien déliés, par exemple, car il y avait des épines à éviter et des lianes fort serrées à écarter doucement. Que l'on veuille songer à la force morale, sinon réelle, des Cinq! Ils représentaient seuls l'opposition de gauche. Ils ne demandaient rien. Ils ne cédaient guère non plus quant à leur idéal un peu gros, mais si populaire auprès du public intellectuel : la liberté, et notamment la liberté de la presse, c'est-à-dire la liberté de réclamer, de se plaindre, de se fâcher, d'injurier au besoin! Il est tout-puissant, celui qui parle au nom de cette déesse irrésistible, quoique terminée par un monstre, comme les Sirènes.

Le travail de Morny n'alla point toujours tout seul. Les Cinq s'étonnaient devant les tolérances imprévues du président : et ses promesses de licences progressives leur paraissaient douteuses et suspectes. « Une plaisanterie! » tranchait Jules Favre. Émile Ollivier ne se méfiait pas moins que les autres. Le 10 juillet 1860, afin de voir si Morny se montrait vraiment sincère en son désir d'introduire plus de souplesse et d'aisance au cours des discussions, Ollivier tenta une sorte d'expérience, sous couleur d'observations touchant le budget, il se mit à critiquer fort vivement plusieurs actes importants du gouvernement. Et il commença par les conditions pénibles auxquelles on avait réduit la presse.

Dame! il n'était guère facile de s'en tirer. D'une part, le président s'était en quelque sorte engagé au maximum de libralisme possible; que si, d'autre part, il laissait le discours d'Ollivier dévier sans frein vers les plus périlleuses critiques, le contrôle de l'Assemblée échappait à celui qui en avait la garde. Comment faire?

Le président déféra d'abord à ses obligations, il y était positivement contraint...

Mais il faut citer ici Ollivier lui-même, et en laissant à la citation toute son ampleur, car on a rarement l'occasion de mieux saisir quelles étaient alors les nuances réellement subtiles et l'escrime courtoise, bien suivie, des débats parlementaires. On dira qu'Émile Ollivier arrange les mots et reconstruit les scènes : pas plus que *Le Moniteur*, cependant, et même plutôt moins. D'ailleurs, l'essentiel se trouve en ces dialogues conservés très vifs, et l'on sait que l'auteur de l'*Empire libéral* travaillait sur des notes prises dans le moment.

Donc, Morny, s'adressant à Émile Ollivier, l'interrompit poliment :

« Je vous fais observer, dit-il, que ces détails (touchant la presse et le décret de février 1852) n'ont aucun rapport avec le budget : vous savez jusqu'à quel point je suis favorable à la liberté de discussion, d'abord parce que je l'aime, ensuite parce que je crois que le gouvernement y gagne. Mais dans l'intérêt même de la discussion des affaires du pays, il ne m'est pas possible de laisser, à l'occasion du budget, parler de toutes choses. Le décret sur la presse est un décret organique, et qui, à ce titre, se relie à la Constitution que vous avez acceptée et jurée; le discuter serait tout à fait hors de propos.

— Je soutiens, répliqua Émile Ollivier, que je suis dans la discussion du budget.... Je n'attaque pas le décret de la presse, je l'analyse. L'attaquerais-je, j'userais de mon droit : ce décret n'est pas, ainsi que vous l'avez dit à tort, une partie de la Constitution, c'est une simple loi. Or, s'il est interdit avec raison d'être irrévérencieux envers la loi existante, il est permis d'en démontrer les vices et de demander qu'ils soient réformés. Votre observation la plus importante, monsieur le Président, qui consiste à soutenir que la discussion que j'annonce serait en dehors du budget, ne me paraît pas davantage fondée. L'examen du budget a toujours été considéré comme fournissant l'occasion légitime et naturelle d'examiner la politique du gouvernement. Son vote impliquant à un degré quelconque une question de confiance, aucune assemblée n'a jamais toléré qu'on réduisît une discussion de cette importance à une simple discussion de procureur sur des chiffres. Je doute si peu de ce droit, que je ne continuerai pas mon discours s'il ne m'est formellement reconnu. »

De plus en plus troublant pour Morny! La fin de cette riposte ressemblait en vérité à une espèce de déclaration de guerre, ou plus précisément d'ultimatum.... Or, voyez donc comme le président excelle, sur ces entrefaites, à prendre soudain une sente de traverse, comme il se dérobe avec grâce en invoquant l'Assemblée elle-même, qu'il met gentiment à sa place pour recevoir les coups :

« Je ne méconnais pas, fait-il, ce qu'il y a d'élastique dans la discussion du budget; je sais que toutes les questions de politique intérieure ou étrangère qu'on voudrait traiter peuvent toujours être rattachées au budget de tel ou tel ministère. Mais il y a une limite. Où se trouve-t-elle ? Dans le bon sens et l'appréciation de l'Assemblée. S'il en était autrement, la discussion du budget pourrait durer quinze jours, et ensuite le droit d'interpellation, qui n'existe pas dans la Constitution, serait ainsi repris par chaque membre, puisqu'on pourrait interpeller le gouvernement sur tous les sujets possibles.... »

Mais Émile Ollivier poursuit le président jusque dans la sente. Il accepte le combat partout :

« Le droit reconnu d'examiner à propos du budget toutes les questions de la politique intérieure et extérieure ne rendrait nullement les discussions interminables. La Chambre reste toujours maîtresse d'arrêter un orateur qui se livrerait à des développements exagérés, et pas plus dans cette occasion que dans toute autre, l'abus du droit ne saurait être légitimement invoqué contre le droit lui-même, etc.... Permettez-moi en finissant, monsieur le président, de faire appel de vous-même à vous-même. Jusqu'à ce jour, et je saisis l'occasion de vous rendre publiquement hommage, vous avez laissé aux débats que vous présidez une liberté entière. Si vous restreignez aujourd'hui cette liberté, vous entrez dans une voie fatale, et vous le regretterez. »

Appel à l'homme même, hommage à son caractère, à son esprit de liberté. Morny sourit tout bas, à l'abri de son visage grave, un peu excédé. Un dernier appel à l'Assemblée, pour se bien couvrir encore :

« J'ai indiqué, conclut doucement l'habile président, dans

quels principes je suis, et dans quelles limites j'entends maintenir l'orateur. Je prends la Chambre elle-même pour juge de cette limite; je vais laisser M. Ollivier continuer son discours, mais si la Chambre trouve que, dans ses développements, il se met en dehors de la discussion et qu'il n'apporte aucune lumière à la délibération du budget, je lui interdirai la parole. »

En rapportant ce débat tellement significatif, Émile Ollivier note avec satisfaction : « Par son consentement à ne pas m'interrompre, Morny avait paru se faire mon complice. »

Parbleu!... Et il le savait bien, l'ingénieux Morny. La preuve, c'est qu'il tient à marquer le coup.

« Je ne puis, ajouta-t-il ce jour-là, laisser passer quelques-unes des paroles de l'orateur sans faire remarquer que si la Constitution actuelle a été établie dans un esprit de réaction et de garantie contre tant de désordre qui menaçaient le cœur de la société, il est impossible de l'appliquer d'une manière plus modérée et plus paternelle qu'on ne l'a fait. La meilleure preuve de la tolérance et de l'esprit de liberté qui inspirent le gouvernement de l'Empereur, c'est tout ce que M. Ollivier a pu dire. »

En effet. Morny manœuvrait décidément très bien.

Après le discours de l'Empereur pour la nouvelle session de 1861, le président exposait et commentait les divers changements, légers encore, mais indiscutablement libéraux, apportés au règlement de la Chambre. « La liberté politique est le couronnement de toute société civilisée », disait-il. La phrase était agréable à prononcer pour un président, à chaque instant chargé du rôle ingrat qui consiste à faire en somme le gendarme, celui-ci fût-il armé d'un sourire plutôt que d'un grand sabre; et plus agréable encore, véritablement savoureuse à entendre pour les députés, toujours soumis sous le Second Empire au supplice de se surveiller, aux angoisses de la modération.

Ce mot « couronnement » fut plus d'une fois repris par Napoléon III lui-même en ce sens : le souverain tenait à présenter comme le « couronnement de l'édifice » toutes les mesures libérales que de jour en jour il ne pouvait pour ainsi dire plus ne point accorder, mais qu'il voulait paraître offrir spontanément, ainsi qu'une sorte de cadeau d'homme heureux, tranquille, comblé par le sort. Polycrate jetait son anneau à la mer : Napoléon III souhaitait de paraître au moins jeter de la sorte des libertés à l'opinion publique. Morny vivant, en tous cas, Napoléon ne jeta jamais qu'un méchant anneau par-ci par-là : une fois Morny disparu, l'Empereur eût fini par jeter jusqu'à l'Empire.... C'est que le président du Corps législatif montrait tellement plus de bon sens que le chef de l'État! Il parlait volontiers de « couronner » la société civilisée : mais on sait qu'il y a des diadèmes écrasants, destinés aux idoles, et de jolies guirlandes pour les rosières. L'art est d'empêcher celles-ci de se gonfler jusqu'à égaler ceux-là. Le mot « couronnement », du moins, se trouvait bien choisi : il obtint grand succès.

Et cependant, quelles n'étaient pas les résistances secrètes de Morny! Tout en flattant l'opposition de son Assemblée, comme il veillait, comme il ne laissait rien passer, comme il ne négligeait aucun petit avantage! Le bon combattant que c'était là! Une fois même, par une de ces manigances, assez douteuses, à vrai dire, il fit scandale. Émile Ollivier — c'était celui des Cinq qui parlait le plus — avait déclaré le 14 mars, au cours d'une apostrophe demeurée fameuse, que le jour où l'Empereur donnerait la grande et positive liberté politique à la nation, lui, Émile Ollivier, serait alors le premier à se mettre aux ordres du souverain : « Et quant à moi, s'était-il écrié, quant à moi, qui suis républicain, j'admirerais, j'appuierais, et mon appui serait d'autant plus efficace qu'il serait complètement désintéressé! »

Sur quoi, l'orateur avait repris sa place au milieu d'un brouhaha et d'une émotion extraordinaires. « Il trahit » disaient ses bons amis. « Il prépare son ministère », insinuaient d'autres amis, verts de dépit et d'envie. Quant à Morny, « il rayonnait... » écrit Ollivier lui-même.

Toutefois, dans le compte rendu « sténographique » publié le lendemain, voilà que le « Moi qui suis républicain » d'Ollivier avait disparu comme par magie. Le président, revoyant les épreuves, avait fait sauter ces mots redoutables, qui seuls pourtant atténuaient la crise d'étrange sympathie dont l'orateur venait de s'avouer saisi envers un Empire tout à l'heure amendé, renouvelé, purifié par un baptême de liberté possible, prochaine....

Grande indignation d'Ollivier. On questionne Morny à la séance suivante. Il s'y attendait, sans nul doute. Aussi, comme ses expressions sont heureuses, et presque caressantes!

« C'est moi, mon Dieu, oui, c'est moi qui ai fait supprimer ces paroles.... Je ne voulais pas rappeler à l'ordre M. Ollivier. Quand il a déclaré : *Moi qui suis républicain*, je lui ai seulement dit :

« L'expression vous a échappé, probablement ?... » Car son discours avait un tel caractère de modération et d'honnêteté, qu'il ne pouvait se concilier avec une déclaration contraire à la Constitution. En le rappelant à l'ordre, j'adressais un blâme immérité à un honorable collègue qui, dans la mesure de ses opinions, avait rendu une louable justice au gouvernement. »

Quelques mots encore, et il terminait : « J'ai cru rendre service à l'orateur en supprimant sa déclaration. Libre à lui de la rétablir, s'il le veut... ou à la Chambre de l'exiger.... »

Sous cette vaporisation de parfums choisis, que pouvait Émile Ollivier, sinon s'apaiser ? L'affaire prit fin moyennant une simple lettre rectificative, par laquelle le « républicain » déclarait avec une précision à la fois solennelle et puérile qu'il ne se « rallierait » pas à l'Empire, en de certaines circonstances, mais qu'il « admirerait, aiderait, donnerait son appui.... » Les députés s'amusent.

En attendant, il n'avait donc pas été imprimé que, sous l'autorité de Morny, un homme public avait pu librement, impunément, confesser sa foi républicaine à la tribune. Le président de la Chambre avait gagné.

Nul ne pouvait d'ailleurs montrer plus d'adresse. Il veillait à tout, nonobstant son air négligent, arrêtait d'un seul mot les pires querelles entre les députés (10 juillet 1860), ou détournait habilement l'éloquent et dangereux ennui des discours écrits, pompeusement lus à la tribune (27 janvier 1862). L'excellent président !... Qu'était-ce pourtant que cette « lorgnette » dont il usait en séance ? Le jeune Léon Gambetta ayant un jour poussé quelque exclamation incongrue dans la tribune publique, racontait le lendemain à Gaston Jollivet : « Morny, retourné sur son fauteuil, a lorgné quelques instants de mon côté, haussé les épaules, et enfin reposé sa lorgnette. »

Mais il nous faut sans doute voir là quelque image oratoire. Le souriant et dégoûté président était bien insolent, quand il voulait : examiner toutefois le public, et au besoin ses collègues à la lorgnette, cela nous paraît un peu appuyé. Mettons que cette « lorgnette » ne fut qu'un lorgnon léger, dont il jouait : on n'ose aller jusqu'au monocle, adopté par les cocodès. Monocle carré, avec un double ruban : ces messieurs le portaient d'un air provoquant.

Lorsque, répétant avec obligeance à l'intransigeant E. Picard

— l'un des terribles Cinq — une interruption dont ce dernier se plaignait de n'avoir pas entendu nettement les termes, Morny articulait de sa voix la plus courtoise : « On vous a dit que vous ne parliez sans doute pas sérieusement, que vous faisiez du vaudeville.... » il n'avait besoin ni d'un lorgnon ni d'une lorgnette pour atteindre à la plus rare impertinence, et courir le risque de certaines représailles, peut-être violentes.... Mais qui se fût risqué à commettre ce délit de lèse-élégance? La séance terminée, le président se retirait avec son escorte officielle, puis remontait en son coupé, l'un des plus jolis de Paris, et des mieux attelés. On le saluait avec une extrême déférence, et tout était dit.

Il n'en est pas moins certain que le comte de Morny fit manifestement de son mieux pour donner au Corps législatif la preuve qu'il recherchait avec sincérité d'opportuns changements dans le sens de la liberté parlementaire. « Si j'ai parfois heurté quelque susceptibilité personnelle, disait-il à la clôture de la session, si j'ai obligé quelques membres à s'incliner devant la volonté de l'Assemblée, ils me le pardonneront : je ne l'ai jamais fait qu'à regret, par sentiment d'un devoir, jamais dans une intention personnelle » (27 juin 1862).

Et ce fut à la suite de la séance de clôture, en 1862, qu'Émile Ollivier, invité par Morny, franchit « pour la première fois, » écrit-il avec une émotion secrète, le seuil de la présidence. Leur entretien fut « très long et très confiant ». Le président s'épancha : « J'ai toujours été conservateur et libéral. » Mélange à la Morny. Ollivier écoutait, ravi, séduit.

Puis, Benedetti, notre ambassadeur, étant arrivé sur ces entrefaites, venant tout droit de Turin, ce fut alors que Morny ne laissa point échapper cette remarquable occasion de se montrer « italianissime ». On n'oublie pas que par un curieux enchaînement de circonstances, l'affranchissement de l'Italie au profit d'une des plus vieilles dynasties féodales d'Europe, passait tant bien que mal pour une entreprise libérale et anticléricale — quoique nous eussions maintenu le Pape dans Rome les armes à la main, en nous aliénant gravement ainsi les Italiens eux-mêmes.... Bref, le plus étonnant brouillamini du XIXe siècle.

Mais quiconque se montrait favorable au royaume d'Italie donnait par là des gages aux libéraux, voire aux républicains. Morny, en présence d'Émile Ollivier, se fût bien gardé de ne pas devenir soudain et passionnément italianissime : le contraire eût supris.

Nul, au surplus, ne doutera que cette fois comme les autres, l'homme d'État n'eût admirablement tenu sa partie d'italianisme conservateur, d'autoritaire libéral, de dictateur conciliant — de prince, en un mot.

Il y a vraiment plaisir à voir la silhouette de Morny passer çà et là dans les récits et souvenirs de ses contemporains : c'est chaque fois une note charmante, un croquis plein de grâce en marge de la page.

En juillet 1861, à Vichy où se trouvait l'Empereur, quelques personnes devisaient, assises au pied de beaux arbres, dans une allée du parc. Et les badauds de s'assembler peu à peu : « Voyez, chuchotaient-ils, c'est lui, c'est l'Empereur.... »

Un empereur bien élégant, en tous cas, avec son costume d'été à la mode de Londres et sa cravate bleue à pois blancs. Or, ce n'était en vérité que le comte de Morny : il souriait, et comme par mégarde effilait sa moustache, maniait sa cigarette avec les gestes mêmes de son frère impérial....

Il n'était pas seul à sourire : quelques femmes l'entouraient, qui s'amusaient beaucoup de cette scène. Une entre autres, et ravissante, s'égayait délicieusement sous sa minuscule ombrelle. C'était la comtesse Litta.

Il est écrit au livre de l'histoire que celle-ci portait, ce jour-là, une robe de mousseline blanche ornée de rubans mauves, un petit chapeau et un filet assortis : un filet pour les cheveux!... Joignez l'ombrelle de poupée, la crinoline.... Jolie figurine dans l'ombre des platanes.

CHAPITRE XI

« MORNY EST DANS L'AFFAIRE.... »

MAUVAIS SYMPTÔMES EN 1862 ‖ LE PRINCE NAPOLÉON ‖ LE MEXIQUE : CHIMÈRES DE L'EMPEREUR ‖ LES CALOMNIES CONTRE MORNY ‖ LA FAMEUSE CORRUPTION DE L'EMPIRE.

N'EMPÊCHE qu'il produisit un assez grand scandale, du moins à la cour et parmi les pontifes du régime, notre Morny aux cravates légères, avec son mouvement à gauche : car après tout, c'était bien un mouvement à gauche que cet essai d'assouplissement parlementaire.

Ou plus exactement, une diversion à gauche. Certaines tempêtes se dessinaient déjà dans l'atmosphère politique de l'Empire. Est-ce trop que parler de tempêtes en 1862? Mettons que le ciel se couvrait : Morny avait dans le cerveau un baromètre assez sensible pour sentir de bien loin les orages monter.

Les catholiques et le clergé, après avoir choyé Napoléon III au début de son règne, parce qu'il les soutenait avec résolution et formait le ferme propos de s'appuyer ouvertement sur eux, s'étaient néanmoins détachés de lui en majorité après la guerre d'Italie : en effet, avoir contribué à détruire la puissance temporelle du Pape, quel inexpiable attentat! On pouvait occuper Rome militairement, par la suite, afin de la protéger contre les entreprises du Piémont, et l'impératrice avait beau témoigner le plus ardent, le plus évident cléricalisme, un premier coup aux États de l'Église n'en était pas moins venu de l'intervention française en Italie : comment oublier cela? Des milliers de hobereaux recueillaient en province les anathèmes de leurs évêques contre le persécuteur du Saint-Siège, et s'en faisaient une opinion, ainsi qu'une conversation. Nombre d'entre eux allaient jusqu'à regretter les anciennes petites cours italiennes : ils s'enflammaient sur un si beau sujet dans les repas de chassse en automne

D'autre part, les anticléricaux trinquaient en mangeant l'omelette au lard du vendredi, et récitaient par cœur les harangues du prince Napoléon sur « Rome capitale.... » Morny, avec ses antennes, touchait le péril sous ces grossiers remous.

Certes, une diversion—ce qui n'est point du tout conversion — à gauche était habile : elle amusait la foule, déchaînait un torrent de paroles contradictoires, et pas trop dangereuses, dont le président de l'Assemblée se réservait d'ailleurs de surveiller le fracas; en même temps, le gouvernement se fortifiait dès qu'il pouvait dire : « Mais nous ne sommes pas des tyrans : causons, éclairez-nous. »

Cependant, aux Tuileries comme au Corps législatif, comme au Sénat, comme au Conseil d'État, la tentative de Morny étonnait beaucoup, et indignait plus d'un courtisan. Ce fut encore l'Empereur qui, peut-être, suivit le mieux cette initiative : non par tactique, probablement, mais par générosité d'âme et rêverie nouvelle de cet esprit si remarquablement dépourvu de scepticisme.

Qui donc, en vérité, apercevait clairement les mauvais symptômes dans l'État, en 1862? On eût pu fort bien éteindre quelques foyers de fièvre, panser quelques blessures : mais ceux qui tenaient le pouvoir coulaient les jours heureux des optimistes parmi les revues militaires, les bals, les notes diplomatiques, les cours de Bourse, les grandes affaires et les assemblées de personnages décorés. Presque seul, Morny s'inquiétait : et il opéra préventivement de son mieux en ce qui le concernait, c'est-à-dire à la Chambre. Il ne pouvait toutefois veiller à tout.

Il ne pouvait faire, par exemple, que la cour, ou mieux, que l'Empire attirât vers lui les jeunes penseurs, les étudiants, les écrivains, les artistes, les plus remuantes intelligences enfin, qui toutes allaient à l'opposition, et notamment à l'opposition républicaine, puisque c'était alors la plus vivace : auprès d'elle, l'opposition royaliste semblait crépusculaire. Hélas, le gouvernement qui avait si bien servi la cause de la raison en face de l'anarchie de 1851, ce même gouvernement suspendait le cours d'Ernest Renan au Collège de France en février 1862 : il eût fallu chercher, coûte que coûte, quelque moyen de concilier les scrupules des consciences religieuses avec d'autres scrupules, non moins beaux, nés en d'autres consciences. Il eût fallu s'alarmer davantage avant que de prendre une décision si tranchée. Il eût fallu comprendre, sentir. Mais on ne comprit, on ne sentit. Si énergique et si hardi, jadis, pour sauver l'ordre en péril, l'Empire n'a guère su rallier l'intelligence. C'est ainsi que des tribunaux inquiétaient tantôt Baudelaire, tantôt Flaubert, pour cause d'immoralité : on ne devrait pourtant jamais atteindre, en vertu d'un tel motif, que des écrivains médiocres. Point de société possible, si elle prétend à une règle uniforme de roide et grossière justice. « La règle, écrivait Joubert, doit être droite comme un fil, et non pas comme une barre de fer. Le cordeau indique la ligne, même lorsqu'elle fléchit ; l'inflexion ne le fausse pas. Toute règle bien faite est souple et droite : les esprits durs la font de fer. » Morny n'était pas un esprit dur : on l'eût souhaité pour ministre de l'Instruction publique. Hélas ! sa main gantée ne pouvait conduire à la fois la Chambre et tous les ministères.

Morny ne pouvait empêcher non plus que la cour, que la meilleure compagnie, que toute la société bourgeoise enfin ne baignât dans une sorte de niaiserie diffuse, trop clairement perceptible à quiconque lit les mémoires du Second Empire. A coup sûr, il y eut alors une élite, comme toujours. Cependant la moyenne, dans les classes appelées « dirigeantes, » semble n'avoir témoigné que bien peu d'imprévu, et moins encore de malice en sa façon d'entendre la vie. Parce qu'on s'amuse beaucoup et bruyamment vers les années 1860, tant d'éclats de rire et de bouteilles de champagne font illusion : mais de quoi se contentaient tous ces cocodès avec leurs cocodettes, sinon de vraies espiègleries de potaches et de pensionnaires ? Bien du bruit pour presque rien. Quant à l'esprit, quant à la fantaisie, quant à la qualité, quant au style de cette candide « fête impériale.... » Ah, comme on se retrouve en fine et brûlante France au simple récit du plus chétif souper en n'importe quel monde, mais un siècle auparavant !

« Il faut voir, écrit Mme Baroche le 10 novembre 1857, quel esprit juvénile, quel entrain folâtre déploient l'Empereur et l'impératrice pour amuser leurs hôtes à Compiègne. » Et en effet, on danse la boulangère en plein bois, on force à rentrer dans la ronde les messieurs graves qui se trouvent là, coiffés de leurs chapeaux haute-forme : rien de plus folâtre. Ou bien l'on joue au renard : c'est-à-dire que l'Empereur se sauve en semant des petits papiers sur sa trace; et toute l'assistance le cherche, à la façon d'une meute. C'était à qui, parmi les courtisans, montrerait le plus d'ardeur. « La plupart s'étaient mis en frais d'esprit, et aboyaient. »

A Saint-Cloud, le comte de Tascher, pour amuser la jeune impératrice (en 1853), imite le dindon, le soleil, la lune, la tempête, etc. Et les bals costumés, avec leurs humbles farces, et les innocents plaisirs du Grand Seize!...

Sans compter encore.... Mais écoutez Prosper Mérimée (*Lettres à l'Inconnue*, 21 mars 1861). Nous ne ferons aucun commentaire.

« ...Pour un rien, on vous saute au visage (dans la société), par exemple si l'on ne montre pas tout le blanc de ses yeux en entendant parler du saint martyre, et si l'on demande surtout très innocemment, comme j'ai fait, qui a été martyrisé.

« Je me suis fait une mauvaise affaire en m'étonnant que la reine de Naples ait fait faire sa photographie avec des bottes. C'est une exagération de mots et une bêtise qui passe tout ce que vous pouvez imaginer.

« L'autre soir, une dame me demande si j'avais vu l'impératrice d'Autriche. Je dis que je la trouvais très jolie. « Ah! elle est idéale! — Non, c'est une figure chiffonnée, plus agréable que si elle était régulière, peut-être. — Ah! monsieur, c'est la beauté même! Les larmes vous viennent aux yeux d'admiration!... » Voilà la société d'aujourd'hui. »

Tout cela n'est que babioles et fariboles : mais aucun indice ne se trouve sans signification, et il est bien permis de présumer que des gens capables de se divertir à si peu de frais et de choir en de telles pauvretés, n'auront pas l'esprit en état de fièvre, c'est le moins qu'on puisse dire. Au lieu que les républicains, leurs adversaires, ne s'endormaient guère, eux! A force de passion, et en dépit de leur vocabulaire emphatique, ils finissaient même par témoigner plus d'allègre finesse que leurs ennemis gouvernementaux — au moins dans la presse où, neuf fois sur dix, on se satisfaisait pourtant de modestes lazzis, qui de nos jours feraient tout juste rire au café-concert.

Or, un régime se défend-il très longtemps lorsqu'il est soutenu par des gens heureux qui s'endorment, et combattu par d'ardents apôtres et des intellectuels enthousiastes?... Et voulait-on donc que Morny n'eût point prévu les années grises après les années d'or, lui qui ne se payait pas de mots et entr'ouvrait avec mépris des yeux si clairvoyants sur les faits comme sur les hommes?

Il y avait en outre dans le voisinage des Tuileries un redoutable démagogue, plus dangereux à lui seul qu'un bataillon sacré de révolutionnaires : nous avons nommé le prince Napoléon, propre cousin germain de l'Empereur. On sait en effet qu'il avait eu pour père le vieux Jérôme Bonaparte, ex-roi de Westphalie. Si le prince Napoléon n'eût été assez grand et ne fût devenu gros dès sa jeunesse, il aurait ressemblé singulièrement à son oncle immortel. Il ne portait barbe ni moustache, afin sans doute d'accentuer en lui le type napoléonien. Ce profil nu, ce masque romain lui convenaient à souhait, car on ne pouvait s'empêcher d'évoquer deux époques en songeant à lui : la Révolution d'abord, avec ses Philippe Égalité, ses Laclos, ses Hérault de Séchelles; et le Forum ensuite, le Forum surtout, celui des patriciens portés au pouvoir par la populace, celui des tribuns du peuple nés dans la pourpre, et flattant cependant les vendeurs de pois chiches et crieurs de marée — deux époques où l'on a surtout vu des têtes glabres, des têtes de médailles, à la fois belles et suspectes. Frappées dans l'or ou le bronze des médailles, en effet, elles révèlent souvent une ligne puissante ou noble : mais que sait-on des yeux?

L'intelligence audacieuse, forte, du prince Napoléon, avait de quoi surprendre. Mais combien en secret, il dut haïr son cousin Napoléon III, ainsi qu'il arrive aux cadets et aux princes du sang dans les familles souveraines! Il détestait au moins de tout son cœur l'impératrice, coupable d'avoir donné le jour à un héritier du trône. Il la tourmentait, l'offensait, refusait de lui porter des toasts en des circonstances officielles, la contrariait et méprisait de cent façons. La vie de famille devenait un supplice aux Tuileries, entre les deux cousins.

Et puis, peut-être le prince Napoléon n'éprouvait-il aucune aversion mesquine envers ses parents impériaux, après tout, vu que c'était un homme assurément inaccessible aux sentiments médiocres : mais une agitation folle lui faisait perdre à chaque instant le sens de la mesure. On lui eût souhaité l'*otium cum dignitate*, le tranquille repos dans la dignité (une dignité très dorée, à vrai dire) dont la princesse Mathilde, sa sœur, sut faire durant toute sa vie un si bel et noble usage. Loin de là, le prince s'intéressait passionnément à tout, et critiquait tout, blâmait tout. Il y apportait une fougue et un éclat extraordinaire : quiconque venait de causer avec lui demeurait étourdi d'un pareil talent dans la satire, le sarcasme indigné, l'amertume perpétuelle et la catilinaire infatigable — à moins que sur l'escalier cet interlocuteur ahuri ne se soit pris à songer : « Tout compte fait, ce n'est pas si malin, de censurer sans trêve.... » Réflexion des plus salutaires.

Bref, de critiques en blâmes, de satires en catilinaires et de crises d'agitation en crises d'opposition, le prince Napoléon, qui se proclamait Jacobin, prétendit si bien l'être qu'il se mit à protéger le socialisme ouvrier de toutes ses forces. On vit se créer un « groupe du Palais-Royal », dont il était le patron secret : ce groupe publiait des brochures, organisait des missions ouvrières, chargées de s'aboucher avec les travailleurs anglais à l'occasion de l'Exposition de Londres en 1862, afin d'en rapporter des vœux, des projets, finalement une ébauche d'entente internationale pour la défense contre les bourgeois. Qu'on admire là les vols d'essai de notre future C. G. T. Sans l'appui politique et financier — politique, on le sait; financier, on s'en doute — du prince Napoléon, le « groupe du Palais-Royal » n'eût point existé, ou du moins n'eût pris vie que beaucoup plus tard. Quand le journaliste Armand Lévy lui amena pour la première fois des ouvriers typographes résolus à entreprendre — bien faiblement encore — la guerre de classes, le prince-citoyen exultait de joie : ne s'imaginait-il pas déjà porté au pouvoir par le peuple?

Qu'avait été surtout Napoléon, premier empereur des Français, aux yeux du prince Napoléon, son neveu? Un général jacobin. En son culte profond pour le grand Empereur, le neveu terrible adorait d'abord l'ancien client des sans-culottes. Cette formule est rude et fort grossie, mais au fond nous la croyons exacte. Quant aux Wagram, aux Austerlitz et aux Iéna du prince démagogue... c'est contre les cléricaux ou la réputation de la famille d'Orléans que l'ardent cousin de Napoléon III engagea surtout ses batailles. Sous le couvert de l'Empire, il contribuait à favoriser les débuts d'une nouvelle guerre sociale. Heureusement qu'en matière politique, il s'en tenait le plus souvent aux débuts, et n'achevait presque rien. Il se précipitait en des transports d'éloquence, après lesquels il se sentait soulagé : cela n'allait guère plus loin. La facilité de parole et de colère du prince Napoléon fut providentielle pour le Second Empire.

Si nous rappelons après cela qu'il n'y eût jamais de sympathie entre Morny et le prince Napoléon, qu'au contraire même ils se sont trouvés en froid plus d'une fois, s'en étonnera-t-on beaucoup? L'un qui souriait, parlait peu, sans bruit et agissait si fermement; l'autre qui entrait en courroux à toute heure, produisait un grand fracas, puis prenait le train pour s'occuper d'autre chose; le premier ne souhaitant que consolidation, le second que démolitions; celui-ci en outre prince du sang, celui-là de demi-sang : il fallait bien qu'ils ne se plussent guère. Un mutin sonore, voilà bien ce qu'il y avait de plus antipathique à Morny.

Enfin, une rumeur mauvaise commençait à grandir sur l'Océan, vers 1862, un grondement venant d'outre-mer, de ce lointain Mexique à demi-désert et comme sauvage encore. Les vents du large avaient poussé vers la France des nuées bizarres, des légendes difformes, des espèces de contes de fées, et déjà, hélas! des craintes, des lamentations, ou des espérances d'un autre âge, on ne savait quoi de suspect et d'étrange.

A cette époque, il y avait la guerre civile au Mexique — comme d'habitude. Sur ces terres ardentes, la rébellion rôdait comme la fièvre, les conjurés politiques pullulaient et bourdonnaient à l'égal des pernicieuses mouches de saphir ou d'émeraude. Les « présidents » se combattaient aisément : c'était un jeu que de sauter à cheval et galoper à travers les espaces immenses, afin de se mettre hors de vue quand on se croyait le moins fort, ou de revenir et dévaler vers les villes à la tête de sept ou huit mille chenapans armés de fusils, sinon de haches et de couteaux : dans les rapports des diplomates, cela s'appelait des batailles, et les cours européennes échangeaient des notes touchant ces convulsions militaires.

Un homme cependant, un vrai patriote, celui-là, un naturel du pays d'ailleurs, un « Indien » — comme on disait, — au visage basané, Benito Juarez, se trouvait régulièrement président, selon la constitution. Rien de plus énergique et intelligent quecePeau-Rouge, fort instruit et d'une réelle dignité de sentiments autant que de tenue. Démocrate et anticlérical, d'autre part soutenu par les États-Unis qui l'avaient reconnu, il ne craignit point de nationaliser les biens du clergé. Les conservateurs, dirigés par les grands propriétaires et les prêtres, lui faisaient naturellement la guerre. Il avait perdu, puis reconquis Mexico en 1861, et gouvernait là de son mieux, en usant de toute la sagesse possible dans un pays de frénétiques et d'illettrés.

Par malheur, un jour vint que Juarez ne vit plus un sou dans les caisses de l'État, où du reste il n'y avait jamais eu grand'-chose. Force lui fut bien, ce triste jour-là, de suspendre le paiement des intérêts dus aux étrangers qui avaient prêté de l'argent au Mexique. Certes il y mit des formes, suscita des commissions chargées de trouver quelque arrangement pour cette fâcheuse affaire. Rien n'y fit, et il était bien clair que la France, l'Angleterre et l'Espagne allaient envoyer des bateaux chargés de bombarder un peu les côtes et voire d'occuper une ville, selon la méthode dont on usait alors envers les jeunes États mauvais payeurs, en Amérique notamment. Une telle mesure eût suffi d'abord à rassurer les créanciers du Mexique, puis à obtenir tôt ou tard le paiement différé, et tout eût été dit.

Mais ici interviennent les chimères ingénues, et ces « tableaux » imaginaires que se faisaient si volontiers les hommes du Second Empire touchant les choses lointaines, tableaux généralement trop simples, images d'Épinal plutôt. Ici grouille encore toute une horde intrigante et vindicative de Mexicains exilés et réfugiés à Paris, dont le plus modéré eût avec délices pendu Juarez de sa main. Ici enfin apparaît, ou plutôt reparaît l'incoercible rêverie politique de Napoléon, cette griserie géographique, ce délire des frontières, sa secrète débauche intellectuelle, ou si l'on veut, la seule poésie permise — quoique dangereuse et perverse — lorsqu'on est un souverain non parlementaire, un souverain qui gouverne.

En 1846 déjà, lorsqu'il était captif au château de Ham, le prince Louis-Napoléon avait composé un travail afin de conseiller à la France de creuser un canal dans l'isthme du Nicaragua pour relier les deux océans. On ferait ainsi fleurir quelque nouvelle Byzance latine, située aux portes des deux Amériques comme jadis l'ancienne à la limite de l'Europe et de l'Asie.... Tout simplement.

Qu'il serait beau, songeait l'Empereur, qu'il serait habile et grandiose de créer maintenant là-bas, par delà les mers, un grand État latin et catholique, coupant l'Amérique en deux, et capable de contrebalancer la puissance envahissante des États-Unis! Précisément, ceux-ci se trouvaient déchirés par la guerre civile, le Nord combattant contre le Sud : l'occasion se présentait bien belle.... Napoléon III avait échoué en son projet d'une Italie harmonieusement confédérée sous la présidence du Pape : c'était à présent sur un continent neuf qu'il allait donc fonder la forte et vaste nation latine, monarchique si c'était possible, en tous cas conservatrice, antirépublicaine, antipuritaine, dont il avait en 1846 rêvé l'épanouissement. Et ce serait la France, encore et toujours la France qui aurait fait au monde ce présent merveilleux.... N'y avait-il point là de quoi enivrer positivement une tête même moins accessible que celle de l'Empereur à la « Muse des atlas » comme à la magie des combinaisons à retournements et contre-coups, on pourrait presque dire aux carambolages diplomatiques?

D'autant plus qu'en son entourage on le poussait à l'intervention contre Juarez, l'un par passion antidémocratique, l'autre par cléricalisme, un autre encore par goût des aventures. Les officiers des Tuileries se figuraient le Mexique ainsi qu'un lieu propre à jouer merveilleusement à la petite guerre, tout en chevauchant parmi les savanes où l'on abattrait le buffle et l'antilope, l'aigle et le perroquet. Expédition des plus pittoresques. Ainsi cet étonnant aventurier, le comte de Raousset-Boulbon, avait-il follement tenté, dix ans auparavant, de conquérir avec 250 hommes la Sonora, immense province mexicaine : il était mort fusillé.

Il n'y avait jusqu'aux émigrés mexicains qui ne répétassent à qui les voulait entendre : « Notre patrie languit et souffre sous un tyran. Le Mexique est profondément religieux et monarchiste. Il veut que refleurisse le pouvoir des évêques. Qu'on lui donne en empereur, un souverain bon et sage. La France serait acclamée sur les places de nos villes, et bénie dans les haciendas.... »

De la même façon parlait Dubois de Saligny, ministre de France au Mexique, homme passionné, haïssant la neutralité, en qui l'Empereur avait confiance, et dont on ne sait trop s'il fut plus partial qu'aveugle, ou plus partial qu'intéressé. On trouve toujours des Dubois de Saligny dans les dossiers des affaires lointaines : ils font en quelque sorte partie de la faune coloniale.

Tant il y a qu'à l'instigation principale de la France, une intervention fut décidée entre les nations créancières du Mexique, c'est-à-dire l'Espagne, l'Angleterre et la France elle-même. Prenant prétexte du dommage causé à leurs nationaux, ainsique de vagues attentats, l'Angleterre réclama 85 millions d'indemnité, l'Espagne 40, la France 135. Trois petits corps expéditionnaires partirent séparément, des Espagnols sous la conduite du maréchal Prim, des Anglais, et 2 500 Français menés par le contre-amiral Jurien de la Gravière.

Arrivés au Mexique, le maréchal Prim signa sans combat avec les Mexicains une convention raisonnable arrêtant les préliminaires d'un traité : les Anglais s'unissaient à lui. Quant au contre-amiral français, il fit rédiger une proclamation retentissante, se déclara ouvertement pour les conservateurs cléricaux contre le président Juarez, rejeta la convention signée par le maréchal Prim, et rompit avec les Espagnols et les Anglais, qui se rembarquèrent en avril 1862. Premier résultat : 4 500 soldats français de renfort avaient été dirigés vers le Mexique, avec le général Lorencez.... Déjà !... L'engrenage tournait.

En mai 1862, le général Lorencez, qui s'était avancé vers l'intérieur, amenait devant Puebla ses troupes abattues par la fièvre jaune et les campements affreux au milieu des terres moites, brûlantes. Il y avait à Puebla des espèces de forts et de grands couvents hérissés de canons. Les Français, malades, maussades, étouffant sous leurs tuniques de drap et leurs sacs, furent repoussés par le feu de ces Mexicains chaussés d'espadrilles et dont les dégoûtants haillons étaient galonnés jusqu'aux épaules : car il y avait trois colonels pour un soldat dans cette armée de mulâtres dont les troupiers, pour quelques sous ou des cigarettes, passaient à l'ennemi.

Le général Lorencez dut se retirer. Il laissait 500 hommes sur le terrain. Ce fut, après les gloires de Crimée, d'Italie et de Chine, le premier incontestable échec militaire de la France.

Le 1er juillet 1862, le commandant Mangin écrivait du Mexique au général de Castellane : « L'Empereur a été indignement trompé par son ministre, M. de Saligny, ou autres, sur la situation du pays; nous soutenons une cause qui n'a plus et qui ne peut plus avoir de partisans, nous avons à notre suite des gens tels qu'Almonte, Miranda et autres, qui sont un objet d'horreur dans le pays, et qui nous font détester même de nos nationaux.... Serions-nous cinquante mille, nous entrerons partout, nous irons à Mexico, mais nous n'aurons pas un partisan. »

Lorencez lui-même déclarait à son ministre : « Nous n'avons ici personne pour nous. Le parti modéré n'existe pas. Le parti réactionnaire, réduit à rien, est odieux. Je n'ai pas rencontré un seul partisan de la monarchie. »

Et Mérimée confiait à Panizzi, le 2 juillet 1862 : « On est assez sévère, ce me semble, pour l'impératrice, à qui l'on attribue l'expédition du Mexique. »

L'affaire mexicaine était grave et sombre, on le voit. Rien n'annonçait qu'elle dût se terminer un jour, bien ou mal. Surtout mal, disaient les personnes sensées. Les Français n'ont en général jamais beaucoup aimé les expéditions hors d'Europe. Celle-là, tout particulièrement, n'avait pas bon air. Dès son début, l'on avait un peu trop parlé d'argent. Il y avait un certain Jecker....

Jecker était un banquier suisse — quoique brusquement naturalisé Français en 1862 — qui depuis assez longtemps s'intéressait aux affaires mexicaines, à toutes les affaires mexicaines aussi bien celles des présidents que celles des colonisateurs et chercheurs d'aventures : en 1852 déjà, on voit la maison Jecker, de la Torre et Cie subventionner l'extravagante équipée du comte de Raousset-Boulbon. Or, le banquier excellait à conduire ses affaires en un pays troublé : il y apportait un magnifique génie. Chez une nation paisible et mieux organisée, ce génie l'eût sans doute mené en prison, mais ce qui s'appelle usure en Europe se nommait audace à Mexico, et rien n'égalait l'intrépide ingéniosité du financier suisse pour faire rentrer l'argent d'autrui dans son coffre, lequel pourtant se vidait sans trêve.

Jecker avait donc avancé quelques millions comptant à l'État mexicain, sous la présidence du tout jeune Miramon, prédécesseur de Juarez, et par un contrat fantastique, le banquier était ainsi devenu créancier du Mexique, non pas pour cette somme relativement faible d'argent liquide, mais bel et bien pour 75 millions de bons émis par le Mexique en 1859, d'après l'inspiration du « risque-tout » Miramon, ne l'oublions pas. Dans tous les pays du monde, on qualifierait d'abusif, sinon d'usuraire, un prêt à pareil taux. Au Mexique, vu l'instabilité gouvernementale, on ne sait qu'en penser : il ne semble pas, du moins, qu'une banque sérieuse et de bonne réputation eût accepté volontiers une combinaison si manifestement dépourvue de modération, un marché si fougueux.

Cependant, un an plus tard, en 1860, Jecker s'avouait en faillite, tout en continuant de gérer les affaires de sa banque, avec l'assentiment de ses créanciers; et en même temps, Miramon tombait du pouvoir, où Juarez le remplaçait. Presque aussitôt, celui-ci proclamait nul le contrat Jecker, comme immoral et même scandaleux, ce que l'on ne pouvait nier. Voilà les 75 millions de bons réduits à rien, à moins qu'on n'imagine pour les sauver quelque coup de ruse ou de force, sinon les deux à la fois. Il fallait qu'on en imposât la reconnaissance et le paiement coûte que coûte. Seule une grande puissance pouvait avoir assez d'autorité pour commander ainsi.

Or, quelle ne fut point la surprise des délégués anglais et espagnols à Vera-Cruz, lorsqu'ils entendirent le représentant de la France, Dubois de Saligny, déclarer que son gouvernement exigeait du Mexique, non seulement 60 millions d'indemnité (les Anglais en réclamaient 85, les Espagnols 40) mais encore « l'exécution pleine, loyale et immédiate du contrat conclu en 1859 entre le gouvernement mexicain et la maison Jecker » — c'est-à-dire le paiement des 75 millions, ce qui portait finalement à 135 millions les exigences françaises!... Réclamation « au moins extraordinaire », grondait avec indignation le représentant des Anglais, sir Charles Wyke, dont le vertueux courroux se fût évidemment trouvé bien atténué si ces 135 millions eussent semblé désirables à sa Gracieuse Majesté la reine Victoria, plutôt qu'à Napoléon III.

De fait, elle était en propres termes des plus extraordinaires, cette réclamation supplémentaire de 75 millions — alors que les 60 premiers dépassaient déjà grandement, semblait-il, les dommages subis. Et il n'y avait pas à n'en point tenir compte, ou à laisser peu à peu la créance dépérir : elle faisait au contraire nettement partie de l'ultimatum adressé en 1861 au Mexique, à Juarez. Et Dubois de Saligny se disait contraint par les dépêches de son gouvernement, à ne céder en rien sur ce point. Et le Jecker lui-même, qui était suisse, et dont les intérêts eussent dû en somme toucher assez peu notre pays, se voyait tout-à-coup naturalisé français en mars 1862. Il fallait par conséquent qu'il fût remarquablement protégé à Paris, et en très haut lieu, par quelqu'un dont l'influence se trouvait immense, presque irrésistible, par un homme en position de parler familièrement à l'Empereur et aux ministres, un personnage considérable, non moins qu'agréable et habile.... Qui donc cela pouvait-il être?

Naturellement, un nom venait immédiatement aux lèvres.

Que l'on se rappelle le fameux dicton, presque une rengaine : « Morny est dans l'affaire.... » On n'allait pas manquer de l'entendre à nouveau, touchant l'expédition du Mexique, jamais l'occasion n'aurait été si belle. Le bruit d'une spéculation cynique de Morny s'accrédita donc rapidement et avec une force singulière. Quelle aubaine pour l'opposition! Les allusions étaient trop faciles : on parla de Tigellin auprès de Néron, en hochant tristement la tête. On simplifiait, afin de mieux frapper l'auditoire : « Ainsi le sang de nos soldats va couler sur les terres lointaines parce qu'il aura plu à un favori sans vergogne de faire soutenir là-bas à main armée les droits d'un banquier plus ou moins véreux.... Morny se trouve financièrement intéressé à tous les recouvrements de la maison Jecker, nul ne l'ignore, c'est évident, c'est prouvé.... Morny est jusqu'au cou dans cette monstrueuse affaire! »

Peut-être serait-il difficile de le nier complètement. Des lettres envoyées d'Europe à Jecker, interceptées par les États-Unis et publiées ensuite sur l'ordre de ce gouvernement — forcément très hostile à l'ingérence française au Mexique — citaient plusieurs fois le nom de Morny, sans rien préciser, mais assez pour permettre aux malveillants de répandre des flots de venin. Plus tard, dans les fameux « papiers des Tuileries », on découvrait une lettre de Jecker à Conti (8 décembre 1869), dans laquelle le désastreux banquier disait que Morny, « associé », devait toucher trente pour cent sur tous les bénéfices de la créance Jecker dans l'affaire du Mexique : et c'est avec cette malheureuse lettre-là que les ennemis de l'Empire ont prétendu, d'un seul coup, attaquer les honteuses corruptions d'un régime exécrable, et éclabousser la mémoire d'un homme d'État, excellent Français.

Laissons les « hideuses corruptions » aux orateurs d'opposition. Quel que soit le régime, quelle que soit aussi l'opposition, celle-ci n'aura toujours que trop sujet de s'irriter contre la fragile vertu du monde politique, ou disons mieux, de tous les mondes. Sauf sur les affiches électorales, ce sont là des mots perdus. Quant à la « faute » de Morny, nous n'y consentirons pas si vite. On doit d'abord observer que la lettre de Jecker — écrite en 1869, sept ou huit ans après les faits dont il s'agit — n'est pas un document sacré : il n'y a aucune raison pour que cet homme n'ait jamais menti, ou du moins pour qu'il n'ait point grossi les événements, dans l'intention de se défendre et justifier. Voilà huit années et davantage, encore un coup, qu'il se trouvait en butte à l'exécration des Français, ses nouveaux compatriotes. On l'accusait, non sans raison, d'avoir été en partie la cause d'un désastre politique, on lui rappelait quotidiennement la mort des malheureux tombés sur ces terres lointaines, on le tourmentait de toutes les manières : nous ne disons point que l'on avait tort, mais enfin on le mettait au supplice. Que, pour se blanchir, il se soit à la longue imaginé toutes sortes de circonstances atténuantes, telles que d'illustres connivences, des complicités secrètes et toutes puissantes, etc., quoi de plus naturel? Quatre ans après la mort de Morny, Jecker ne risquait point de se voir contredit par lui : il pouvait bien écrire ce qu'il voulait, et surtout dans une lettre privée.

Il est incroyable que presque tous les historiens aient accepté de condamner Morny par défaut sur un témoignage unique et des plus suspects, émanant précisément de la personne la plus intéressée à compromettre ce présumé coupable, ou du moins sa mémoire, à l'entraîner dans le discrédit, afin de n'y point demeurer sans compagnon. L'inquiétant Jecker prend un absent — et pour cause : il est mort! — l'accuse sans aucun risque, comme évidemment sans contradiction possible, et pense de la sorte se racheter un peu. Facile.... On a toujours beau jeu à se défendre en chargeant autrui, surtout si autrui ne saurait protester.

Supposons même, d'ailleurs, que Jecker ait dit vrai, ce qui encore une fois n'est démontré en aucune façon, il y aurait lieu de ne point juger un événement qui s'est passé en 1860 comme s'il avait lieu de nos jours. Qu'était-ce que le Mexique en ce temps-là, pour un Français ? Une contrée presque fabuleuse, où devaient se trouver des mines d'or inconnues, des terres à défricher, des habitants à demi-sauvages, une sorte de pays vierge enfin. Toute tentative, là-bas, se présentait d'abord à l'esprit des gens du boulevard — ou des Tuileries — ainsi qu'une manière d'exploration, ou plutôt comme une vaste entreprise agricole, industrielle et minière, qu'il fallait fonder malheureusement à coups de fusil, selon la coutume la plus répandue. L'Empereur seul, peut-être, ajoutait à ces images, et de la meilleure foi du monde, des songeries politiques d'un ordre très élevé, si élevées qu'elles risquaient de rejoindre le domaine des fées.

Or, est-ce qu'aujourd'hui encore il semble si étrange de mettre au service d'une exploration, ou d'une entreprise de grande envergure dans les continents neufs, son appui, ses conseils ou les facilités dues à l'influence dont on dispose ? Et dès qu'il s'agit beaucoup plus d'une affaire que d'une action politique, faut-il s'étonner si l'on accepte quelque intérêt sur les futurs profits ?... Morny n'aurait pas fait autre chose, en admettant toutefois que Jecker n'ait ni menti, ni exagéré. Si l'on s'autorise en pareil cas à parler de corruption, et si l'on pense vraiment ce que l'on dit, s'il n'y a point là quelque effet oratoire, nous demandons alors quelles sont les limites de la corruption et des affaires innocentes.

Il est vrai que cette question se trouve posée depuis que les premiers hommes ont fondé la première cité et les premiers conseils de gouvernement.

Encore un mot. Pourquoi ne veut-on pas, si l'on a bien compris quel homme était Morny, qu'il ait promis son appui, non pas certes avec l'intention de ne pas le donner, mais avec une arrière-pensée, celle-ci par exemple, qui est si naturelle : « L'entreprise du Mexique est absurde, mal engagée. L'Empereur se fait surtout plaisir à lui-même en s'y adonnant ainsi : mais il ne fondera ni empire latin, ni rien. Les États-Unis s'y opposeront, et tout à l'heure l'Angleterre. Puis, ce pays est encore anarchique. Bref, tout échouera. Soutenir la banque Jecker ?... Bon, qu'est-ce qu'on risque ? Dans deux ans, tout aura croulé. Prenons un intérêt dans cette affaire perdue : c'est un billet de loterie sans espoir. Ramassons-le toujours, et jetons-le au fond d'un tiroir. On verra bien. »

Sur quoi, l'on prêtera son appui parce qu'on a promis, mais sans passion.

Nous ne saurions croire que le si clairvoyant Morny ait donné de tout son cœur dans le panneau mexicain, qu'il ait risqué si légèrement de se compromettre dans une extravagance dont il ne pouvait rien surveiller, rien diriger, rien atténuer ni rectifier.... Non, voilà qui n'est pas du Morny, décidément. Nous demeurons convaincu que Jecker a conté des histoires à son correspondant Conti, en l'an 1869, ou qu'il a pris de vagues mots d'encouragement pour un engagement solennel, et parlé de trente pour cent alors qu'il ne s'agissait que d'un intérêt offert quelque jour à des subalternes, après le déjeuner

De toute façon, nous pouvons conclure : 1° qu'une lettre privée de Jecker n'est qu'un papier douteux; 2° que Morny n'étant ni un naïf en politique, ni dans la vie un sot, ne pouvait croire sérieusement au Mexique, et n'allait pas engager sa réputation dans ce traquenard.

Nous ferons du reste appel, une fois encore, à Émile Ollivier. Son témoignage ne peut être ici que des moins impartiaux, c'est entendu : il se montra toujours très attaché à la mémoire de Morny. Il n'oublia jamais que sans l'appui du président de la Chambre, l'univers n'eût sans doute ni connu l'Empire libéral, ni plus tard le ministère Émile Ollivier : ce qui certes n'était pas de nature à rendre ses jugements malveillants ni sévères. Elle compte pourtant, l'opinion d'un homme aussi admirablement intelligent, quand même s'y trahirait quelque trop légitime faiblesse envers celui qui lui parut non seulement comprendre si bien ses pensées politiques, mais encore les adopter. Or, cette opinion est formelle :

« Il faut absolument, écrit Émile Ollivier, écarter la créance Jecker comme cause déterminante. Il paraît bien qu'une spéculation, dont elle fournit la matière, s'est greffée sur l'expédition : on a beaucoup assuré que Morny était l'un des principaux spéculateurs. Je ne suis en mesure ni de l'affirmer ni de le nier, mais je puis donner l'assurance la plus formelle que l'Empereur n'a pas pris une seule minute en considération la créance Jecker, dont il n'avait sans doute pas entendu parler, quand il se résolut à envoyer ses troupes au Mexique. »

Et il ajoute en note que la « prétendue lettre » de Jecker, publiée dans les papiers secrets des Tuileries, et constituant la seule preuve connue contre Morny, se trouve « dénuée de toute authenticité ». Bazaine, qui commanda en chef au Mexique, déclare (d'après M. Gaulot, t. II, p. 184) : « Jamais il n'a été question, dans les dépêches, dans les instructions des divers ministres au commandant en chef de l'armée, de l'intérêt que pouvait avoir M. le duc de Morny dans la solution de telle ou telle affaire financière. »

L'inepte et lugubre trahison de Bazaine en 1870 n'est pourtant pas une raison pour qu'il ait menti toute sa vie. Il était manifestement bien moins intéressé que Jecker lui-même à engager ou dégager la responsabilité de Morny : et l'on avouera que si l'un des deux ne disait pas exactement la vérité ici, il y aurait beaucoup plus sujet d'en soupçonner Jecker, dont c'était la sauvegarde, que Bazaine, lequel se souciait probablement assez peu de la question Morny à propos des 75 millions.

Et puis on a tort de toujours attaquer l'Empire en parlant de corruption : comme si tous les régimes ne se valaient point, dès qu'il s'agit de tripotages d'argent! Parlerons-nous des fermiers-généraux? Parlerons-nous de nos contemporains? De temps à autre, la foudre tombe, et voilà Fouquet en prison, sinon le scandale de Panama qui éclate : mais ceux qui reçoivent alors le tonnerre sur la tête n'ont rien commis dont leur voisin, publiquement indigné, ne soit coupable aussi. Les financiers de l'Empire ont présenté la même proportion de gredins, d'affolés et d'honnêtes gens que ceux de tous les temps. Parfois, on en poursuivait un avec grand fracas, comme de nos jours, ni plus, ni moins : témoin le banquier Mirès, arrêté brusquement en février 1861, condamné à cinq ans de prison, puis acquitté en appel par la cour de Douai. Un suicide et des ruines avaient accompagné et suivi cette énorme affaire. Va-t-on, pour un Mirès, condamner tout un régime? Ce sont les furieux et habiles avocats de l'opposition — surtout républicaine — qui ont si tragiquement simplifié les choses. Nous devrions aujourd'hui juger avec plus de nuances une époque dont soixante-dix années d'expérience et de méditation nous séparent.

CHAPITRE XII

LES MERLETTES

UN CONTE ABSURDE || VOYAGE DE L'EMPEREUR EN AUVERGNE (ÉTÉ 1862) || LE COMTE DE MORNY DEVIENT DUC || SES NOUVELLES ARMOIRIES.

Il nous faut dire ici un mot, touchant certain mystère.

Aussi bien n'y croyons-nous pas beaucoup, à ce mystère, dont on ferait une si jolie pièce de théâtre. Ou enfin nous n'y croyons pas quand nous interrogeons sans merci notre conscience, odieuse compagnonne : car l'énigme repose en somme sur un commérage de Persigny, sur des caquets, et Dieu sait si sous le Second Empire on s'est privé de babiller, chuchoter dans les petits coins, et cancaner « en montrant tout le blanc de ses yeux,» comme disait Mérimée! On ne peut faire foi sur des bavardages, c'est trop certain.

Mais dans les minutes où l'on rêve, où l'on revoit l'Empereur aux yeux vagues, non loin du beau gentilhomme Morny, si « prince » en tous ses gestes, puis les crinolines assemblées en quelque salon bouton d'or et noir, au mur un portrait de la reine Hortense assise sur un fauteuil à bec de cygne, comme se posait volontiers Mme Récamier, la taille ployée et une main ouverte... dans ces minutes-là voici que l'on n'est plus si rigoureux, et qu'on admet très bien cette histoire absurde, oui, fausse, c'est entendu — néanmoins singulièrement logique, si l'on veut s'en tenir à la psychologie, et des plus vraisemblables, dès que l'on consent à ne pas trop appuyer. Mettons qu'elle s'indiqua plutôt qu'elle n'eut positivement lieu, qu'elle faillit arriver, qu'on la pressentit, qu'on en eut peur d'un côté, quand de l'autre on l'espéra : ce fut peut-être un fantôme d'événement. Toutefois cela existe encore assez, les fantômes, en politique surtout : il suffit même d'en parler pour en faire de fameux diables.

Voilà cependant l'anecdote. On sait que désireux de fonder une monarchie au Mexique, Napoléon III avait songé au grand-duc Maximilien, frère de l'empereur François-Joseph d'Autriche. Les Mexicains eux-mêmes — ceux du moins qui étaient les ennemis jurés de Juarez — avaient désigné au choix de Napoléon un prince autrichien : celui-ci était très catholique, passait pour une intelligence large, moderne, on le connaissait pour fort ambitieux, et exaspéré de vivre en son château de Miramar, à Trieste, loin des affaires, sans aucun rôle à jouer dans l'État, frère cadet du souverain enfin, ce qui est, paraît-il, intolérable. On n'aurait pu trouver en Europe un meilleur candidat : d'autant que Napoléon III rendait par là service à François-Joseph, fort embarrassé de ce frère trop inquiet, en même temps que la France rendait ainsi à l'Autriche un honneur qui ne lui coûtait rien.

Toutefois l'affaire traîna beaucoup. On en avait disputé longtemps : Maximilien ne voulait accepter que si la France le soutenait par de l'argent et des troupes, que si l'Angleterre lui donnait également son appui, au moins moral, que si les Mexicains enfin l'appelaient, en tous cas ceux des Mexicains qui étaient partisans de la monarchie — la majorité, lui disait-on!

D'autre part, l'Empereur lui-même ne se décidait point trop vite : on a beau construire en pensée un grand Empire latin dans « les Iles » et les nuages, on ne prend pas en cinq minutes sa décision d'employer 20 000 hommes à réaliser cette fantaisie gigantesque.... Bref, les choses languissaient, n'aboutissaient guère : tant il y a que les envoyés et les exilés du Mexique, gens pressés, gens fiévreux, gens accoutumés à vous régler autour d'une table et dans le temps de boire son café, un pronunciamento avec fusillades, prise de ville, incendies de fermes, et même tir d'un canon, tous ces excités se dépitaient et n'y comprenaient rien. Quoi! allait-on maintenant les laisser en plan, tristement privés d'appui et dépourvus de monarque? Il leur fallait un empereur à tout prix.

Si donc Maximilien faisait tant de façons, et si Napoléon hésitait tellement à donner les garanties nécessaires à ce grand-duc, pourquoi ne pas se tourner vers un autre prince, français, bien français celui-là, et de sang impérial? Une fois déjà, n'avait-il pas été question d'offrir le trône du Mexique à un prince de la maison impériale, à Joseph, propre frère de Napoléon? On ne ferait donc que revenir là-bas à une tradition nationale. Certes, le prétendant, aujourd'hui, n'avait pas droit officiellement aux aigles des Napoléon : mais en Amérique, on avait vu d'autres étrangetés. Puis il s'agissait d'un personnage considérable dans l'Empire français, d'un ami intime et d'un familier, sinon d'un parent avoué de Napoléon III.... Bref, les Mexicains pensaient à Morny.

Mais oui, encore un coup, c'est là un conte, nous ne l'ignorons nullement. Il est puéril, et ne résiste pas un moment à l'examen.... Et pourtant... et pourtant Walewski passe pour avoir dû intervenir en cette circonstance demeurée secrète, Walewski alors brouillé, comme d'habitude, avec Morny. Et pourtant aussi le souvenir en est resté dans la famille Morny, nous l'avons entendu de nos oreilles. Et pourtant enfin nous lisons sous la plume d'Émile Ollivier ces lignes singulières : « Non seulement l'empereur n'objecta rien à ce candidat (Maximilien); mais *par des raisons qu'il ne disait pas,* ce choix le décida même tout à fait à prêter son concours à l'entreprise. » Des « raisons qu'il ne disait pas? » Quelles raisons? De la politique autrichienne, italienne ou autre?... Soit. Il est cependant curieux qu'Émile Ollivier, si clair et si prodigue d'explications infinies concernant tout ce qui, près ou loin, touche à la politique européenne, nous laisse en l'air et n'ajoute pas un mot après ces très bizarres « raisons que l'Empereur ne disait pas. »

Il n'en est pas moins vrai qu'immédiatement après avoir appris l'idée baroque des Mexicains, l'Empereur aurait adopté sans plus tergiverser la personne de Maximilien comme futur souverain de la Byzance d'outre-mer....

Ce ne sont là que coquecigrues de cour et de boudoirs, encore un coup. Laissons cette énigme insoluble flotter comme un papillon au-dessus des tasses de thé. Il n'était pas permis néanmoins de ne point la livrer aux psychologues. Si des sages ont parfois dressé des autels à la Beauté inconnue, d'autres ne seront pas moins raisonnables en vénérant aussi la Vérité possible.

Songeant à son frère Joseph, pour lequel on parlait d'un trône au Mexique, Napoléon le Grand — alors à Sainte-Hélène — déclarait, au témoignage de Gourgaud : « Il a bien tort de se mêler à une révolution : il faut pour cela être plus méchant que lui, avoir une meilleure cervelle, et ne pas craindre de couper des têtes. »

Qui sait si Morny n'eût pas été l'homme qu'il fallait là-bas? De la raison et de l'énergie.... On n'a du reste que faire d'y penser : jamais un chef aussi clairvoyant ne se fût embarqué pour cette pétaudière. A moins que vu le titre impérial....

Mais il ne devait guère tarder à recevoir un titre incomparablement plus beau : car de s'entendre appeler duc français, c'est autre chose, peut-être, que de se voir empereur au milieu de savanes incultes et de métis déchaînés.

Dans l'été de 1862, l'Empereur accomplit en Auvergne un voyage officiel. Ce genre de cérémonie n'a point changé depuis lors : nos présidents y entendent les mêmes acclamations que jadis l'Empereur, y distribuent les mêmes croix, y prononcent les mêmes paroles, ou des paroles analogues sur le même ton, et soulèvent le même enthousiasme, qu'on appelle également patriotique. Comme ces voyages correspondent à des promesses sans nombre, dont quelques-unes sont parfois tenues, touchant les sinécures, les travaux publics ou l'avancement, on en attend l'aubaine avec émotion dans les départements. Le Puy-de-Dôme n'avait jamais cessé de donner sa confiance à Morny, depuis son premier mandat de député, et l'on avouera que le président du Corps législatif n'avait point démérité. Le voyage longtemps espéré de l'Empereur en Auvergne devait apparaître comme la consécration du grand prestige qu'avait cette province sous l'Empire.

Le maréchal de Castellane parle sans commentaires des deux grandes puissances qui se partageaient Clermont-Ferrand, à savoir Morny et Rouher : ce n'était pas trop dire, et l'on pouvait même ajouter qu'elles étaient fort mal ensemble depuis le procès, ou plus précisément la menace de procès Le Hon. Toutes rivales qu'on les vît, il n'en était pas moins vrai qu'elles faisaient rejaillir un grand lustre sur leur province, natale quant à Rouher, d'élection pour Morny. Napoléon III se rendait chez ses grands vassaux, en Auvergne. N'oublions pas non plus qu'en cette contrée se trouvait Alésia, dont les fouilles intéressaient si fort l'impérial historien de César : rien de tout cela n'est indifférent. Il se pourrait que le souverain eût éprouvé quelque plaisir particulier, voire affectueux, à faire cette fois son voyage officiel : tout s'y passa dans le sourire et la bonne grâce, sans que les orphéons y eussent perdu rien, ni la rue, ni les cabarets. Ce qu'on appelle une jolie fête de ville, enfin.

Si les voyages officiels de 1860 avaient le même genre d'importance, et pour les mêmes raisons, que ceux d'aujourd'hui, ils n'en différaient pas moins un peu par l'éclat. Les uniformes étaient alors plus rutilants, plus coruscants que les nôtres, les chevaux agitaient plus d'acier au soleil, il y avait plus de valets de pied, de fonctionnaires en habits chamarrés et de calèches à la daumont. On n'en vit pas moins de cinq trottant à la file, lors de l'entrée solennelle de l'Empereur en sa bonne ville de Clermont-Ferrand. Dans la première rayonnait le chef de l'État, en tenue de général et le grand cordon rouge en sautoir, tel que les images l'ont popularisé. A ses côtés saluait et souriait la plus avenante des souveraines, en robe de satin « pensée », sous un ravissant petit chapeau blanc : la belle impératrice Eugénie. Dans les autres s'entassaient toutes sortes de broderies, de brandebourgs, d'épaulettes et de bicornes à plumes.

Après une visite à la cathédrale, devant laquelle se trouvait un dais sous quoi l'évêque les reçut, l'Empereur et sa suite gagnèrent une autre estrade, à l'ombre d'oriflammes et de drapeaux tout pareils, et au son des mêmes fanfares. Là le comte de Morny attendait Leurs Majestés : il devait leur présenter le Conseil général du département, ce dont il s'acquitta de cette bonne manière, négligente et souriante, qu'on lui savait. Il lut aussi un discours, préparé, cuisiné avec un art, un soin, des attentions!... « L'arrivée de Votre Majesté dans le Puy-de-Dôme n'est pas seulement la visite d'un souverain aimé et respecté; l'enthousiasme qui vous accueille prend encore sa source en d'autres causes. Parmi ces populations laborieuses, vivant paisibles au cœur de la France, le sentiment napoléonien n'est pas une opinion, c'est un culte.... Sous ces collines nombreuses, couvertes de vignes, le sol est traversé par des souterrains, immenses chais, qui la plupart datent de l'époque gauloise. Ces voûtes sombres, qui ont peut-être servi à organiser la résistance contre le César romain, ont abrité, depuis cinquante ans, le fanatisme pour le César moderne. Sous tous les régimes, ces rudes enfants arvernes s'y réunissaient; et, comme s'il se fût agi des pratiques d'un culte persécuté, ils fêtaient mystérieusement l'anniversaire de la Saint-Napoléon, sans vouloir admettre que ce héros fût mortel. »

On sent les flatteries exquises : le souvenir de Napoléon le Grand, la tradition quasi-divine. Ainsi Virgile parlait-il à Auguste de son aïeul Anchise, que Vénus aima. Puis l'évocation des Arvernes, de Jules César : autant dire qu'il faisait allusion du même coup à Napoléon III historien de la guerre des Gaules, à Napoléon III *imperator* comme son modèle antique, peut-être aussi à Napoléon III grand capitaine.... Rien ne manquait.

En guise de bouquet : « ... Enfin, pour n'excepter aucun sentiment populaire, les populations saluent avec attendrissement l'Impératrice, qui a fait monter la grâce sur le trône et en fait descendre, chaque jour, la charité. » Deux grandes roses aux pieds de la belle Eugénie.

L'Empereur répondit à merveille : ne pouvant, à son grand regret, honorer chaque membre du Conseil général, il tenait du moins à offrir au président de ce Conseil une marque particulière d'affection et d'estime, ainsi qu'un témoignage public de reconnaissance pour tant d'éclatants services rendus depuis si longtemps à l'État; aussi le souverain conférait-il au comte de Morny le titre de duc. Nul n'était plus digne de le porter que ce loyal serviteur et ce fidèle ami. L'Empereur devait ajouter, devait dire d'abord et surtout : que ce parfait Français.

En même temps que le titre, Napoléon III donnait au nouveau duc des armoiries : d'argent à trois merlettes de sable, brisé d'une bordure componée de l'Empire français et des dauphins d'Auvergne.

Quiconque est au courant de la science héraldique pourra constater que l'argent aux merlettes de sable figure dans les armes des Flahaut. Voici de plus la brisure des cadets, l'Empire et ses aigles, l'Auvergne enfin, dont Morny avait toujours été l'élu : toute la vie du duc se trouve rappelée par ce blason anecdotique, et d'ailleurs régulier.

Outre le plaisir de rendre hommage à un partisan tout dévoué, qu'il estimait et aimait beaucoup, croyons que l'Empereur n'était sans doute pas fâché non plus de voir son demi-frère remplacer par les nouvelles armes ducales, cette fois irréprochables et définitives, l'hortensia symbolique dont le comte de Morny avait naguère un peu trop volontiers marqué ses équipages ou sa vaisselle.... O souvenir charmant de la reine Hortense, ô souriant hortensia, vous mourûtes enfin, après qu'une vraie couronne à fleurons d'ache se fût épanouie hors de vos pétales. Cette fleur héraldique, quoique assez fantaisiste en blason, avait vraiment rendu tout ce qu'elle pouvait : convenablement arrosée, soignée, cultivée, elle avait bien travaillé.

Ne manquons pas en tous cas d'observer que par un honneur exceptionnel et si haut, Napoléon III montrait évidemment aussi l'intention de placer le duc de Morny bien au-dessus des bruits tendancieux, concernant des créances Jecker ou autres « affaires » dont les badauds faisaient des monstres. Mais l'opinion publique les aime tant, les monstres!

Du reste, ce n'était pas la première fois que l'Empereur avait songé à protéger de cette manière contre la calomnie l'un des meilleurs et plus fidèles soutiens de son gouvernement. En 1856 déjà, lorsqu'avaient surgi les difficultés avec Mme Le Hon, le souverain avait parlé de faire Morny duc : réponse bien nette et claire, évidemment. Il en toucha deux mots à l'intéressé même, alors ambassadeur en Russie, dans certaine lettre — par ailleurs assez grondeuse — qu'il lui adressa là-bas. « Vous ne pouvez porter le titre d'archichancelier, lui écrivait-il en substance : vous êtes encore trop jeune, et même jeune premier. Mais rien ne défend que je vous fasse duc, en vous donnant le nom de votre terre de Nades ».... Duc de Nades.... L'affaire n'eut alors pas de suites. Morny préféra rester comte de sa façon : il fit bien. Et redevenir président de la Chambre : il fit mieux. On l'eût enterré dans son duché de Nades.

Le 11 juillet 1862, Mérimée écrivait à Panizzi : « Le duché de Morny ne me paraît pas faire un très bon effet. Ce pays-ci est trop démocratique pour ces façons-là. Je croyais que Morny était trop peu poétique pour faire cas d'un titre tout sec. »

Prosper Mérimée aimait ce ton de dédain : il en avait la coquetterie. Aussi bien Morny n'eût-il pu s'en plaindre, vu que le plus souvent, c'était celui dont il usait lui-même.

CHAPITRE XIII

SURMENAGE

L'HYGIÈNE DES HOMMES CÉLÈBRES || LES JOURNÉES DE MORNY || || LE DOCTEUR OLIFFE || LA DUCHESSE || LA PETITE SARAH BERNHARDT || LE GRACIEUX PROTECTORAT || COMMENT MORNY CAUSAIT || SA MANIÈRE ET LES SNOBS

COMMENT vivait le duc de Morny ?... Oh, très mal!

Mais quand nous disons « très mal, » entendez que c'est en quelque sorte le médecin qui parle : nous ne songeons qu'à l'hygiène de Morny, en déclarant tout net qu'elle était mauvaise et pis encore, détestable, désolante.

Il y a peu de questions plus passionnantes que l'hygiène des hommes célèbres. Ce n'est rien que de connaître les sinuosités d'un caractère ou le plus minutieux dessin d'une biographie, si l'on n'y peut joindre certains détails physiques dont un psychologue tirera de grandes lumières. On se doit garder de l'exagération, sans doute; lorsque Michelet par exemple divise rigoureusement le règne de Louis XIV en deux périodes, « Avant la fistule » et « Après la fistule », cela paraît assez enfantin. Michelet appuie un peu trop, voilà tout : au fond, il a raison. Il est certain que la connaissance des habitudes corporelles aide merveilleusement à comprendre les âmes. Croit-on qu'il soit indifférent de savoir de quelle façon dégoûtante mangeait, buvait et bavait en même temps le plus grand, mais le plus édenté de nos rois, Louis XIV, lequel en outre se parfumait peut-être, mais — comme tous ses contemporains — ne se lavait jamais, si l'on veut apprécier les femmes de cour en ce temps-là ? Non, car il n'en était pas une qui ne se fût passionnément suspendue à ces inquiétantes lèvres royales, pas une pour qui la familiarité la plus intime du roi ne signifiât délices et ambroisie. On songe avec plus de plaisir à l'humanité, dès qu'on n'en oublie rien.

Napoléon Ier allait toujours au galop par les pires chemins, et n'étant guère bon cavalier, ne laissait pas de tomber parfois : cette hâte éternelle et ce parfait mépris de l'opinion publique n'ajoutent-ils pas une nuance savoureuse à son image ? Il aimait à se faire frictionner à l'eau de Cologne, dont il se trouvait aussitôt ragaillardi et rajeuni. N'est-ce pas beau encore, cet entrain d'adolescent, qui renaissait sans cesse et pour presque rien ? Ainsi régénéré tout bonnement par sa simple eau de Cologne, l'Empereur immense semble moins éloigné des pauvres bourgeois que nous sommes : il ne nous en étonne que davantage.

Examinons donc de tout près les journées du duc de Morny, sa contenance et ses habitudes, nous nous en sentirons d'abord plus près de son esprit : et en même temps nous ne nous trouverons malheureusement guère surpris qu'il soit mort en somme si jeune — au grand détriment du Second Empire.

Ce n'était pourtant pas qu'il ne prît des précautions. Peut-être, hélas ! n'en a-t-il pris que trop.

Contre le froid, d'abord. Les personnes gaillardes que réjouit un « beau petit vent sec », ou que n'affecte point l'humidité, ne peuvent même imaginer l'affreuse torture que le froid inflige aux êtres moins bien défendus. De race affinée, de tempérament arthritique, délicat et surmené, Morny était exceptionnellement frileux. Il faisait très chaud — « on étouffait » disaient les plus sanguins — dans son hôtel : il habitait la Présidence du Corps législatif, située au Palais Bourbon, dans le même local qu'aujourd'hui. Le calorifère chauffait, on allumait des feux partout : la duchesse, habituée aux chaleurs torrides des palais russes, aimait cette température, le duc n'eût pu vivre autrement.

D'autres habitants de la Présidence s'en trouvaient fort bien, eux aussi : c'étaient les singes et les oiseaux des Iles, dont la duchesse ne pouvait se passer. Elle possédait de ceux-là une cage bien fournie, et de ceux-ci une volière pleine. L'histoire ne dit pas si le duc de Morny eut au même point que sa femme la passion des oiseaux rares : on peut le croire si l'on songe au goût qu'il éprouvait pour les couleurs, les étoffes, tout ce qui chatoyait aux yeux, depuis les pierreries et les beaux regards jusqu'aux toiles précieuses et aux équipages sans pareils. Il est en tous cas certain qu'il adora les singes, guenons et ouistitis, dont les expressions de physionomie l'enchantaient. Il y retrouvait les hommes à s'y méprendre, disait-il. Il s'y méprenait même volontiers, car il appelait le plus laid « Glais-Bizoin » : on sait que c'était là le nom d'un député de l'opposition, particulièrement agité et incommode dans les discussions parlementaires, mais évidemment aussi dépourvu d'importance réelle et d'autorité, sinon monsieur le duc eût fort bien su le ménager. Glais-Bizoin avait coutume de déclarer avec superbe : « Je fais trembler l'Empire par la fougue de mon opposition. » Mais il exagérait. « Attrape, Glais-Bizoin! » faisait Morny en lançant des noisettes à son macaque.

Les singes de la Présidence ne passèrent pas inaperçus, on peut le supposer. Les républicains affectaient d'y voir un luxe intolérable, une sorte d'insolence. Le duc y joignit deux oursons familiers qui, pendant quelque temps, terrifièrent les solliciteurs. Personne n'a du moins rapporté si « Glais-Bizoin » et ses congénères n'empestaient point la pièce où se trouvait leur cage. Nous n'avons pas assez de mémoires écrits par les valets de chambre.

En son hôtel tiède en toute saison, en sa chambre à coucher tapissée d'un confortable et somptueux damas pourpre, et où le feu en outre rougeoyait sans trêve, le duc de Morny s'enveloppait encore frileusement d'une robe de chambre fourrée durant sept mois de l'année. Le reste du temps, l'été, il portait un complet — un pyjama, dirions-nous aujourd'hui — de velours bleu ciel. Et il recevait ainsi les députés, les solliciteurs et les gens d'affaires, dès le fin matin. Il n'est pas un de ceux-ci qui n'ait remarqué l'atmosphère vraiment tropicale, bien confortable en hiver, cependant un peu étouffée, de la douillette Présidence. Il est vrai qu'à peine entrés, ces graves messieurs ne songeaient plus guère aux flambées ni au calorifère : chacun s'intéressait à quelque affaire dans laquelle il fallait que Morny fût, selon la formule consacrée, ou entrât — ou dont on eût préféré qu'il fût sorti. Il s'agit bien d'avoir trop chaud ou trop froid, pour un homme sérieux, quand il va parler d'argent! La terre peut trembler, le pays frémir : les hommes d'affaires sont impassibles dans l'antichambre, leurs serviettes sur les genoux.

En même temps que ces visiteurs trop souvent sans agrément, quoique non dépourvus parfois de fantaisie, le duc de Morny recevait aussi ses enfants, le matin. Il en eut quatre, deux garçons et deux filles : la première, une fille, née en 1858; puis un fils, né en 1859, qui sera plus tard le second duc de Morny; un autre fils, Serge, né en 1861; enfin la dernière, née en 1862, qu'on appelait familièrement Missie, et qui devint plus tard la marquise de Belbœuf. Il adorait tout ce petit monde, qui le lui rendait bien. Morny fut un père excellent. Il n'avait malheureusement aucun loisir : mais en eût-il trouvé parmi tant de tracas, qu'il eût mené sa petite famille à guignol et dans la voiture aux chèvres. Les instants qu'il consacrait à ses enfants, le matin, comptaient parmi les meilleurs de sa vie.

L'heure du cuisinier sonnait aussi, de même que celle du piqueur. Ici, l'on pourra s'étonner un peu : s'il était naturel en effet qu'un homme de cheval aussi compétent que Morny veillât en personne à son écurie comme à ses voitures, il devait sembler plus étrange de le voir combiner des menus avec son chef. Généralement, c'est la maîtresse de maison qui s'occupe de la cuisine, de l'apparat des dîners, du service. Sans aucun doute : à condition toutefois qu'il y ait effectivement une maîtresse de maison. A la Présidence, et nous verrons pourquoi, il ne s'en trouvait guère.... Du reste, qui sait si Morny, même secondé à merveille par sa femme, n'eût pas tenu à jeter autant que possible l'œil du maître sur tout ce qui concernait sa table? Il désirait que tout fût à souhait chez lui. « Si je mange seul, disait-il, je veux que ce soit aussi soigné que si je traitais Brillat-Savarin; et si je reçois, il me faut la même perfection que si je dînais seul. » On se rappelle la fameuse formule : « Recevoir, c'est se charger du bonheur d'un hôte, tant qu'il est sous votre toit.... » Morny eût précisé : « C'est se charger de sa béatitude.... » Il déclarait d'ailleurs, au témoignage de Villemessant : « Tant qu'il se trouve à ma table, tout homme, quel qu'il soit, est mon ami. »

Il aimait de toute manière à se voir bien servi. Il tenait beaucoup à ses domestiques, se les attachait par sa politesse infatigable de gentilhomme, d'abord, puis par des attentions, des cadeaux. Goncourt entendit Alphonse Daudet conter qu'une certaine femme de chambre, au service d'une dame dont Morny se trouvait alors l'amant, avait conquis la vive amitié de ce dernier, en ce temps-là soumis à des douleurs d'entrailles, par l'art remarquable avec lequel elle s'entendait à composer, révérence parler, des cataplasmes. Un serviteur de la Présidence, excellent psychologue, cherchait le moyen de n'être jamais chassé, quelque faute qu'il commît, hors d'une place où il se trouvait bien, buvait de bons vins, et s'enrichissait peut-être un peu trop vite : il épousa la femme de chambre. Sa position devint inébranlable.

Ce n'est pas tout, par malheur, que de se bien nourrir (nous ne disons pas trop) et de n'avoir, si l'on peut, jamais froid. Encore faut-il ne point mener une vie paradoxale et folle, et aussi, et d'abord peut-être, ne point s'empoisonner avec des médecines de toutes les façons. Morny connut cette infortune : il crut éperdument aux médecins. Parbleu! cela se faisait en son époque, entendez au XVIIIe siècle, dont jusqu'à sa mort il a porté la marque. C'était la tradition, depuis Argan, sinon davantage. Le duc refusait de vieillir, mais ce qui s'appelle refuser : étincelant, le soir, sous les lampes et les bougies, il n'admettait point de se trouver bien pâle et un peu flétri, le matin venu. Allons donc!... A peine l'œil ouvert, il empoignait avant tout son miroir : une ride nouvelle, quelque bouffissure?... Un autre se fût averti tout bas : « Gare à moi!... Du repos, de l'air, pas trop d'émotions délicieuses, et veillons moins.... » Lui, hélas! il prenait des pilules, des potions, et guettait le médecin. Celui-ci venait à chaque instant, et n'attendait jamais. Nul ambassadeur, nul prince des hommes ne passait avant le docteur. L'hôtel de la Présidence avait deux issues, heureusement, et plus d'un couloir.

Et encore, si Morny ne se fût remis qu'entre les mains de savants consciencieux, et partant prudents! Mais non, il consultait de vrais charlatans, et ne craignait même pas les réclames des pharmaciens. Après maintes sortes d'étranges médicaments au calomel ou de vagues pastilles Leroy, ce fut le tour, dit-on, des mystérieuses perles du Dr Oliffe.

Le fameux Dr Oliffe!... Un grand ami du duc de Morny : Alphonse Daudet l'a peint dans le *Nabab* — en le fardant, en le forçant — sous le nom du Dr Jenkins. Très jalousé, assez suspect, le Dr Oliffe savait se faire valoir, et soignait de grands personnages. Il avait à jamais séduit le duc de Morny, si difficile à capter cependant, et charmé bien d'autres surmenés encore, tant hommes que femmes, en leur offrant le moyen de nourrir quelque illusion : il leur prescrivait volontiers l'emploi de pilules qu'il avait inventées, et dont l'arsenic formait la base, ainsi du moins le veut la légende. On sait que l'arsenic, pris à doses infimes, constitue un stimulant remarquable : quiconque en use se croit plus fort, plus jeune et plus brillant. L'œil se ranime, et peut-être l'esprit, et le cœur, et tout ce qui s'ensuit. Mais finalement c'est un poison, et tôt ou tard le malade, ou plutôt le maniaque s'intoxique, puisqu'il en vient infailliblement à forcer la dose. Le Dr Oliffe n'en avait cure. On voulait de ses pilules, on les lui achetait, et fort cher? Il les ordonnait sans scrupules, et faisait fortune. Le duc de Morny, assure-t-on, en abusait. Le Dr Oliffe l'aura sans doute un peu tué.

Nous écrivons « sans doute, » car tout ce qui concerne ce bizarre Oliffe mériterait une étude faite par un médecin, une étude technique. Seul un confrère saurait apprécier la valeur professionnelle d'un tel personnage, juger nettement son rôle auprès des malades, analyser ses ordonnances — si d'aventure on en pouvait découvrir quelques-unes; seul un confrère enfin se prononcerait sans trop d'erreur pour ou contre les célèbres perles du Dr Oliffe, en admettant qu'on en retrouvât la formule. Ce petit problème devrait tenter un Dr Cabanès.

Quoi qu'il en fût de ces pilules énigmatiques, il n'en était pas moins certain que Morny se droguait beaucoup trop. Un peu de calme, ou quelque vie rustique, lui eussent mieux réussi. Or, le calme, à la Présidence!...

Commençons par observer que le duc ne dormait pour ainsi dire point. Il allait volontiers dans le monde, où l'on aimait à l'inviter, assistait à toutes sortes de dîners, de soirées et de fêtes. Il y produisait chaque fois un effet si certain, tel y était son prestige enfin, qu'il ne s'en était pas encore tout à fait lassé après tant d'années, en dépit de ses airs de dédain : un peu trop chauve, un peu trop pâle, peut-être, mais à la fois droit et souple dans son habit noir, quelque plaque scintillant sur sa poitrine, portant aux Tuileries bas de soie et culotte, il souriait comme un roi fatigué, et saluait d'assez haut avec une grâce infinie. Vers la fin de sa vie, il engraissa un peu : mais il avait le geste infailliblement élégant, et s'habillait d'une manière parfaite. On le voyait toujours mince. On murmurait : « C'est le fameux duc... » ou mieux, on se taisait avec admiration.

Puis, il se sentait incapable de ne point déférer au désir d'une personne aimable et jolie qui le priait à dîner. On n'eût point commis l'inconvenance de le convier sans l'environner des plus belles épaules. On connaissait son aversion pour la disgrâce physique : c'est encore Alphonse Daudet qui racontait à Goncourt

(9 décembre 1891) comment Morny ne pouvait se résoudre à recevoir en personne une femme vieille et laide. « C'est si triste !... » disait-il en parlant avec accablement d'une certaine pièce de théâtre : et devant l'auteur même, cet homme si courtois ne savait trouver mieux qu'une telle plainte. En effet, cette pièce n'avait pour personnages que des vieux : Morny en souffrait cruellement, presque physiquement (Il s'agissait de *L'Idole*, d'Ernest Daudet).

Bref le duc de Morny se couchait fort tard. Or, à peine était-il rentré au milieu de la nuit, parfois presque à l'aube, qu'il se mettait au travail, feuilletait des dossiers souvent couverts de chiffres. Dès la pointe du lendemain matin, enveloppé dans ses fourrures, blotti devant son feu, ayant pris ses élixirs, ses poudres, ses pilules, que sait-on encore, M. le duc travaillait déjà de nouveau : et l'affaire compliquée qu'il ignorait la veille, au moment de partir pour figurer dans un gala ou plaire en quelque salon, voici maintenant qu'il la connaissait au point de la pouvoir suivre dans ses derniers détails si on l'évoquait, par exemple, au Corps législatif.

On a beau n'en point souffrir, cela tue pourtant peu à peu, les nuits blanches. Et puis, comment résister à certain autre genre de surmenage continuel, pour ainsi dire machinal, et dont Morny lui-même ne s'apercevait même plus? Il avait pris l'habitude de faire sans cesse deux choses à la fois : rien de plus épuisant, à la longue. On n'y prend garde, mais un matin, l'on tombe fauché comme un épi, ou ce qui est plus triste encore, fané comme une fleur après la gelée. Reçoit-il ses amis, le matin, et lui parle-t-on des choses qui l'intéressent le plus? Il écoute avec plaisir, peut-être avec attention, répond en termes mesurés ou ironiques, parfois spirituels : en même temps, cependant, on lui lit les résumés des journaux, qu'il suit au point de s'en souvenir encore l'après-midi, à la Chambre.

Déjeune-t-il sans façon avec son ami Arsène Houssaye? Tout en devisant de théâtre et de comédiennes, on vient à faire mention de deux jolis hôtels à vendre sur les hauteurs de Beaujon. Morny dit : « Achetez-les, Houssaye, sinon, moi, je les prends. » Et l'affaire se fit : elle était excellente. En un éclair, Morny l'avait dessinée, plans, devis, avenir, tandis que son voisin l'entretenait d'un tout autre sujet.

Il en allait de tout ainsi. La légende se plaît à montrer un

Morny chantonnant un refrain d'opérette, et peut-être en cherchant les rimes, pendant qu'il se rendait à son fauteuil présidentiel, derrière les huissiers et les officiers de service, pour diriger une séance considérable : la légende — d'ailleurs, en est-ce une? — peint ici son homme à merveille.

Si encore le duc de Morny avait pu se dispenser de veiller à l'administration de sa propre maison!... Mais il n'y avait pas jusqu'à ces soins domestiques dont il n'eût à se charger. On a vu qu'à la Présidence il devait s'occuper de la table, et sans doute connaître plus d'un souci du même genre. La raison en est que la très ravissante duchesse de Morny, née Sophie Troubetzkoï, avait une âme volcanique, qui se contentait mal de cette pauvre vie française, ridiculement attachée à des préoccupations d'une extrême platitude, telles que de souhaiter un domicile en ordre, ou une table bien servie. Ne fallait-il pas encore, en ce Paris bourgeois, qu'une femme, oui, une femme aussi remarquable qu'elle, Sophie Troubetzkoï, duchesse de Morny, témoignât à autrui certains égards, quelque fût cet autrui, et se montrât enfin aussi modérée en ses actions que raisonnable en ses propos? Raison, modération, voilà bien de ces pauvretés latines, pour cette Slave toujours en effervescence!

Mais pourquoi même parler d'effervescence, quand il s'agissait d'une Russe? Les femmes de cette race ne se trouvent nullement en état de fièvre, alors qu'elles commettent toutes sortes d'extravagances : c'est au contraire l'état normal, pour elles. Les femmes de nos régions font tout naturellement la liaison des idées : depuis des générations sans nombre, nos compagnes, nos mères, nos sœurs, nos filles sont accoutumées à enchaîner leurs pensées par un lien plus ou moins fort ou souple, mais enfin par un lien. Composé de perles ou de noisettes creuses, le collier de leurs pensées tient pourtant à un fil, celui-ci fût-il plus ténu qu'un ouvrage d'araignée. Dans l'âme des Russes, au contraire, tout grouille pêle-mêle, sentiments, pensées, volontés : les diamants roulent avec les bonbons, les parcelles de rouille avec les grains de blé, les boutons de rose avec les cailloux ou les bêtes à bon Dieu. Rien ne retient tout cela. La minute qui passe tire de la tête ou du cœur d'une Russe, au hasard, soit une pierrerie, soit un flocon de laine : ainsi la main qui plonge au sac, dans le jeu de loto. Et voilà de quoi dérouter un Latin, surtout si la Russe est charmante, comme il arrive si souvent. Une créature ardente et déchaînée, ainsi la jugera un méditerranéen, un occidental à cerveau logique? Mais non. Seulement, c'est comme si elle venait de naître à chaque instant de la journée; et comme si cet instant même ne devait être suivi par rien, que par une extase, ou par la mort.... Dame! il faut que le Latin s'habitue. Mieux vaut la patience d'un fataliste que l'émoi d'un fils de Minerve devant certains phénomènes de la nature.

Sophie, en outre, était officiellement née Troubetzkoï, nous l'avons dit. Néanmoins elle se fût gardée de contredire trop haut ceux qui lui prêtaient une origine bien plus émouvante encore, à ses yeux en tous cas : on l'a quelquefois tenue pour fille naturelle d'un tzar, non sans quelque raison peut-être. Alors qu'un simple seigneur de chez elle eût, à son gré, beaucoup honoré l'empereur Bonaparte en lui offrant un cigare, et la cour des Tuileries en y mettant seulement les pieds, voulait-on qu'une fille des plus hauts sangs de Russie, un peu folle en outre, ou plus précisément tout à fait slave, prît après cela la peine de se contraindre sous notre climat insipide et modéré? Surveiller l'office et la lingerie, songer à la cuisine? Fi donc! Et pourquoi ne pas la faire, aussi?... Recevoir les intolérables relations politiques de son mari, des députés, qui n'étaient pas même tous titrés, des gens d'affaires, des banquiers, dont certains appartenaient à ces tribus d'israélites, vouées aux *pogroms* là-bas, ou reléguées en de vagues Pologne?... Plus souvent!

Tant il y a que si le duc de Morny donnait quelque dîner, suivi d'une soirée, on voyait bientôt passer une silhouette légère parmi les groupes, un être blond, vaporeux, empaqueté dans les mousselines ou balançant quelque crinoline enguirlandée par des girandoles de rubans : c'était la duchesse, qui tantôt souriait, selon les heures ou le temps qu'il faisait, tantôt ne daignait voir presque personne, sinon quelque prince bien authentique, quelque duchesse d'ancien régime, ou quelque intime, à qui elle pardonnait — faveur insigne! — de n'être ni russe, ni même né. « Venez-vous? » faisait-elle à ces personnes choisies. Et elle les emmenait au second, dans ses appartements. Là, parmi les canaris en boule et les perruches endormies, la duchesse et son monde fumaient des cigarettes : débauche inouïe, orientale! On en parlait au faubourg Saint-Germain.

Morny demeurait donc seul pour accueillir ses hôtes. Il y suffisait bien : mais cette fatigue s'ajoutait à tant d'autres. Il devait redoubler de bonne grâce, de mémoire, d'attention et de présence d'esprit, seul en face des invités en son vaste salon chinois, une des curiosités de Paris.... « Êtes-vous entré au moins une fois chez le duc?... Non?.... Vous ne savez pas voyager.... » En dépit du goût trop incertain sous le Second Empire, ce salon prêtait sans doute à rêver. Un poète parnassien y entra-t-il jamais? C'était pourtant un lieu où composer de jolis vers, comme tracés à l'encre de Chine sur une lanterne en papier couleur de lune. « Là, dit Villemessant émerveillé, étaient entassés des meubles orientaux incrustés de pierres de lard et de fleurs en burgau, des bronzes niellés d'or et d'argent, des marbres, des porphyres, des émaux cloisonnés, des porcelaines de Chine craquelées, ou en céladon vert d'eau, ou au fond bleu d'empois; des laques burgautées, des bijoux, des boîtes, des ivoires, des jades, des armes.... Et l'on se promenait à travers ce musée digne d'une capitale, dans un fauteuil à roulettes, au milieu des paravants et des palanquins! »

Que veut dire ici l'auteur, avec son fauteuil à roulettes? Quelque bizarrerie d'Extrême-Orient, sans doute, car le salon n'était pas si vaste qu'on s'y dût faire pousser en petite voiture, comme une vieille dame devant les cimaises du Grand-Palais : l'hôtel de la Présidence existe encore, entre la Chambre et le quai d'Orsay. Il n'a guère changé, ses dimensions sont normales.

Les amis intimes de Morny, ceux du matin, c'étaient Crémieux, Boittelle, L. Halévy, Daru, Roqueplan, Jacques Offenbach, etc.... et ce fameux Fernand de Monguyon notamment, le camarade et confident entre tous, vieux cocodès, étonnant imitateur du duc, et qu'Alphonse Daudet, nous l'avons dit, a si remarquablement peint comme tant d'autres modèles, dans son inoubliable *Nabab*, sous le nom du magnifique marquis de Monpavon.

Les amis de gala, de politique, de cour, de diplomatie, d'affaires, du Faubourg rallié, tous les autres enfin, tous les innombrables autres, se pressaient non sans vanité dans le beau salon chinois, lors des réceptions. « Je suis allé chez Morny, hier soir. — Eh bien, où était la duchesse?... » Cela faisait aussitôt une anecdote.

Comment le président de la Chambre montrait-il tant de patience que de supporter avec bénignité l'âme en zigzags de son épouse? (« Dans Paris, disait-elle de son haut, les femmes pensent et sentent par petits compartiments.... » A ses yeux, il s'agissait là d'une sorte d'abjection.)

En réalité, le duc songeait évidemment à bien autres choses qu'aux humeurs de Sophie. Il aimait beaucoup sa femme. Il souriait. Tant qu'elle ne mettrait point le feu à la Présidence avec ses cigarettes, elle pouvait bien faire joujou comme il lui plaisait, cette femme si jolie, cette demi-asiatique ramenée par lui, Morny, après un voyage de conte de fée, cette rareté des neiges, éclose là-bas sous une icône, parmi les glaces hyperboréennes, les poêles ronflants et les mosaïques d'or. Il ne prenait même pas la peine de hausser les épaules : il approuvait, en songeant probablement à autre chose. A l'exemple des grands dédaigneux, il se montrait bienveillant. En ses jours de pire mépris, il devait même être très bon : ceci coule de cela.

Pour un Français, cependant, et surtout pour un Français aussi pur-sang que Morny, la bizarrerie choque bientôt, et tout à l'heure déprime, énerve.... Il est vrai qu'il y avait tant d'autres femmes autour du duc de Morny! Ainsi que nous l'écrivions plus haut, nous ne voulons, et d'ailleurs ne saurions donner ici des noms. Les documents précis — lettres ou témoignages secrets — nous font défaut. On a peut-être cité cinquante, cent personnes, en unissant à elles le souvenir de Morny : mais on sait ce qu'il faut penser de ces commérages-là. Que chacun rappelle ses propres souvenirs : l'amie qu'on eut vraiment, est-ce celle-là que la rumeur publique vous prête? Bien plutôt sa cousine, au contraire, ou sa voisine. Si l'on en use de la sorte pour le commun des hommes, qu'on juge d'un Morny auquel on attribuait tant d'aventures! Causait-il un peu longuement avec une dame, à la faveur d'un bal ou sous les hêtres de Fontainebleau, qu'aussitôt l'on fabriquait une liaison, sinon un scandale : et de bonnes gens, rentrés chez eux, couchaient cela par écrit dans leur journal intime. Voudrait-on que nous en fissions état, alors que les preuves réelles manquent — et que l'on parle chaque jour à quelqu'une des petites-filles de ces dames sans nombre?

On a prêté à Morny des princesses, des duchesses, des bourgeoises — Mme Bovary! — des artistes de toute sortes, l'armée entière des demi-mondaines, les cohortes charmantes de l'Opéra et du Théâtre Français, les essaims des chanteuses frivoles et des étoiles de petites scènes.... Nous demandons grâce pour lui. Avouons qu'il montrait évidemment du goût pour les tendresses aristocratiques, d'une part, et d'autre part pour les coulisses. Il ne détestait pas non plus les belles étrangères : c'était sa manière de voyager. Tenons-nous à ces indications : et souhaitons que des liasses de lettres sortent un jour des vieux coffrets où peut-être elles jaunissent.

A propos de coulisses, qu'il nous soit permis de relater une anecdote infime, mais pleine de grâce. La grande et très délicieuse Sarah Bernhardt nous l'a contée elle-même, naguère, en un des soirs charmants de Belle-Ile, tandis que la mer, au dehors, gémissait doucement. Nous nous taisions tous pour écouter la divine artiste, évoquant certains souvenirs de sa longue vie.

« Comment la vocation du théâtre m'est-elle venue? disait-elle.... Je ne me rappelle guère. Je devais la porter en moi quand je suis née.... Et pourtant, non, car en réalité, je ne songeais qu'au couvent, étant gamine.... Ma foi, c'est sans doute le duc de Morny qui m'orienta vers les planches.

« Oui, le duc de Morny en personne.... Je m'en souviens encore très bien. Il connaissait mes parents, et venait quelquefois chez nous. C'était une vraie fête : il était si gentil, et puis si élégant.... Un soir, nous faisions une partie de loto, ma mère, mes sœurs et lui : nous étions encore des fillettes, nous autres. Tout à coup, je tire un numéro, et je l'annonce : « Sept!... » C'était le numéro qu'il me fallait, que je voulais. J'avais été si contente que j'ai crié, proclamé mon « Sept!... » Cessant de jouer, le duc de Morny m'a regardée : « Oh, mais, ma petite, il faudra que tu entres plus tard au Conservatoire, avec une voix pareille.... Quel cristal! Quelle limpidité!... Et puis, quel enthousiasme!... Tu réussirais, au théâtre.... »

« J'avoue que ces mots m'ont frappée. Il n'y a pas besoin d'en tant dire à une gosse, telle que j'étais, pour lui échauffer l'imagination. Réellement, je crois que c'est Morny qui m'a poussée vers le théâtre....

— Et vers la gloire, madame. »

Le sourire de Sarah Bernhardt, à la veille de sa mort, était encore un enchantement « Et vers la gloire, fit-elle, puisque vous le dites. »

Cette anecdote n'a presque rien à voir ici. Nous la citons pour le plaisir, et parce qu'il n'est peut-être pas indifférent qu'un lien subtil ait uni dans le passé ces deux parures nationales, Morny et Sarah Bernhardt.

Puis, l'incomparable artiste narrait si bien cette historiette! Nous la lui demandâmes souvent.

Tant de dentelles, d'éventails et de parfums autour de Morny, cela supposait néanmoins bien des rendez-vous à accepter, des réponses à donner, des billets à écrire, des scènes à éviter, des impatiences à éprouver — toutes sortes d'émotions encore, dont s'accommodent mal les nerfs d'un homme de cinquante ans, surtout s'il se surmène et ne se repose jamais.

Le duc de Morny endurait tout, goûtait de tout, s'intéressait à tout. Selon un mot charmant d'Arsène Houssaye, « il étendait sur toutes choses son gracieux protectorat.... » Et il tenait ! Malgré son hygiène exécrable, malgré le défi de journées si tourbillonnantes, de nuits si laborieuses, malgré les dentelles, éventails, etc... malgré même les drogues, les pilules — il tenait !... Et non seulement il tenait, mais encore brillait, charmait, donnait l'exemple. Il fallait que cet homme-là fût en fer, ou plus précisément en marcassite : on sait que c'est de l'acier mis en forme de roses.

Un rien, si l'on veut, un détail du portrait physiologique de Morny suffit d'ailleurs à montrer son étonnante vitalité : entendez le plaisir manifeste qu'il avait à causer, à s'entourer d'amis qui adoraient eux-mêmes ce divertissement national, qui étaient au besoin ce que l'on nomme des causeurs professionnels ; et aussi la finesse de sa propre conversation.

Car c'est bien de finesse qu'il s'agit, plutôt encore que d'esprit. Le duc de Morny avait la réputation d'un homme fort spirituel : il n'a pourtant point laissé des mots éternels, comme un Rivarol ou un Talleyrand, ni même les traits aigus d'un Chamfort ou d'un Montrond. Son ironie, sa politesse si savamment conduite et maniée comme une épée, le sang-froid narquois dont il témoignait contre les furieux et les affolés, une adresse merveilleuse à faire paraître soit un dédain tombant de si haut et si légèrement qu'on s'en apercevait à peine, soit même certain cynisme tout à fait digne d'un roué de la Régence, voilà surtout ce qui donnait à quiconque l'entendait et le voyait, une impression souriante, moqueuse et vraiment délicieuse. On pourrait presque écrire que son esprit se révélait en sa manière de parler autant qu'en ce qu'il disait. Il n'ignorait point d'ailleurs l'art d'enfermer à souhait l'épigramme sous une phrase toujours courtoise, au préjudice de ses députés du Corps législatif, notamment des plus turbulents.

Bref, la caractéristique de sa causerie semble bien avoir été très précisément la finesse, extrême et toujours en éveil. Il y a certes bien plus de mérite intellectuel dans ce qu'on appelle finesse que dans ce qui se dit esprit. Renan écrit dans ses *Souvenirs*, parlant de ses « vertueux maîtres » du séminaire : « Ils n'avaient rien de ce qui séduit.... Les idées ne se choquaient pas en eux par leurs parties sonores. » On ne saurait mieux s'exprimer. Quand les pensées, souvent disparates ou à peine indiquées, s'attirent surtout dans un cerveau par leurs parties lumineuses et sonores, vous entendez aussitôt jaillir les lazzis, les « rencontres », comme on disait jadis, et toutes les charmantes fusées propres à l'entretien scintillant, mais un peu superficiel, et dont au besoin l'on se lasse, d'un homme qui a « beaucoup d'esprit. » Et notez bien que ce dernier peut en même temps se montrer un vrai lourdaud, voire parfaitement sot.

Toute autre chose apparaît la finesse. Un causeur fin suit la pensée d'autrui, la dirige, l'enserre, devine, prévoit, aide, s'amuse tout en devisant. Il savoure la conversation pour la conversation, se délecte en l'art de s'entendre avec son prochain, guette la joie de voir peu à peu, grâce aux paroles, luire une nuance plus délicate de la pensée après une autre nuance. Morny dut en user ainsi. Or, sent-on bien ce qu'il faut de jeunesse secrète et d'animation cachée pour porter encore un intérêt si vif, passé la trentaine, à la conversation de ses amis, et même moins, à celle du voisin ou de la voisine, quand celle-ci serait jolie à ravir?

Nous disons que Morny « dut » en user ainsi. Mais c'est qu'en effet on se demande vraiment ce que furent, en réalité, telles et telles conversations demeurées à jamais célèbres. Il n'y a, pour ainsi dire, aucun moyen de s'en rendre positivement compte. Les contemporains nous disent : « Un tel était éblouissant, ingénieux, éloquent », mais ils s'en tiennent là. Heureux encore s'ils ont noté pour nous un tic, une manie de geste ou de parole, qui nous permettront de nous représenter tant bien que mal l'aspect de celui qui parlait si bien. Mais comment voulez-vous que l'on rapporte un entretien? Il y faudrait un phonographe : et encore manquerait-il le ton, le regard, le mouvement des lèvres et des mains. Tout l'art d'un causeur périt avec lui, quoique son renom traverse les siècles. Que reste-t-il de l'éloquent et tumultueux Diderot? Une assez bonne description, mais surtout physique, faite par le jeune La Harpe. Et que nous offre-t-on pour évoquer l'étourdissant, le prodigieux Rivarol? Les pages fameuses de

Chênedollé : or, elles délirent d'admiration, mais ne rendent pas grand'chose de précis, en somme.

Comment donc causait Morny? De la façon la plus séduisante, la plus distinguée, paraît-il, et si nous croyons ceux qui l'entendirent, la plus fine. Mais nous voilà forcés de rester en ces généralités sympathiques, puisque nul mémorialiste ne nous a rien livré de plus net. On ne saurait imaginer la parole de quelqu'un. Songez que nous ne connaissons pas seulement le timbre des voix de Louis XIV ou de Napoléon Ier, et n'avons aucun moyen de le connaître : nous ne savons même pas si l'Empereur, dont l'Europe anxieuse guettait les paroles, s'est exprimé, oui ou non, avec l'accent du Midi, ni s'il prononçait, comme tant de Corses, les *r* à l'italienne. Rien, absolument rien ne nous permet de supposer la façon dont le Grand Roi conduisait ses phrases, s'il disait *a* bref ou *a* long, avait un débit rapide ou lent, le ton bas ou haut.... Hélas, il n'est guère aisé d'écrire l'histoire : et il faut avouer que les auteurs de tant de mémoires, comme de souvenirs et de journaux innombrables, ont bien mal rempli leur dessein. Il leur manquait, à presque tous, de s'être exercés dans l'art du reportage : le métier leur a fait défaut.

Arsène Houssaye a transcrit de mémoire quelques répliques de Morny au cours d'une conversation qui eut lieu, conte-t-il, dans la loge de l'illustre tragédienne Rachel; le sculpteur Pradier se trouvait là. Nous les transcrirons ici, mais avec un grand scepticisme, car il est bien évident qu'on ne peut tenir pour exact un entretien relaté ainsi après des années, et sur de vagues notes prises sans doute en abrégé le soir ou le lendemain. En outre, la vie, l'animation y paraissent comme atténuées, et même effacées à plaisir. Que l'on voie seulement là un canevas, un squelette d'entretien. Il pourra au moins témoigner du prestige qui environnait le duc de Morny. On s'efforçait de noter ses moindres paroles. Dommage, pourtant, qu'Arsène Houssaye n'eût été capable d'y laisser cet air de nonchalance inimitable, propre à Morny, et dont ses contemporains furent tellement frappés, non plus que de nous suggérer le dédain qui perçait sous ses phrases courantes, légères, ainsi que le discret sourire, toute la grâce enfin.

Un soir donc, Rachel vit entrer dans sa loge Pradier, grand sculpteur en ce temps-là. « Voilà mon maître! » s'écria-t-elle. Et Pradier de répondre avec gentillesse : « Depuis quand la Muse prend-elle des leçons du sculpteur?... » Car on sait que l'un des mérites les plus surprenants de cette admirable tragédienne consistait à se draper et placer en scène d'une façon si noble et si originale à la fois, que ni un Leconte de Lisle, ni un Flaubert n'eussent trouvé qu'elle manquât de vérité ou de « couleur locale, » ni un Lysippe, ni un Praxitèle ne l'eussent jugée exagérée, barbare ou de mauvais goût. Bref, la perfection.

Après de grands compliments réciproques, Pradier dit à l'actrice : « Plus je vous regarde, et plus je suis frappé de cette idée, qu'on devient beau quand on a la préoccupation du beau.

MLLE RACHEL. — N'est-ce pas? J'ai commencé par être laide : la laideur du génie, me disait-on pour me consoler. J'ai conté cela chez M. de Morny.

MORNY. — Le génie n'est pas laid, quelle que soit sa figure. Mais il est hors de doute que tous ceux qui vous ont aimée et étudiée....

MLLE RACHEL. — On m'a toujours étudiée en m'aimant, et on ne m'a jamais aimée en m'étudiant.

MORNY. — Nous aurons de l'esprit tout à l'heure, mais j'achève tout bêtement ma phrase : pour tous ceux qui vont ont aimée et étudiée, il est visible que l'amour de la ligne, qui vous préoccupait à toute heure, a corrigé peu à peu dans votre profil les fautes de la nature. Vous n'avez pas perdu en caractère, et vous avez gagné en beauté.

MLLE RACHEL. — Croyez-vous donc que la nature, honteuse d'avoir si mal ébauché une femme destinée à devenir « la grande tragédienne » — si je puis m'exprimer ainsi, dirait M. Sainte-Beuve — n'eût pas corrigé d'elle-même et sans inspiration ses premières maladresses?

MORNY. — La nature sans l'art, ne m'en parlez pas. C'est la nature sans Dieu, c'est la moisson sans soleil, c'est l'homme et la femme sans amour, c'est la vérité sans la poésie. Demandez plutôt à Houssaye. Mais il a eu tant d'opinions sur tout cela qu'il n'en a plus. »

Arsène Houssaye, — le « bel Arsène, » comme on l'appelait à cause de sa grande barbe frisée de satrape, et puis parce qu'il dirigeait le Théâtre-Français, et que voilà pour embellir singulièrement un homme aux yeux de Parisiennes sans nombre — le bel et galant Arsène donc, ne pouvait demeurer sans riposte sur cette remarque affectueusement railleuse. Il se tira d'affaire en comparant Rachel à Junon, à Diane, à Melpomène, non sans fadeur, du reste. Pradier revint à des propos plus importants : « Dites-moi, fit-il en parlant à Rachel, qui vous a enseigné l'art de vous coiffer avec cette grâce antique ? Cléomène n'avait pas plus de style. Vous avez donc feuilleté les in-folio ?

Mlle Rachel. — J'ai entr'ouvert Winckelmann, et je n'y ai rien compris. N'est-ce pas lui qui a dit que l'art, comme la sagesse, commence par l'étude de soi-même ? Mais à quoi bon lire Winckelmann, qui savait tout ? J'en sais bien plus que lui, car j'ai deviné tout. Quand j'ai vu pour la première fois des figures grecques, j'ai cru m'y reconnaître.

Pradier. — Oui, je vous ai vue dans un bas-relief des *Chasses de Diane* que j'ai rapporté de la villa Pamphili. Je vous enverrai demain votre portrait sculpté il y a deux mille ans. »

Passons sur plusieurs répliques dans ce ton. Enfin :

« Il me semble, dit Pradier, que je vois se détacher de la fresque une figure de Zeuxis quand je vois flotter votre péplum ou votre manteau, quand je vois cette chevelure qui semble soulevée par les vagues de la passion. »

Cette fois, Morny, plus modestement, imagine sans tarder une fonction officielle dans l'État, en faveur de Rachel :

« Si je dirigeais l'École des Beaux-Arts (son sourire ajoute : « Mais je sais que le Président de la Chambre... »), j'enverrais tous les élèves à votre école : vous êtes un grand sculpteur et un grand peintre.

— Je n'en savais rien, » répondit Rachel.

Et Pradier :

« Qui donc a plus que vous l'amour de la ligne sévère, la grâce savante du contour, le charme ardent de la couleur ?... Quand je pense que cette sculpture, qui s'appelle Phèdre, que cette peinture, qui s'appelle Hermione, va descendre de son piédestal ou se détacher de sa fresque pour parler avec toutes les éloquences de la passion, je sens mon ciseau qui tombe devant mon bloc de marbre. »

Morny, courtois comme un prince, sourit une fois encore : « Sans doute, fit-il. Mais si Mlle Rachel était là, elle ramasserait ce ciseau d'or et le baiserait avant de le rendre à Pradier. »

Du tac au tac :

« Les souverains ne font plus cela, conclut Pradier, mais M. de Morny, qui est presque un souverain, ramasse le mouchoir de Mlle Rachel. »

Dans la réalité, il dut y avoir un peu plus d'abandon en ces répliques choisies, et un peu moins de mythologie : non pas moins de gentillesse, en tous cas. Le plus souvent, sous le Second Empire, on se montrait extrêmement poli : et le duc de Morny plus que personne. Talleyrand, Mme de Souza, les Flahaut... dame! le petit Auguste avait été élevé à merveille du temps qu'il était page — du temps qu'il était gamin, voulions-nous dire.

On le surprend parfois, d'ailleurs, en des propos moins surveillés, à travers les récits des contemporains. Goncourt pensait sans doute scandaliser à jamais l'humanité en rapportant les étranges considérations, touchant l'âme féminine, auxquelles Morny s'était livré si complaisamment, le 17 mai 1863, durant le dîner. Le duc leur en voulait, à ces dames, ce soir-là. Il démontra insolemment qu'elles n'entendaient mot à toutes les délicatesses de la vie, que leurs sensations étaient rudimentaires, qu'elles ne connaissaient même point la gourmandise. Hormis par boutades et caprices — autrement dit par violence et dérèglement, ce qui est assez bestial — elles se trouvaient incapables de rien savourer, ni une émotion, ni même une volupté. Et pourtant la volupté, voire le libertinage, qu'y a-t-il de plus efficace pour l'adoucissement général des mœurs, le crépuscule des passions grossièrement romantiques, et le règne bienfaisant du sourire ? Seules les femmes vraiment libertines, affirmait Morny, témoignaient de quelque raffinement, de quelque véritable douceur... Et poussant son discours jusqu'à sa conclusion logique, nous ne saurions écrire ici quel était finalement le genre d'amies en lesquelles notre duc paradoxal, et point du tout jaloux ce soir-là, plaçait la perfection.

C'est d'un cœur ferme, et dans l'intérêt suprême de la science historique et psychologique, que le candide Goncourt livrait à la postérité ces documents « terribles ». Il se croyait Saint-Simon. On s'accorde généralement à dire qu'il se trompait. Mais en cette circonstance encore on entrevoit, fût-ce à travers le style désolant du fameux *Journal*, l'importance d'un convive, d'un causeur tel que le duc de Morny.

Il ne serait sans doute pas impossible de reconstituer tant bien que mal la « manière » de notre homme d'État, homme du monde, homme de cour, homme à femmes, homme de sport, homme d'affaires, homme à la mode, et d'abord gentilhomme. Il suffirait peut-être de se référer à tous ceux qui ont copié avec tant d'application ses gestes, sa contenance, son costume et jusqu'à son langage. Ainsi, pour se former une idée de quelqu'un, commencerait-on par étudier ses caricatures : la méthode ne serait point si sotte.

Le Paris de 1860 se trouvait rempli de snobs à la Morny. Nous supposons qu'ils pullulaient surtout parmi les messieurs des Tuileries, de la carrière et de la haute finance, bien fâchés s'ils ne réussissaient à attraper l'aisance à la fois défensive et offensive avec laquelle l'incomparable dandy savait parler des choses appelées graves — et en parler à merveille, qui mieux est. A l'usage des simples « gandins, » il y avait le genre Gramont-Caderousse, banal modèle de fêtard, dont nous arrivons mal aujourd'hui à nous expliquer l'intérêt. On singeait surtout les costumes anglais de Gramont-Caderousse, croyons-le. Mais l'imitation de Morny était plus difficile : seuls devaient s'y essayer des ambitieux, qui rêvaient d'aristocratie, de prestige et d'insolence.

Voici l'un de ces imitateurs — l'une de ces caricatures — que nous crayonne Alphonse Daudet dans le *Nabab*. C'est le marquis de Monpavon (Fernand de Montguyon).

« ... De loin, ainsi, sans le voir, on aurait cru entendre le duc de Mora (Morny), tellement il lui avait pris ses façons de parler. C'étaient les mêmes phrases inachevées, terminées en « ps... ps... ps... » du bout des dents, des « machin, » des « chose, » intercalés à tout propos dans le discours, une sorte de bredouillement aristocratique, fatigué, paresseux, où se sentait un mépris pour l'art vulgaire de la parole. Dans l'entourage du duc, tout le monde cherchait à imiter cet accent, ces intonations dédaigneuses avec une affectation de simplicité.

» Jenkins, trouvant la séance un peu longue, s'était levé pour partir :

« Adieu, je m'en vais. On vous verra chez le Nabab ?

— Oui, je compte y déjeûner... promis de lui amener chose, machin, comment donc ?... Vous savez, pour notre grosse affaire... ps... ps... ps.... Sans quoi dispenserais bien d'y aller... vraie ménagerie, cette maison-là.... »

Et ailleurs :

« J'ai vu le duc hier.... M'a beaucoup parlé de vous à propos de cette affaire.... Vous savez, chose... machin... Comment donc ?

— Vraiment ?... Il vous a parlé de moi ?... » Et le bon Nabab, tout glorieux, regardait autour de lui avec des mouvements de tête tout à fait risibles, ou bien il prenait l'air recueilli d'une dévote entendant nommer Notre-Seigneur.

« — Son Excellence vous verrait avec plaisir entrer dans la ps... ps... ps... dans la chose.

— Elle vous l'a dit ?

— Demandez au gouverneur... l'a entendu comme moi. »

N'oublions point que le Monpavon « imite » Morny — ou tâche de l'imiter de son mieux. On ne doit donc pas chercher ici un portrait du duc, ni même un véritable « à la manière de », puisque Daudet veut nous faire sentir la préméditation du pastiche : c'est littéralement une charge, grossie à dessein pour le public. Il va de soi que le président du Corps législatif, l'ancien ambassadeur de Russie, etc... savait finir ses phrases et les mener fort exactement jusqu'au point qu'il voulait. Que l'on note pourtant l'indication — évidemment trop appuyée — de cette nonchalance voulue, dont tous les contemporains se sont avisés. Aujourd'hui, nous en sommes le plus souvent au balbutiement et à l'ânonnement dans la bonne compagnie, par gêne de parler, autant dire par ignorance. En 1860, la société distinguée ayant été mieux élevée que l'on ne voit la nôtre, ce put être une élégance que de sauter un verbe par-ci par-là, et, au besoin, d'oublier avec mépris la moitié d'une proposition commencée. Cela parut peut-être assez neuf. Tout ceci comme par mégarde et sans nulle affectation, bien entendu.

Car la moindre apparence d'affectation touche aussitôt à la vulgarité, si peu que ce soit. Vaille que vaille, il y a toujours là comme une nuance de carnaval plus ou moins intempestif, un léger manque de tenue. Or le duc de Morny voulait avant tout la tenue. Il en avait la hantise, la passion. C'était peut-être la seule vertu dont il ne souffrait point que personne se moquât. On a dit qu'il parlait trop volontiers du bon ton, qu'il en donnait sans cesse des leçons, déguisées ou non. Cela semble fort bizarre, de la part d'un homme qui eut tant de goût....

Observons toutefois que c'est Gustave Claudin, et Gustave Claudin seul, qui lui a fait un tel reproche : savons-nous si ce Gustave Claudin, venu de province à Paris pour être journaliste, n'avait pas à chaque instant besoin de recevoir des leçons de tact ? Rédacteur politique au *Moniteur*, il avait obtenu l'autorisation de circuler librement partout dans le palais législatif : que d'occasions pour commettre toutes sortes d'erreurs et de bévues, sinon d'abus ! Puis, après chaque incident de séance un peu grave, il revoyait avec Morny en personne les feuillets sténographiés selon lesquels le public connaîtrait officiellement les débats : certaines impatiences du président s'expliquent sans peine. Pour peu que Gustave Claudin se fût montré susceptible, quelque rancune en ses *Souvenirs* se conçoit fort bien aussi. Nul autre, hormis lui, n'a jamais écrit que le duc de Morny eût une seule fois passé la mesure en quoi que ce fût.

Jusqu'en ses vêtements, ce dandy ne commettait aucune faute. Depuis les temps déjà lointains qu'il sautait des obstacles à la Croix de Berny ; depuis l'époque où il était si délicieusement parfumé que le prince Louis-Napoléon, survenant après lui chez une jolie femme, reconnaissait aussitôt la senteur exquise du mouchoir fraternel, et disait en souriant : « Oh, cela sent la romance, ici... » ; à quoi la jeune personne répliquait en souriant aussi : « Mais oui, monseigneur, la romance *En partant pour la Syrie...* » ; depuis ses campagnes en Algérie et ses chasses dans les comtés d'Angleterre, depuis les féeries de Pétersbourg et de Moscou, et les culottes courtes et les habits bleus des Tuileries, depuis toujours enfin, le duc de Morny s'habilla de telle sorte qu'un nouveau Brummel l'eût non seulement salué avec satisfaction du haut de son balcon du Club, mais encore se fût peut-être félicité de connaître un Français, réellement un Français si bien mis.

Même lorsqu'il eut cinquante ans sonnés, rien qu'à le voir en un salon sous le scintillement des lustres, les femmes admettaient son caprice, les hommes sa seigneurie.... « Il portait merveilleusement l'habit noir, sur lequel il avait mis quelques-unes de ses plaques. Le reflet du linge, l'argent mat des décorations, la douceur des cheveux rares et grisonnants ajoutaient à la pâleur de la tête.... »

On l'appelait officiellement Son Excellence. Il eût été mieux de dire Son Élégance le duc de Morny.

CHAPITRE XIV

CASAQUE ROSE, TOQUE ROSE

MORNY ET LES CHEVAUX ‖ LES COURSES; L'HIPPODROME DE LONGCHAMP ‖ CRÉATION DE DEAUVILLE ‖ LE GRAND PRIX.

Les portraits de Morny sont en général un peu froids, un peu morts. Ils s'accordent entre eux, soit. Sur tous on voit la belle figure, grave et distinguée, avec les petits yeux qui devaient si aisément sourire; mais chacun d'eux est toujours un portrait officiel. Son Excellence porte presque invariablement l'habit, les grands cordons, les plaques. Hormis un seul tableau — en possession de la famille Morny — où notre homme d'État est représenté en vacances, vêtu de gros velours à côtes et le fusil en main, au milieu d'un décor sylvestre, on ne voit jamais qu'images solennelles, tout ce qu'il y a de plus « président du Corps législatif ». Et encore le tableau dont nous parlons est-il d'un art vraiment trop modeste : le personnage apparaît douceâtre et sans relief; le velours du costume attriste les yeux par sa fadeur; le fusil semble trop petit. C'est en tenue de vénerie, au moins, avec les hautes bottes, les bas blancs et la tunique galonnée qu'il fallait peindre ce duc-là.

Parmi les images « en gala », il est toutefois certain que plusieurs rendent assez bien son air de souveraine élégance : nous prenons souveraine dans le sens littéral du mot, à savoir une élégance qui commandait au commun des mortels, ainsi que l'aimant commande à la limaille de fer. On aimera beaucoup par exemple certain Morny de 1858, droit, mince, pâle, une grande cape jetée sur l'habit, les lèvres closes, le regard intolérable et charmant.

Cependant, le meilleur de tous les portraits, le seul d'où l'on sente réellement — si l'on sait regarder — se dégager l'âme même, c'est encore ce daguerréotype exécuté en Angleterre vers 1849 ou 1850, et qui appartient à lord Kerry, arrière-petit-fils du général de Flahaut. Nous avons déjà parlé de cette photographie encore primitive, quoique fort nette : on y voit un dandy habillé avec une émouvante perfection, et monté sur un cheval de pur sang. Du haut de sa selle et la badine aux doigts, il ne rit non plus qu'il ne pose. Sa moustache rognée et son collier de barbe, ou plutôt sa jugulaire de barbe, sont pourtant bien drôles : mais tel n'est pas son avis. Quant à son cheval, ravissant d'ailleurs, il n'y songe point davantage. M. le comte Auguste de Morny, député français, n'irait pas monter un courtaud bon pour la canaille, cela va de soi. Et du reste, il est donc à cheval ? Il n'en sait rien. Il est né en selle. S'il se divertit des sauts et courbettes d'un pur sang bien choisi, ce jeu lui paraît aussi naturel que de respirer l'air parfumé sous les marronniers de Paris où, tout enfant, il lançait sa toupie.

Or, pourquoi ce portrait nous donne-t-il si fort l'impression que nous contemplons Morny même, tout vivant ? Mais sans doute parce que celui-ci se trouve à cheval, précisément. On dénature tout-à-fait ce seigneur ondoyant et divers en l'imaginant toujours sous les traits d'un personnage officiel. Lorsqu'un homme exerce une fonction considérable, telle que fut la sienne, il est inévitable que les peintres d'une part, les enlumineurs d'Épinal de l'autre, lui redonnent infailliblement la même figure et la même silhouette. Tels on aura vu une fois, soit un président de la République avec son haute-forme et son grand cordon, soit un maréchal avec ses bottes et son bâton, tels les reverra-t-on sans fin. Ainsi, toutes proportions gardées, en est-il advenu pour Morny. On nous l'inflige partout en uniforme d'Excellence, tantôt mondaine, tantôt parlementaire, mais invariablement immobile et quelque peu solennelle, comme il convient aux Excellences enfin.

Mauvais portraits, mornes images. Il eût fallu qu'un peintre habile fît passer sous nos yeux monsieur le duc, au galop négligent et doux d'une bête souple, en quelque allée du nouveau Bois de Boulogne. Seul Alphonse Daudet y a songé dans une page du *Nabab* : et encore son « crayon » de Morny à cheval, apparu sous les feuillages à côté d'une amazone, est-il bien convenu, assez fade et d'un dessin peu sûr. Il n'excellait pas aux croquis équestres.

CASAQUE ROSE, TOQUE ROSE

Mais c'était surtout sur un champ de courses qu'il eût fallu montrer le duc, parmi les vainqueurs fameux et les poulains illustres, les maigres jockeys, tous anglais, les gros entraîneurs, tous anglais aussi, et les propriétaires des écuries déjà célèbres, et les habitués du pesage, gantés de clair, coiffés de leurs chapeaux gris.

Morny s'était toujours intéressé aux courses. On peut même dire qu'il en eut la passion. Un tel plaisir avait tout pour le séduire ainsi. Il était à la fois traditionnel et nouveau : traditionnel parce qu'il évoquait les plus savoureuses élégances du XVIIIe siècle, les paris de Marie-Antoinette, l'anglomanie du comte d'Artois, et sur la plaine un peu morne des Sablons, à Neuilly, le vol des premiers pur sang, tout nerfs et muscles, dont s'étonnaient les bourgeois. « Quoi! faisaient ceux-ci en abaissant leurs tricornes sur leurs nez, que signifient ces haridelles ?... Parlez-moi d'un bon pommelé à larges fesses, qui abat ses quinze lieues, et hennit encore pour son avoine au moment qu'on le dételle!... » La grand'mère du petit Auguste, la charmante Mme de Souza, avait peut-être assisté à ces jeux de princes, avant la Révolution, ne fût-ce qu'une fois : et l'on sait l'empreinte ineffaçable de certains récits d'ancêtres sur les cerveaux des enfants. Ils constituent de vrais poèmes, des espèces de chansons de gestes à l'usage des gamins, une épopée puérile et honnête.

Nouveau également pour Morny, ou enfin tout récent, d'hier encore, ce beau plaisir hippique et décoratif, fiévreux et sain tout ensemble, qui lui rappelait non plus son enfance cette fois, mais son insolente jeunesse sur le boulevard, au temps du roi Louis-Philippe. Comme d'autres, mieux que d'autres dandys, Morny avait franchi barrières et ruisseaux dans les *steeples-chases* (comme on était fier de prononcer ce mot, avec l'accent!) Une haie passée, un fossé, le cheval qui arrache les bras, le souffle acharné du concurrent, le remblai en terre, là-bas, qui s'avance vertigineusement.... On n'oublie pas ces joies, pareilles aux tourbillons d'avril, violents, âpres et parfumés.

Sous le Second Empire, les courses paraissaient à peine acclimatées. Aux yeux du gros public, elles venaient de naître. Un provincial sérieux n'en eût jamais parlé qu'en souriant avec indulgence, lorsqu'il était de bonne humeur, ou — si par malheur la rente avait baissé — en flétrissant ces excentricités d'oisifs opulents, ces enfantillages aussi brutaux que ridicules de joueurs sans vergogne et de polissons plus ou moins titrés. Rappelez-vous qu'au temps même où Zola écrivait *Nana*, non sans une si lourde candeur — vers 1880 — ce romancier scrupuleux traitait encore des courses ainsi qu'il eût décrit une fête dans la lune. Le souvenir des débuts, du Jockey Club à son aurore, de la Société d'Encouragement récemment formée, de ses premiers seigneurs et présidents, du légendaire lord Seymour surtout, tout cela n'avait pas trente ans. Le premier Derby n'avait été couru qu'en 1836. On faisait encore en voiture le voyage à Chantilly pour la grande semaine de sport, de jeu, de paris, de chasses, de ripailles et de folies.

Le chemin de fer relia directement Paris à Chantilly en 1859, et dès lors, la kermesse mondaine du Derby se mit à changer d'aspect : mais auparavant, ce n'était pas seulement une journée que les élégants allaient passer sur les terres du duc d'Aumale à l'occasion de cette grande épreuve, la plus considérable que l'on courût en France ; le Derby, alors, représentait bel et bien une semaine, et pour quelques-uns, presque une saison de l'année. Quelques jours avant la grande date, on se mettait en chemin. On partait en voiture de poste, grand train. Tout le long de la route, ce n'étaient que postillons claquant du fouet, carrosses, berlines, calèches à la daumont, sautant et roulant sur ce qu'on appelait naguère encore le pavé du roi.

Les plus somptueux avaient pris soin d'envoyer avant eux un immense bagage, de l'argenterie, de la vaisselle, des harnais. On croisait, chemin faisant, des chariots grinçant sous le poids des caisses et des valises, ainsi que maints chevaux de selle, conduits par des grooms portant des couvertures pliées en quatre sous la ceinture. Des mules et des roussins, chargés de hardes et de paquets, escortaient ces bêtes de sang, des lévriers sautaient dans l'herbe des talus.

A Chantilly, l'on avait loué quelque logement dans une maison du pays, sinon la maison entière : et déjà les premiers arrivés rôdaient par la petite ville, guettant les attelages de toutes sortes et les chevaux qui se succédaient sans trêve. On se reconnaissait, car on faisait partie du même monde, on se saluait gaiement, ou bien au contraire avec une morgue qui semblait tout à fait honorable à ces Français anglicisants du « turf. »

Puis, dès le soir, la fête commençait : entendez par là les dîners, les soupers, le jeu que l'on disait terrible (hélas ! que serait-il, ce jeu alors « diabolique, » à côté de nos parties dans certains cercles, ou à Deauville ?), le champagne et ce qui s'ensuit, puis les paris, les cavalcades, voire un ou deux laisser-courre menés par les princes d'Orléans — avant 1848, s'entend — les bals, les intrigues, les courses enfin, nouveauté savoureuse, prétexte sans pareil à cette sarabande folle et ravissante parmi les arbres, les eaux, les oiseaux et les fleurs du pays de Sylvie, le plus gracieux de France, sans contredit!

Peu, et même très peu de gens encore — sinon dans la haute société parisienne, s'entend — avaient l'originalité, presque l'extravagance d'aimer le sport sous le Second Empire, comme de se connaître en chevaux. Parier aux courses semblait un plaisir fatal et dévorant. Faire courir passait pour un divertissement choisi, mystérieux, réservé à quelques élus de l'aristocratie, de la finance, ou de tenue très recherchée. On n'eût d'ailleurs toléré qu'à grand'peine une personne, ne disons point douteuse (la question ne se posait même pas!) mais seulement inconnue au pesage d'un champ de courses. Il est certain qu'aujourd'hui, tout cela étonne.

A Paris, les courses avaient lieu au Champ de Mars. Hippodrome détestable : une manière de terrain vague, avec une lèpre d'herbe ça et là. Aucun moyen d'arroser, aucun entretien. Et pis encore, la piste, ridiculement étroite, n'était même pas gazonnée : voilà de quoi faire rêver quiconque sait, ou quiconque peut imaginer ce que c'est qu'une course de chevaux! Les pauvres bêtes s'affrontaient sur un sol plus ou moins égalisé, plus ou moins sablé par places, plus ou moins pierreux en d'autres endroits : de quoi se briser les jambes. Naturellement, une grêle de cailloux risquait d'éborgner ou d'estropier les jockeys — sauf celui de tête, bien entendu — et un nuage opaque de poussière les aveuglait, à moins que ce ne fût un cyclone de boue. Comment voulait-on qu'une épreuve se trouvât régulière en de telles conditions ? Les chevaux se bousculaient; pas un jockey ne pouvait courir sa vraie chance, les surprises étaient continuelles, les accidents aussi.

Néanmoins le goût des courses avait si merveilleusement fleuri parmi les Parisiens de bon ton, que l'on se rendait à ce déplorable hippodrome avec empressement, affectation ou curiosité, selon le rang qu'on occupait dans « le monde ». Gustave Flaubert a dépeint les courses du Champ de Mars dans l'*Educa-*

tion sentimentale (chap. IV). Ce roman se passe à la fin du règne de Louis-Philippe, ou autour de 1850 : mais en quelques années, l'aspect d'une réunion sportive sur cette lande parisienne ne devait pas avoir tellement changé. Le tableau est coloré, vivant et probablement exact, à certains romantismes près. « Le cheval victorieux, écrit par exemple Flaubert, se traînait jusqu'au pesage... tandis que son cavalier se tenait les côtes.... »

Se traînait!... Se tenait les côtes!... Le maître exagère.

Les jockeys, d'ailleurs, excitaient beaucoup l'imagination de nos aïeux. « Est-il vieux ? Est-il jeune ? écrivait Jules Janin en 1836, à propos du jockey qui venait de gagner le premier Derby.... Nul ne le sait : pas même lui! N'avoir que la peau et les os, assez d'os pour monter à cheval et tenir une bride, assez de peau pour n'en pas laisser sur la selle, voilà sa gloire. Ce jeune homme, ou ce vieillard... on eût dit une ombre habillée, qui allait célèbrer le carnaval chez Proserpine. »

Quelle figure de cauchemar!... Et le grave Zola dans *Nana* : « Ce vieil enfant, cette longue figure dure et morte.... » Terrible!

Morny avait toujours possédé des chevaux de courses, même à l'époque où sa bourse était légère, pour ne dire percée. On peut croire qu'une fois devenu grand seigneur d'Empire, l'un de ses premiers soins fut de se composer une belle écurie. Il avait choisi des couleurs tout à fait « vieille France, » et qui lui conviennent à merveille : casaque rose, toque rose. Jolie nuance sous un ciel gris.

Cependant il n'était pas homme à s'amuser comme un étourneau, sans voir plus loin sur les hippodromes que le poteau d'arrivée. Sachant réfléchir et prévoir, il dut s'aviser bien vite de l'avenir — encore peu croyable en 1855 — qui attendait les courses en France. Gandins, cocodettes et cocodès trouvaient autour du Champ de Mars l'occasion de promener en public d'étonnants costumes de sport, à carreaux, à voiles verts, de rouler dans Paris en phaétons légers ou en berlines à postillons : pour aller à la campagne — si loin! — il fallait des équipages et des habits spéciaux. En outre, quoi de plus indiscutablement raffiné, pour un jeune homme de haut rang, que de pouvoir disputer gravement touchant la condition de telle ou telle jument, les performances de tel ou tel cheval, les engagements d'un poulain, l'état de son cœur ou de ses jambes, etc ?... La grande majorité, presque la totalité des habitués du « turf » — on aimait alors ce terme-là — eût bien juré que les courses demeureraient à tout jamais une sorte de grand jeu de société en plein air, rien d'autre qu'un luxe enfin, comme par exemple la vénerie. Les paris eux-mêmes faisaient partie des ébats les plus flatteurs et distingués de la bonne compagnie.

Pourtant, le jeu est une passion plus irrésistible que la peste qui chemine ou l'ouragan qui passe. Les tripots du Palais-Royal avaient vécu, les maisons de jeu étaient rares, il n'y avait alors ni Enghien, ni Monte-Carlo, ni casinos accessibles à tous ainsi qu'aujourd'hui. Où donc jouer ?... Dans les cercles ?... Mais ceux-ci, très peu nombreux, étaient destinés à deux ou trois cents personnes titrées, millionnaires ou assimilées. La foule ne savait comment perdre son argent, cette félicité suprême lui était refusée : elle en souffrait. La multitude des pauvres hommes souffre, hélas, de tous les vices qu'on lui défend.

A Morny, si bon psychologue, cet appétit populaire des paris et du jeu, ou, si l'on préfère, cette volupté du martyre plébéien, universel, ne pouvait échapper : sans parler du prétexte à étaler un luxe croissant, et bientôt éblouissant, de voitures, d'attelages, de toilettes, de serviteurs, de champagne, de foie gras, car on « lunchait » confortablement sur la pelouse où s'alignaient les beaux équipages; et sans oublier les demoiselles galantes, qui devaient bientôt se grouper autour des chevaux de courses, avec les dissipateurs de fortunes et d'héritages, etc. Bref, notre magnat d'Empire et grand homme d'affaires fut des premiers à comprendre combien le divertissement si cher à la jeunesse dorée des cercles et du boulevard pouvait servir les intérêts du commerce parisien. Mais que faire d'un aussi pitoyable hippodrome que ce Champ de Mars? Toute réunion vraiment sérieuse, importante, y était impossible et ne pouvait qu'échouer.

Or, il y avait en bordure du Bois de Boulogne un grand espace un peu marécageux, mi-herbages, mi-champs de carottes et carrés de choux : c'était la plaine de Longchamp. Elle n'était même point plate, mais irrégulière, bossuée par un petit mamelon, coupée par des chemins champêtres et des sentiers. Un fossé vaseux, qui en réalité était un bras de Seine, y cachait des détritus et des grenouilles sous une eau saumâtre. A l'une des extrémités, derrière un moulin (qui s'y trouve encore; du moins, il y a encore « le moulin » à ce même endroit) s'était élevée avant la Révolution la fameuse abbaye de Longchamp, où l'on faisait chaque année, à Pâques, de si galants et magnifiques pèlerinages. Mais alors le moulin seul se dressait au milieu de ces prés galeux et cultures maraîchères, dont l'autre extrémité, là-bas, très loin, rejoignait les parcs et anciennes « folies » de Boulogne.

Nul ne songeait plus à ce lieu sans attraits, encore que bordé par la Seine charmante, depuis que l'abbaye bien connue y avait été démolie, plus d'un demi-siècle auparavant. Mais lorsque Napoléon III eût commencé de faire remanier le Bois de Boulogne, en 1852, quelques spéculateurs et architectes commencèrent à jeter les yeux sur les confins du nouvel et somptueux parc parisien, Auteuil, Boulogne, Neuilly. Morny, on l'a vu, ne craignait ni les initiatives, ni les entreprises. Dès le 4 juin 1853, les procès-verbaux des comités de la Société d'Encouragement font mention d'un projet touchant la création d'un hippodrome sur les terrains de Longchamp : et l'on constate que le président du Corps législatif fut manifestement l'inspirateur de cette idée. « Les commissaires, lit-on sur le registre des délibérations, sont chargés par le Comité de s'occuper de la question relative à la création d'un terrain de courses au Bois de Boulogne ou dans les environs; ils s'entendront à cet égard avec M. de Morny ou toute autre personne. »

Dans les comités des 8 janvier, 26 et 30 mai, 9 octobre 1854, 27 février 1855, le même projet reparaît : et toujours Morny se trouve cité comme initiateur, appui et conseiller. Il est certain que l'aide et la volonté d'un aussi puissant personnage devaient singulièrement rassurer la Société, un peu intimidée par les immenses travaux à entreprendre, comme par l'incertitude, en somme, du succès auprès du public parisien. Mais Morny avait toute confiance : on le voit figurer allègrement parmi les membres garantissant le crédit de la Société pour la somme à payer à la Ville, propriétaire des terrains, et les frais d'aménagement. Enfin, le 17 décembre 1856, un bail de cinquante ans est concédé par la Ville, moyennant un loyer annuel de 12 000 francs (!) et à charge, pour elle, de ne pas dépenser moins de 300 000 francs en travaux et construction de tribunes permanentes. D'autres conditions encore étaient imposées et acceptées d'un cœur léger. « Morny était dans l'affaire. »

Bien entendu, les 300 000 francs de travaux se changèrent sans plus tarder en 1 300 000 : mais le résultat fut tel que quatre mois après, le 26 avril 1857, la plaine de Longchamp se trouvait égalisée, drainée, solide et plate comme un billard, enclose, pourvue de plusieurs pistes admirables et de tribunes en pierre et bois qui parurent imposantes et presque gigantesques, bien qu'elles n'atteignissent même pas à la moitié de celles qu'on admire aujourd'hui. Un vrai travail de magicien dont il faut avant tout savoir gré à Morny, l'inventeur.

Dans un pareil cadre, les courses commencèrent aussitôt à prendre le développement que chacun sait. Aujourd'hui, après deux tiers de siècle, il y faudrait un ministère. Sans Morny, leur épanouissement aurait eu lieu tout de même, parce qu'il y a des forces indomptables, le jeu par exemple : mais cela se fût fait beaucoup plus lentement, et moins bien. Le Pactole eût coulé moins vite. L'industrie et le commerce de Paris doivent beaucoup à Morny : le Conseil municipal reconnaissant ne dédiera-t-il pas bientôt à sa mémoire une belle allée du Bois ou quelque avenue?

Le duc de Morny s'occupait continuellement de son écurie de courses, et avec un intérêt qui surprend chez un si dédaigneux personnage : mais ses mépris n'allaient qu'aux hommes, ils s'arrêtaient devant les chevaux. Qui ne trouvera cela bien juste ?

En toutes circonstances de sa vie, il réservait au moins quelques instants, chaque matin, pour entendre les dernières nouvelles des galops et des saillies, des tendons qui chauffaient, comme on dit, des poulinières qui toussaient, ou autres catastrophes, puisque de faire courir ou d'élever des poulains, cela ne consiste qu'en une série sans fin de déboires et d'accidents affreux, compensés par quelques rares ivresses et des espoirs divins. Le duc de Morny avait d'abord confié ses chevaux à l'entraîneur Tom Hurst de La Morlaye, village voisin de Chantilly. Il les remit ensuite à Jennings, établi à la Croix Saint-Ouen, près de Compiègne : ce qui paraît un endroit bien éloigné pour un temps où les vans, destinés aux déplacements des chevaux de courses, étaient rares encore, les routes mauvaises, le plus souvent pavées, et le chemin de fer fort mal outillé — c'est le moins qu'on puisse écrire — en vue de transporter des animaux de prix. Mais Jennings était un « entraîneur de race », ainsi que le déclare Villemessant, et les « coureurs » (toujours en style Villemessant) de Morny se trouvaient en bonnes mains.

Ils n'en réussirent pas mieux. La casaque rose, toque rose, ne remportait pas grand succès, nonobstant les sacrifices considérables du duc : il est vrai que des « sacrifices considérables » pour une écurie de courses, à cette époque, voilà qui ferait pitié aujourd'hui. Les meilleurs jockeys gagnaient 3 à 4 000 francs par an. En 1854, le propriétaire J. Reiset, éprouva une joie si délirante d'avoir gagné le Derby à Chantilly, qu'il commit la double folie de donner 200 francs de gratific tion à son jockey Bartholomew, et de l'inviter à prendre avec lui une tasse de thé. « Où s'arrêtera-t-on?... » disaient ces messieurs du pesage, scandalisés.

Hormis quelques victoires très honorables remportées de temps à autre, l'écurie Morny ne donnait point tout ce que son propriétaire en espérait. En revanche, son haras, sis à Viroflay, lui rapportait plus de satisfactions. Cet établissement d'élevage comptait, lorsqu'on en fit la vente après la mort du duc, 18 poulinières et 3 étalons, parmi lesquels un sire de la plus grande valeur, *West Australian*, acheté en Angleterre pour une somme énorme, si l'on songe aux prix d'alors : 80 000 francs, dit M. Henry Lee; 95 000 francs, assure Villemessant. A 15 000 francs près, il y avait là de quoi jeter l'indignation dans les âmes républicaines, sinon royalistes, qu'alarmait le luxe éhonté de l'Empire — du Bas-Empire, ainsi que tonnaient les orateurs dans les cafés à portes closes.

C'est toujours un lieu charmant qu'un haras : on n'y trouve que prairies, fraîcheur, calme, oiseaux qui chantent. Quelques constructions basses, au loin : ce sont les box et les pavillons pour les hommes, la maisonnette du patron. Et partout, dans la verdure, voici errer les poulinières tranquilles avec leurs poulains. Il n'aimera jamais rien, celui qui n'adore pas les poulains, ces espèces de gamins à quatre pattes, avec leurs tignasses ébouriffées, leurs yeux farceurs et leurs sauts de cabris.

On comprend qu'en mars 1859, Mme de Morny se soit une fois réfugiée là, au moment de Pâques. Lasse des bals, des réceptions, des dîners, et folle de joie pour deux jours de soleil, de chaleur et de parfums, comme on en voit parfois lors des faux printemps, la jolie blonde s'était écriée de sa voix chantante : « Donc, je pars. Je vais à la campagne. Attelez tout de suite!... Ce n'est pas encore prêt?... » et elle s'en fut à Viroflay.

Il faut dire que l'impératrice venait d'avoir le même caprice, et de s'enfermer soudain dans sa propriété de Villeneuve-l'Étang.

Mme de Morny n'était pas arrivée que le temps changea :

giboulées de mars, ouragans de mars, déluge de mars. Elle fit allumer du feu, bûche sur bûche, et tint bon toute la semaine sainte : aussi bien était-ce le temps des retraites, écrit Mme Baroche.

En écoutant pleurer la pluie cependant, l'impatiente Sophie devait prendre en horreur le ciel, la terre, l'univers, les hippodromes et ce qui s'ensuit.... Dans le même instant, et tandis qu'un honorable député dissertait au Corps législatif, sur la multiplication des voies ferrées ou le régime des douanes, le président rêvait à sa casaque rose. Grâce à cette tendresse envers les courses et les chevaux de sang, Morny, bon prince, contribuait à faire la fortune de Paris.

Et non pas seulement de Paris!

Un cerveau organisé comme celui d'Auguste de Morny ne se repose guère. Nous ne disons pas qu'il médite sans trêve : mais tout le réveille, tout lui fait signe, et si l'on nous passe une telle image, tout lui sonne un boute-selle. Fût-ce après avoir contemplé la mer et l'horizon, Son Excellence rapportait des projets, cueillis dans les nuages ou pêchés parmi les flots.

Vers 1859, la plage de Trouville faisait fureur. On y bâtissait dès lors villas sur villas, on s'y entassait déjà, le village perdu parmi les sables, qu'Alexandre Dumas avait tant aimé, devenait un bourg. Les Parisiens venaient de découvrir que l'air chargé d'iode et de sel était salubre, ainsi parlaient-ils; mais surtout qu'il y avait quelque chose d'insupportablement vulgaire à demeurer dans Paris durant les mois de juillet et d'août, quand le beau monde rêvait en face des vagues, ainsi pensaient-ils.

Aussi la grève trouvillaise se couvrait-elle, en ces semaines choisies, de citadins et de citadines portant d'étranges toilettes, à cause de l'été — et puis, il y avait la fantaisie, les « grelots de la fantaisie.... » La mode était alors aux crinolines, mais portées à leur suprême degré d'ampleur, mais immenses, mais énormes, mais folles. Les corsages étaient menus, les tailles fines, les bustes semblaient minuscules, et les têtes se coiffaient de très jolis chapeaux, de capotes rondes comme des choux, avec de longues et larges brides coquettement nouées sous le menton. Quant à la broderie des robes, et quant aux manches pagodes, aux couleurs des toilettes, à la garniture, à l'arrangement des rubans et dentelles, rien en tout cela qui ne témoignât le plus souvent beaucoup d'art et de goût.

A la mer, toutefois, il était entendu qu'on avait besoin de costumes plus lestes. Tant il y a que l'on raccourcissait fort les crinolines, non sans les surcharger un peu davantage, sous prétexte d'espièglerie et de gaîté champêtre. Les capotes à brides étaient remplacées par des coquins de chapeaux de paille, qui jouaient la coiffure négligée. On portait des ombrelles grandes comme des assiettes, aux manches en zigzags, voire parfois des cannes. On avait des bottines compliquées, et des bas de couleur tendre. En ce qui touche aux cocodès, ils ne s'habillaient pas avec moins de préméditation que les cocodettes, afin de s'ébattre sous le soleil ou parmi les brises du large. Pour peu qu'ils eussent les cheveux frisés et un canotier sur le nez, ils se croyaient en réputation.... Chaque matin, la Manche contemplait ainsi la fleur de Paris qui se baignait à Trouville, et badinait.

Badinage qui dut, sans trop tarder, sembler mesquin et bien fade à Morny : s'en étonnera-t-on? Songeant à Bade et à ses grandes élégances, il jugeait Trouville comme un amas de prétentieuses bicoques dont on ne ferait jamais rien de beau : avouez qu'il ne se trompait point. De plus, la société s'y trouvait mélangée : il y avait de tout parmi ces cocodettes; d'autre part, des patrons de boutiques, ayant fait fortune, promenaient leurs ventres et leurs gants trop clairs au milieu des fauteuils d'osier apportés sur le sable par des valets guêtrés de coutil rayé, à boutons armoriés. Ce désordre choqua Morny, né pour se plaire aux fêtes harmonieuses. Il rêva d'une plage mieux comprise, mieux « commencée, » où la bonne société, où la somptueuse société du moins se trouverait pour ainsi dire chez elle. Pourquoi, dès lors, ne point la créer de toutes pièces, cette plage? De cette manière, on pourrait éviter l'erreur, en tous cas au début : et l'on dessinerait à même le pays sans contrainte aucune, comme faisait Le Nôtre quand Louis XIV lui livrait une contrée, champs et bois, afin qu'il y traçât largement un parc à son gré. Méthode Grand Siècle : méthode Morny.

De rêver à agir, il n'y avait même pas une nuance pour un grand seigneur qui aimait à vivre dangereusement, comme faisait le président du Corps législatif, toujours à la tête des plus audacieuses offensives financières. Préparer aux fêtes de l'été un décor plus heureux et plus riant que Trouville, en même temps peut-être y gagner des millions, belle entreprise!... Morny chercha l'endroit où faire naître sa plage. Il le trouva sans peine, à deux pas de Trouville précisément, sur la rive du bel estuaire.

De l'autre côté de la Touque s'allongeaient sous le ciel des dunes et des dunes, à perte de vue. Un fleuve d'or entre la mer changeante et les vergers de Normandie. Une chétive poignée de chaumières (113 habitants) commandait à cet Eldorado de sable : on appelait ça Deauville. Là du moins, pensa Morny, nous ne serons pas gênés.

Il parla de son projet à son grand ami le Dr Oliffe, l'homme aux pilules arseniquées. Cet inquiétant magicien avait des relations immenses, et se glissait partout avec ses grains de Jouvence. Il sut trouver sans peine des capitaux. Une société d'exploitation se forma sous l'impulsion d'un banquier, Donon, et les travaux pour l'aménagement de Deauville en plage parfaite commencèrent en 1860. Travaux réellement formidables, si l'on songe qu'il ne fallait rien de moins que niveler une immense étendue de dunes, établir des rues, une canalisation, pousser jusque-là le chemin de fer, construire une gare, des hôtels, des villas nombreuses, des maisons, une église, un temple, creuser un bassin à flot pou les yachts et les bateaux de pêche, édifier une magnifique terrasse, bordant les villas le long de la mer, faire monter du sol, comme par magie, les arbres et les fleurs des jardins, etc. Or ceci s'accomplit en très peu d'années, on serait tenté d'écrire en très peu de mois, tant les Parisiens furent stupéfaits de voir, dès l'été de 1860, une délicieuse petite ville qui les attendait, toute neuve, devant la mer charmante, et semblait s'être épanouie en une nuit parmi la verdure, comme au printemps les marguerites dans un pré.

La villa Louisiane appartenant à Morny n'était ni la moins bien située, naturellement, ni la moins vaste, ni la moins riante — pour l'époque : aujourd'hui, nous la trouverions un peu triste, avec sa pierre et ses briques, puisqu'il nous faut au bord de la mer des maisons laquées comme des coffrets et tarabiscotées comme des lanternes.

S'il faut tout dire, le propriétaire de la villa Louisiane avait en outre conçu un projet grandiose, mais diabolique, touchant Deauville qu'il venait de créer ainsi : il voulait que ce fût l'aboutissement d'une longue ligne de chemin de fer courant directement de Trouville — et par conséquent du Havre — à Bordeaux, en évitant l'interminable et coûteux crochet de Paris. On eût augmenté de beaucoup les bassins du port, et quintuplé, décuplé la cité nouvelle : de telle sorte, pensait l'homme d'État, que l'on fît par là au cabotage anglais une concurrence redoutable. On sait que politiquement, Morny n'était point anglophile.

Si cette concurrence se fût révélée tellement redoutable, on ne sait trop : mais que les habitants de Deauville aient à remercier les compagnies de chemin de fer — celle du Nord notamment, fort menacée et alarmée par un tel projet — grâce auxquelles l'entreprise ne put aller plus loin, voilà qui est certain. De quelles bâtisses, de quelles usines, de quels hangars, docks, immeubles, quartiers hideux et autres horreurs, la charmante bourgade de plaisance ne se voyait-elle affligée, pour peu que se réalisât le grand dessein de M. le président du Corps législatif!... Son esprit, avons-nous dit, travaillait sans répit : quelquefois même il avait un peu de fièvre.

Une autre de ses initiatives se trouva plus heureuse, toujours au sujet de « sa » plage et de « sa » ville. Le 14 août 1864, on inaugurait l'hippodrome de Deauville, celui que nous admirons aujourd'hui. Avec le concours du président de la Société des courses de Caen, nommé Calenge, le duc de Morny s'était employé très activement à faire transformer — comme naguère à Longchamp — une énorme lande sablonneuse en plaine herbue et en pistes d'émeraude. On décidait de donner 23 500 francs de prix pour deux journées : prodigalité sportive qu'une pareille somme, en ces jours innocents! Mais on n'hésitait pas : le créateur de Deauville prétendait en effet éclipser les courses de Bade, qui depuis 1858 attiraient au delà du Rhin tout Paris pendant la saison thermale. Pourquoi les Français iraient-ils se divertir ailleurs que dans leur France pleine de grâces, songeait-il? Et pourquoi les étrangers même ne perdraient-ils pas leur argent aussi bien en Normandie qu'à Bade? Ce nationalisme de la fête était excellent.

Les courses de Deauville obtinrent presque immédiatement un merveilleux succès. On sait ce qu'elles sont devenues : on les doit entièrement au duc de Morny. Non seulement il a fait sortir de terre la cité elle-même : mais il lui fournit les moyens de vivre et prospérer d'une étonnante manière. C'est sans doute afin de l'en remercier que l'on s'empressa de renverser, le lendemain du 4 septembre, une statue qu'on lui avait élevée à Deauville, au titre de fondateur et bienfaiteur de la ville — statue d'ailleurs fort laide, mais édifiée en 1867 par souscription publique et dans la meilleure intention, sur la place appelée aujourd'hui Morny. Une fontaine, qui n'est guère plus jolie, tient lieu de ce souvenir disparu.

A l'occasion d'un voyage officiel du président Thiers à Trouville, des jeunes gens — nous a-t-on dit, — replacèrent pendant la nuit le duc de Morny sur son socle. Dès l'aube, et précipitamment, une municipalité courageuse fit ôter de nouveau par les pompiers l'infortunée statue, qui se trouve maintenant reléguée, cachée dans un bâtiment où l'on remise du matériel, au milieu d'un bric-à-brac de chaises, de fauteuils parasols, etc. Tant la gratitude fleurit dans l'âme des hommes!

Il est vrai que c'est si peu de chose, les hommes! Tout se rit d'eux. Voyez Deauville : aussitôt que Morny eût donné naissance et livré la fortune à cette plage, que fit la mer capricieuse? Elle s'en alla. Le nouveau port dérangeait ses courants. Elle préféra quitter la rive.

A cette heure, le sable s'étend, s'allonge à l'infini. Voici qu'afin de l'animer, on y a bâti des thermes à l'antique. Les vagues offensées vont se rouler toujours plus loin. Le duc de Morny n'avait pas prévu cela.

En revanche, il avait prévu, prédit et très obstinément organisé le triomphe mondial du Grand Prix de Paris, à Longchamp. Rien de moins. C'est lui encore, lui toujours, qui, à force d'obstination et de persuasion, parvint à fonder cette épreuve monstre, annuelle et internationale, disputée pour la première fois en 1863, et dont le retentissement n'a jamais cessé de croître depuis lors. On ne sait aujourd'hui quelle gloire l'emporte, pour un cheval, d'avoir gagné le Derby d'Epsom ou le Grand Prix de Paris. Chaque printemps, à cette occasion, les trains et les paquebots versent chez nous un peuple d'étrangers, dont les dollars, les livres sterling et les pesetas pleuvent sur la capitale. On a cependant fait disparaître, répétons-le, le nom de Morny, tant à Longchamp qu'ailleurs. Il y eut une rue de Morny naguère (rue La Boétie) : on l'a débaptisée. Paris pourrait rendre au moins une politesse à l'inventeur du Grand Prix et de son hippodrome. On ne se montre vraiment pas très bien élevé.

Le croirait-on, cette affaire, cette si belle affaire n'avait cependant point, comme on dit, marché toute seule au début. Il était naturel qu'un esprit audacieux y eût songé. L'élevage et le sport français prospéraient de telle sorte que plusieurs fois déjà il avait été permis à des chevaux de chez nous d'aller disputer des prix assez importants en Angleterre, sur la terre sacrée des courses. Des chevaux français courant en Angleterre, se mesurant avec des chevaux anglais!... Un paysan, son bonnet à la main, n'eût pas été plus effaré jadis en soupant avec Louis XIV.

Néanmoins le plus grand, le plus énergique et le plus habile de nos propriétaires français, le célèbre comte de Lagrange — à qui la Société d'Encouragement devrait bien aussi quelque souvenir sur ses champs de courses — venait de se signaler par de tels succès en Grande-Bretagne, que l'on pouvait probablement appeler désormais les chevaux anglais à lutter contre les nôtres, sans que ceux-ci se dussent trouver ni ridicules, ni même battus. En y mettant le prix, les héros de Newmarket et autres lieux consentiraient sans doute à passer le détroit. Aussi le duc de Morny finit-il par obtenir du Conseil municipal de Paris et des cinq grandes Compagnies de chemin de fer une subvention qui parut colossale : on promit un prix de 100000 francs au vainqueur de cette course extraordinaire, plus un objet d'art offert par l'Empereur, et les entrées, sur lesquelles étaient prélevées 10000 francs pour le second et 5000 francs pour le troisième. On ne connaissait pas alors d'épreuve aussi prodigieusement récompensée.

On remarquera qu'il avait fallu s'adresser à la générosité du Conseil municipal et des Compagnies, mais non à la Société d'Encouragement, qui promit seulement son appui moral : les statuts de cette dernière ne lui permettaient en effet que de s'intéresser aux chevaux nés en France, exclusivement. Tout le problème du protectionnisme peut être soulevé à propos de cette question sportive.

Logiquement, les Anglais devaient se réjouir que l'on fondât une épreuve annuelle aussi considérable. Il y avait là un salut indirect à leur maîtrise, en somme : tenir si fort à leur concours, quel hommage envers ces aînés respectés! Les cadets ne témoignent pas toujours tant d'égards à ceux qui les ont précédés : il eût été juste de s'en montrer satisfait, et voire flatté.

Point. Ce fut au contraire le sujet de conférences âpres et laborieuses que d'obtenir l'acquiescement de ces sourcilleux princes du sport : engager ainsi le pur sang britannique dans une aventure lointaine, où celui-ci n'était même pas certain de gagner, c'était là une innovation qui semblait folle à quelques-uns. Il fallait entendre les objections que faisait aux organisateurs français l'amiral Rous, délégué du Jockey-Club anglais : « Quoi ! fixer une telle course un dimanche ? Le jour du Seigneur, consacré au repos ? Mais quelle impiété réellement française ! Quel scandale !... » Et les journaux anglais d'imprimer des choses bien aimables : les Français n'avaient choisi le dimanche que pour reprendre d'une main ce qu'ils offraient de l'autre, puisqu'ils n'ignoraient pas qu'aucun Anglais respectueux de sa religion ne consentirait à faire courir ses chevaux en un tel jour; ainsi, tout en se donnant l'air avantageux de créer une épreuve internationale, ces *sportsmen* de la veille commençaient par éliminer leurs plus dangereux rivaux, etc.

L'énorme tas d'or que finit par représenter le Grand Prix, sans cesse augmenté depuis 1863 s'est opposé victorieusement à la Bible, on le sait. Nous ne pensons pas qu'il se trouve maintenant en Angleterre un grand nombre de propriétaires pour demeurer dans leur splendide isolement dominical, plutôt que de gagner, si c'était possible, une célébrité mondiale avec un cheval excellent, sans parler d'un demi-million et même bien davantage, fût-ce en chétif argent continental.

Il n'en est pas moins que sans le duc de Morny, l'on n'eût pas connu le Grand Prix, sinon avant longtemps, au grand dommage de Paris.

Hélas ! le fondateur est mort l'année même que devait paraître à Longchamp le triomphateur entre tous, l'incompréhensible, l'inoubliable *Gladiateur*, au comte de Lagrange. Ce cheval formidable remportait en se jouant le Grand Prix de 1865, après avoir écrasé en Angleterre tout ce qu'on avait essayé de lui opposer dans les plus grandes épreuves, Derby d'Epsom compris. Gloire sans précédent, et jamais égalée par la suite sur les champs de courses !

Paris délira de joie, le Corps législatif tout entier se leva pour acclamer le comte de Lagrange, député, lorsque celui-ci reparut dans la salle des séances après ces succès inouïs : *Gladiateur* devint une sorte de héros national. Il ne manquait à cette fête du sport et du patriotisme que le meilleur des gens de courses et des Français, le duc à la casaque rose.

CHAPITRE XV

L'ARC-EN-CIEL

L'AMATEUR DE COULEURS || CE QUE MORNY PRÉFÉRAIT || LA GALERIE || THIERS || UN CARNET DE LA DUCHESSE.

NE nous étonnons point que Morny eût fait choix, pour sa casaque, d'une couleur si délicieuse à voir sur un champ de courses. Il savait regarder. Il avait le goût des nuances, des reflets, des ombres teintées, des jeux infinis et délicats de la lumière. Ses yeux se promenaient avec attention sur les choses, ainsi que font les chasseurs en plaine, et non point machinalement, à la façon des soldats dans la cour du quartier. Il adorait notamment la peinture.

Il l'avait toujours aimée. Sa grand'mère, Mme de Souza, l'avait accoutumé tout enfant à connaître le plaisir des yeux, et aussi celui de la brocante et des collections : notez qu'ils ne vont pas inévitablement ensemble.

« Vous dîtes, écrivait-elle en mai 1811 à la comtesse d'Albony, que Charles (son fils, Charles de Flahaut) et moi n'entendons rien aux tableaux. Il se pourrait : cependant, je sens que je m'y connais mieux. Du reste les brocanteurs à six liards se sont tous faufilés avec moi. Vous en ririez. »

Elle fait la modeste, non sans grâce, comme toujours. Cependant, elle se vante en d'autres lettres d'avoir acquis de ses deniers trente-huit tableaux, parmi lesquels force chefs-d'œuvre, et des Carlo Dolci dont elle est très fière. Croyons que les « brocanteurs à six liards » durent abuser un peu de l'émotion où l'art plongeait cette femme charmante, plus enthousiaste que difficile, sans doute. Son petit-fils Auguste n'en reçut pas moins d'elle un amour sensuel et délicieux des belles choses : il sut cultiver et raffiner cet instinct si noble, si fin.

En dépit de sa gêne trop fréquente, lorsqu'il n'était encore que sous-lieutenant, le tout jeune comte de Morny trouvait pourtant le moyen d'acheter çà et là des tableaux : il en conserva certains durant toute sa vie, en revendait d'autres, les rachetait. Former une collection ne représentait point alors un si âpre combat qu'aujourd'hui, bien loin de là. On trouvait des occasions. Même connue, même recherchée, une toile pouvait encore être acquise par un particulier, celui-ci ne fût-il pas nanti de millions innombrables. Dès que la fortune sourit à Morny, sa galerie en profita. On se rappelle qu'il se fit accompagner de ses tableaux, quand il se rendit en Russie comme ambassadeur extraordinaire. On a prétendu qu'il se produisit alors un grand négoce entre l'ambassadeur et certains sujets du tzar, fervents amateurs de peinture, et que Morny, pour le coup, s'est trouvé dans trop d'affaires. Mais rien ne le prouve : aucun de ses chefs-d'œuvre n'est signalé avec précision comme une acquisition faite en Russie, et la réputation bienveillante de brocanteur officiel que l'on voulut faire à l'ambassadeur de France dut naître à Paris, chez des royalistes vexés ou des républicains en courroux, sinon parmi de bons et chers camarades, demeurés aux Tuileries, alors qu'ils se fussent tant plu, eux aussi, à Saint-Pétersbourg et à Moscou, au milieu des honneurs, des fêtes splendides, des broderies d'or et des pierreries, des diadèmes, des altesses et des princesses lointaines.

La seule « affaire » dont on parla — et l'on n'y voit pas trace de commerce — fut celle du Metsu. Morny possédait une belle œuvre de ce Hollandais : on en remarque trois sur le catalogue de sa vente après décès, mais nous supposons qu'il s'agit ici de la plus connue, *La Visite à l'accouchée*. Or, au Musée de l'Ermitage, à Saint-Pétersbourg, se trouvait également un tableau de Metsu, intitulé de même, et dont la composition était identique. Il fallait donc que l'un de ces deux tableaux fût une copie, l'autre l'original. Grave question pour un amateur, question immense pour un collectionneur.

L'ambassadeur extraordinaire de Napoléon III ne fut pas plutôt arrivé à Saint-Pétersbourg, qu'il courait bien vite au Musée de l'Ermitage, entre une réception et une cérémonie : et là, il se persuadait sans peine que son tableau était l'original, et celui du Musée une simple réplique. L'histoire ne dit point qu'il eût pris l'avis d'aucun maître ni de personne : mais pourquoi, en effet, en eût-il référé à des experts ? Aucun doute, paraît-il, n'était permis, sur la seule vue des deux toiles : Morny ne pouvait se tromper, jouissant d'un sens artistique assez aiguisé pour apprécier une peinture exécutée par un maître, et distinguer la main plus lourde ou plus faible d'un copiste, sinon ce qu'il y a toujours d'un peu las dans la réplique d'un bon tableau.

Ne doutons point, cependant, que plus d'un savant russe, spécialisé dans l'étude des œuvres d'art, n'eût en revanche affirmé que la toile de l'Ermitage était bien l'œuvre authentique de Metsu, quand celle de la collection Morny venait d'un pauvre imitateur : ce dont il administra sans doute des preuves éclatantes, car il est sans exemple qu'un érudit manque de documents incontestables chaque fois qu'il veut attribuer à son pays un grand homme, une œuvre illustre ou quelque initiative heureuse. De l'autre côté de la frontière, cependant, surgissent d'autres documents, non moins irréfutables, qui prouvent tout le contraire. Maints fameux docteurs auront consumé leur vie en ces combats patriotiques de textes victorieux et de découvertes définitives.

Quel genre de peinture aima surtout le duc de Morny? On peut en avoir une idée par le catalogue de sa collection, établi lors de la vente que l'on fit à la fin de 1865, après le décès du duc. On y voit figurer en grand nombre les œuvres de l'école hollandaise des XVIIe, XVIIIe siècles : un Hobbéma (*Les Moulins*), trois Metsu (dont cette célèbre *Visite à l'accouchée*), trois Van Ostade, un Paul Potter, trois Rembrandt (*Le Doreur*, notamment, œuvre bien connue), deux Rubens, trois portraits de Ruysdaël, un Jean Steen, des Téniers, des Terburg, des marines de Van den Velde, *L'Ecurie* de Wouwerman, etc.

Notre école française ancienne est représentée, entre autres, par un Boucher, un Boilly, trois Chardin (*La Serinette*, par exemple), un Claude Lorrain, des Fragonard (*L'Escarpolette*), des Greuze, des toiles de Pater, Prud'hon, Vernet, trois œuvres charmantes de Watteau (le *Rendez-vous de chasse*, les *Plaisirs du bal*, *Récréation champêtre*).

Pour les écoles italiennes et espagnoles, citons notamment des Guardi, des Murillo, des Salvator Rosa, deux portraits de Velasquez.

Parmi les modernes et les contemporains, voici enfin des paysages de Rosa Bonheur, Diaz, Théodore Rousseau, Ziem, six Meissonnier bien souvent reproduits sur les calendriers, boîtes de dragées, chromos (*Les Bravi, La Halte, L'Amateur de dessins, Le Poète,* etc...), un Géricault.

On voit les préférences de Morny : elles allaient à un art distingué, plus charmant que haut, sans audaces magnifiques autant qu'inquiétantes. Il y a toute une psychologie dans le fait d'adorer les Chardin. Quiconque aime si fort les Hollandais des XVIIe et XVIIIe siècles révèle aussi un peu de son âme : précision, attention, extrême sensibilité, quoique dépourvue du moindre mysticisme, horreur du vague et de l'éloquence, etc. C'est un jeu amusant et facile que de rebâtir un caractère d'après des prédilections artistiques.

Notons du moins que le duc montrait beaucoup d'à-propos et de discernement dans le choix des toiles : plusieurs d'entre elles atteignirent à des sommes assez importantes — pour l'époque! — lors de la vente qui suivit la disparition du collectionneur, en 1865. Villemessant donne des chiffres : *Le Doreur* de Rembrandt serait monté à 155 000 francs; *La Visite à l'accouchée* de Metsu aurait fait 50 000 francs; *Les Moulins* d'Hobbéma, 81 000 francs; *L'Escarpolette* de Fragonard, 30 200 francs; de Meissonnier, *Les Bravi* seraient allés à 28 700 francs; *La Halte* à 36 000 francs, *L'Amateur de dessins* à 8 750 francs, *Le Poète* à 11 800 francs. Évidemment, ces derniers prix semblent modestes : mettons que les Meissonnier se vendirent en fin de journée, à l'heure où c'est une fatigue pour les yeux que de compter des boutons de guêtres ou des poils de moustache.

Le même Villemessant nous dit qu'il y avait le plus souvent, dans la chambre où le duc travaillait, une chaise sur laquelle était placée quelque toile préférée, ou bien acquise dans la semaine. Morny s'en caressait les yeux : il se plaisait à la peinture pour la peinture, à l'art pour l'art. Il ne cherchait guère à réaliser des « coups, » comme font aujourd'hui tant d'amateurs. On ne connaissait point, sous le Second Empire, notre espèce de Bourse aux valeurs artistiques, les talents n'étaient pas si brusquement soumis à la hausse et à la baisse, et l'on ne spéculait pas encore avec tant de fièvre sur le cours du génie.

Il ne serait pas très juste de reprocher à Morny de n'avoir pas soutenu ni encouragé les grands peintres de « l'école de Barbizon, » par exemple, dont la vogue s'affirmait déjà, ou l'école « réaliste », qui commençait à étonner le public, ou plutôt à le révolter : le fameux et « scandaleux » *Enterrement à Ornans*, de Courbet, est de 1851, et de 1853 date son offensive des *Baigneuses*, dont la nudité trop... ressemblante épouvanta les gens. Le pauvre Courbet qui signait avec une si lourde naïveté : « Courbet sans religion et sans idéal! »

On a pourtant vu qu'un Rousseau, un Diaz figuraient dans la galerie Morny. Celui-ci n'était donc pas du tout hostile aux écoles nouvelles : mais il ne collectionnait des tableaux que pour son plaisir, et chacun sait qu'on ne réforme pas son penchant, en art, sans de longs et parfois assez laborieux efforts; on ne saurait même l'étendre sans quelque contrainte ni préméditation. Or, pourquoi Morny eût-il pris la peine d'aimer la peinture dite « réaliste », quand il trouvait une volupté si charmante à suivre les nuances heureuses et choisies des tableaux anciens? Critique d'art, ou uniquement amateur de peinture, c'eût été pour lui une obligation, sinon son devoir, que de tout comprendre, de se tenir du moins au courant touchant les plus récentes inventions esthétiques : mais une fois goûté son plaisir, entendez cet exquis et savoureux plaisir des yeux donné par les toiles du temps jadis, auxquelles il était habitué et dont il ne se lassait point, le duc de Morny avait d'autres soucis, à commencer par la politique, les femmes, les affaires, les chevaux, le théâtre. On peut suffire à tout, mais à condition de ne pas méditer sur tout, absolument tout : les journées n'ont que vingt-quatre heures, même si l'on dort très peu.

D'ailleurs, Morny se connaissait une raison de ne guère aimer les novateurs en art. On sait l'aversion profonde, instinctive, de cet homme d'ordre envers la révolution et l'abandon social, son goût des États bien tenus, pareils à des parcs sans broussailles ni herbes folles. Or, en 1848, l'un des premiers soins des généreux désorganisateurs avait été de supprimer le jury au Salon, afin d'y admettre dorénavant n'importe quoi et n'importe qui. On avait fait des commandes officielles aux peintres de Barbizon. La tradition et l'École, notamment celle d'Ingres, avaient passé auprès des démocrates pour des ennemis publics. Au contraire, la réaction napoléonienne s'était empressée de restaurer l'autorité de l'École, comme de rétablir le jury. Ne voyons sans doute pas là ce que l'on imagina de plus indispensable pour la sûreté de l'État, et notons que si le 2 décembre a sauvé la France de l'anarchie, ce fut heureusement par d'autres moyens. Néanmoins, le duc de Morny devait machinalement garder ce souvenir : nous ne prétendons point qu'il se fût écarté pour cette seule raison de la peinture nouvelle, un grand seigneur comme lui sachant sourire et oublier, grâce au ciel, dès qu'ainsi le voulait son plaisir, ou le conseillait sa bonne grâce. Mais comme son plaisir ne le portait manifestement pas vers les peintres contemporains, et la bonne grâce n'ayant ici que faire, pourquoi se fût-il acharné à découvrir la beauté inconnue? Assez d'autres émotions le surmenaient déjà.

Sa galerie, au plafond vitré, se trouvait à l'hôtel de la Présidence, où elle faisait suite aux salons de réception, encore que nettement séparée de ceux-ci par une portière, sinon par une porte. Les locaux affectés au Corps législatif étaient également contigus. Des visiteurs pouvaient au besoin entrer en cette galerie, sans pénétrer positivement dans le logis privé du duc de Morny : on abattait la portière, et le tour était joué. Ainsi faisait-on pour permettre quelquefois à certains dilettantes éminents de contempler les merveilles réunies par le président de la Chambre, sans que celui-ci eût à recevoir des hôtes, s'il n'en avait pas le désir. Dans le cas contraire, il n'avait qu'à soulever le rideau, et paraissait soudain, comme un prince de féerie parmi ses trésors.

On sent les avantages d'une salle disposée de la sorte, véritable terrain neutre. Le duc, en effet, pouvait y rencontrer celui-ci, celui-là, avec lesquels il souhaitait au besoin d'échanger quelques mots, sans faire tant que de les inviter chez lui, peut-être indésirables qu'ils étaient, peut-être compromettants. La curiosité artistique servait de médiatrice et arrangeait tout. On demandait à flâner un instant au milieu des chefs-d'œuvre amassés par Son Excellence : autorisation qui ne se refuse guère. Puis, justement, l'Excellence avait à passer par la galerie : salutations, mots de courtoisie, phrases d'estime pour le goût qui avait présidé à la formation d'une pareille collection, et le reste de l'entretien suivait; aucune préméditation, pouvait-on dire. C'est bien commode, un musée chez soi.

Ce fut ainsi, par exemple, que le président de la Chambre eut ce qu'on appela l'occasion de rencontrer Thiers, après les élections de 1863, à l'ouverture de la session législative.

Ces élections de 1863 avaient présenté une grande importance : pour la première fois, l'on sentait vraiment dans le Corps législatif la présence d'une opposition en dehors du petit groupe des Cinq. Simple indication, résistance encore assez légère, et surtout peu unie, mal organisée, mais enfin vivante, évidente. D'anciens chefs d'opinion venaient d'être élus, de vieilles gloires parlementaires, parmi lesquelles se trouvait Thiers, notamment. Personnage considérable que ce petit homme, orléaniste devenu populaire à Paris, fût-ce auprès des démocrates les plus ardents, grâce à sa lutte ondoyante et tenace contre l'Empire. On admirait son habileté dans les assemblées, ainsi que cette agitation indomptable, cette activité, disaient ses amis, cette énergie. Enfin, son long et remarquable passé imposait à la foule des députés, son prestige était immense. Ajoutons que le président du Corps législatif poursuivait obstinément son rêve, son sage rêve d'un Empire assoupli, sinon positivement libéral. En outre, il s'agissait d'un orléaniste !... Et non pas un orléaniste ordinaire, mais un ancien ministre et conseiller de Louis-Philippe, un potentat dont il avait bel et bien, lui, Morny, ordonné l'arrestation lors du Coup d'État de 1851.... Vis-à-vis des orléanistes, le duc se sentait toujours un peu dans la position où l'on serait devant la famille d'une femme qu'on aurait sans pudeur et trompée et quittée : Dieu sait les égards, les sourires auxquels on serait prêt ! On voudrait qu'un vieux parent, un ami respectable de l'abandonnée lui confiât à l'oreille : « Ton ex-mari, ma chère petite, a eu certes des torts affreux : mais vraiment, là, vraiment, il est la courtoisie même, nul ne peut lui ôter cela.... »

Donc, pour toutes ces raisons ensemble, Morny, qui ne pouvait inviter Thiers, ne détestait pourtant pas la pensée de rencontrer fortuitement celui-ci en quelque salle propice aux causeries sans témoins; et de son côté, l'adroit et avantageux petit Thiers, qui n'eût pas volontiers déféré à une invitation de Morny, ne jugeait pas en revanche devoir se dérober au hasard si, loin de la foule, ce hasard le mettait en face de Morny.

Or, le hasard, précisément, fit les choses pour le mieux : ces messieurs échangèrent de captivantes impressions d'art en face des toiles merveilleuses, puis la conversation continua....

Dès le lendemain de ce jour, ou le jour même, le 6 novembre enfin, le duc de Morny prononçait au Palais-Bourbon son discours officiel pour l'ouverture de la session de 1863. Les nouveaux élus l'écoutaient curieusement, pesaient chacun de ses mots. Plusieurs d'entre eux entendirent avec plaisir passer cette phrase, qui fut si remarquée : « Les suffrages du peuple ont replacé parmi nous d'anciennes illustrations parlementaires : j'ose dire que, pour mon compte, je m'en suis réjoui. »

L'Empereur se montra moins content que les députés. Le « réjoui » de Morny lui sembla déplacé, excessif, il s'en plaignit.

L'Empereur n'était guère logique : quand Morny offrait à l'opposition des fleurs peut-être utiles, et qui en tous cas ne pouvaient nuire et ne coûtaient rien, le souverain se rembrunissait. Mais lorsque le fâcheux Persigny, d'autre part, usait d'une telle raideur et d'une telle brutalité dans la campagne électorale de cette même année 1863, que ce maladroit obtenait en somme échec sur échec, le souverain se fâchait encore. Il se fâchait même si bien qu'il mettait bientôt son Persigny à la retraite, et le renvoyait définitivement à ses méditations en l'enterrant sous le titre de duc.

Au fait, si les élections avaient été très bonnes, le « réjoui » de Morny devenait un mot de Mazarin, et la lourde main de Persigny s'appelait la poigne de Louvois.

Le catalogue de la vente Morny ne comprenait pas seulement des tableaux. On y voyait figurer aussi tous les objets d'art, meubles et bibelots dont le duc s'était entouré de son vivant : et c'était un éblouissement. Que de nuances ! Aujourd'hui encore, on tourne ces feuillets avec délices. Voici des bois sculptés, une terre cuite de Coustou, des marbres, des porphyres rouges et des granits verts, des ivoires, des tabatières scintillantes et bonbonnières à miniatures, de délicats dessins japonais, des émaux multicolores, des porcelaines chinoises et japonaises, des bronzes ciselés comme des orchidées, des laques de pourpre, d'or ou de nuit, des malachites, des jades sans nombre, couleur d'algue ou de crépuscule, des étrangetés de Chine en albâtre, en cristal de roche, en sardoine, en agate aux veines sanglantes, en onyx terrible, etc.

Qui ne rêverait à ce que dut être le logis de Morny tout revêtu, tout constellé d'objets chatoyants et de peintures ? On s'y croyait sans doute parmi les ravissantes colorations d'un arc-en-ciel. Nous savons que les tentures avaient des teintes chaudes et belles, assez discrètes cependant pour que tout parût étincelant sous les vitrines, lumineux dans les cadres. Ajoutez les velours et les satins qu'y faisaient tournoyer la blonde duchesse de Morny et ses enfants, sans oublier la livrée des domestiques, leurs bas de soie, leurs couleurs héraldiques. Il y avait aussi les singes, pour l'insolence.... Se rappelle-t-on la scandaleuse laideur du diable, quand il apparaît soudain, tout terne et poilu, parmi les ors et les rubis, le sinople et l'azur d'une miniature peinte en quelque livre d'heures ? Tels semblaient les singes chez le duc de Morny — tant qu'on n'avait point regardé leurs beaux yeux humains!

C'est maintenant, c'est après s'être délecté en imagination de ce luxe raffiné, choisi, exquis, vraiment digne d'un prince, que l'on trouvera sans doute quelque plaisir à feuilleter en souriant un carnet de dépenses, ayant appartenu à la duchesse de Morny, et tenu à jour par elle-même, de sa propre main. Nous en avons dû la communication gracieuse à M. Daniel Halévy, qui le tient de son père, Ludovic Halévy.

Pauvre chétif petit carnet de Mme de Morny — l'une des femmes pourtant les plus extraordinairement élégantes de son temps!

La comtesse — car à cette date de 1859, 1860, elle n'est point encore duchesse — recevait 1 500 francs par mois pour ses toilettes et son argent de poche, aumônes et cadeaux compris. 1 500 francs!... Et encore prélevait-elle là-dessus, de temps à autre, 500 francs, sinon 1 000, qu'elle envoyait pieusement à sa mère, comme une petite Cardinal, ni plus, ni moins. C'était apparemment un budget d'éblouissante cocodette que 1 500 francs

Mais aussi, voyez donc le prix de la vie, en 1859.... Voici, au hasard, un costume de libellule (est-ce une étoffe qu'on appelle ainsi, ou une robe pour bal costumé ?) qui coûte 240 francs. Une paire de bottines de soie blanche, 40 francs. A Trouville, location d'une chaise sur la plage, 2 francs (pour la saison?). Un chapeau « anglais, » 50 francs. Une paire de souliers de plage, 10 francs.... En novembre 1859 : « Tedéum (*sic*) pour la naissance d'Auguste, 40 francs. » En décembre : « Au *Petit Saint-Thomas*, deux robes de soie, 151 fr. 75. » (Pour les enfants, peut-être ?) Un châle en cachemire brodé, ce qui est une grande dépense : 130 francs. Une robe de foulard, en juin 1860 : 86 francs.

Et pourtant, elle les montrait et les promenait, ses robes,

Mme de Morny! A l'autre bout du carnet, elle note les visites faites, les cartes déposées : en hiver 1863 par exemple, on n'en compte pas moins de 20 à 25, et voire 30 par jour!... Or, trente fois de suite on la trouvait somptueuse sous son étrange cachemire de 130 francs; et l'on ne se lassait point, l'été, de voir passer sous les arbres des jardins sa jolie toilette en foulard de 86 francs, ses ravissantes bottines en soie blanche de 40 francs.

En vérité, le duc de Morny n'avait relativement pas payé beaucoup plus cher ses œuvres d'art. Les nuances de l'arc-en-ciel étaient pour rien, en ce temps-là

CHAPITRE XVI

LITTÉRATURE

FARIBOLES ‖ LUDOVIC HALÉVY ET M. DE SAINT-RÉMY ‖ LA PRESSE ‖ HENRY ROCHEFORT ET M. DE SAINT-RÉMY.

Le duc de Morny se divertissait à écrire des petites pièces de théâtre — ou plutôt des pièces pour petits théâtres. Il nous est impossible de comprendre pourquoi ce jeu, innocent s'il en fût, a invariablement excité l'ironie hautaine des personnes qui parlèrent ensuite de notre homme d'État. A les en croire, le duc semblerait avoir commis là quelque chose de tout à fait indigne, et en tous cas ridicule. Des opérettes, des vaudevilles, des proverbes... ah, qu'est cela pour un président de haute assemblée nationale ? Un membre du Conseil privé, presqu'un prince du sang, avoir composé des couplets pour la scène, des revues de fin de saison, des amusettes... fi donc ! Et voici des sourires supérieurs, indulgents, nonchalamment attendris.

Émotion bien vaine. Si Morny eût négligé la moindre de ses occupations à cause des soucis que lui causaient ses piécettes, on serait en droit de penser qu'il leur attribuait une importance extrême, et par conséquent des plus exagérées : mais comme rien, absolument rien dans sa vie ne démontre qu'il ait jamais retranché cinq minutes au soin des affaires publiques ou privées en faveur de ses menus plaisirs dramatiques, que lui reproche-t-on ? Et pourquoi ces affectueux mépris, pareils à ceux d'un père à la vieille mode déplorant les minutes que son fils, bientôt bachelier, perd encore à faire voler les hannetons ou ronfler la toupie ?

Le duc de Morny s'est amusé à des fariboles de théâtre comme il eût joué au golf, si ce plaisir eût été importé sous Napoléon III.

Il savait assurément fort bien ce que valaient ces plaisirs scéniques : et s'il se montrait parfois plein de vanité à ce sujet, c'était à la façon dont précisément un joueur de golf peut, lui aussi, s'animer éperdûment à propos d'un coup bien envoyé ou d'un record à battre, sans parfois juger pour cela qu'hormis le golf, il n'y a rien ici-bas. On cite le cas de ministres anglais qui dirigent leurs balles sur les beaux gazons avec une attention infinie : ce qui ne les empêche nullement de soigner à merveille, une fois leur partie terminée, les intérêts de leur pays. Nous en avons parfois su quelque chose.

Mais le golf n'est pas une distraction intellectuelle?... Tandis que les opérettes!...

Rappelons aussi que la tradition du XVIIIe siècle, héritée de Mme de Souza et de tant d'aïeux français, demeurait singulièrement chez Morny. Il conservait tous les penchants d'un gentilhomme contemporain de Law, de Choiseul et du jeune abbé de Périgord — son grand-père. Le goût des œuvrettes pour la scène et des comédies de salon était peut-être héréditaire.

Bref, le duc de Morny, travaillant quotidiennement avec autant d'assiduité que d'exactitude, connaissait néanmoins trois récréations délicieuses : les femmes, les chevaux, les œuvres d'art. En outre, il avait une manie : les vaudevilles. Savoir si notre bridge est supérieur. Ou le mah-jong. Ou les mots carrés.

Nous exagérerions en affirmant que les titres de ses productions théâtrales sont demeurés illustres. La littérature dramatique de M. de Saint-Rémy — car le duc de Morny usait de ce pseudonyme — ne prétendait certainement pas à l'immortalité. C'était déjà beaucoup que d'atteindre à quelque actualité sur « le boulevard » : des critiques un peu trop bienveillants y aidaient. Ils auraient dû d'autant plus mesurer leurs éloges que l'auteur était plus haut placé ?... Sauf pour quelques âmes sublimes, la vertu a des bornes.

Enregistrons à l'actif de M. de Saint-Rémy, sans nous attarder à ces « mondanités » dramatiques, quelques comédies et vaudevilles, parmi lesquels nous citerons : *Sur la grande route* (31 mai 1861), *Les bons conseils* (1er avril 62). *La manie des proverbes* (1er avril 62), *Pas de fumée sans un peu de feu* (10 avril 64), *Les finesses du mari* (14 mai 64), *La succession Bonnet* (4 juin 64). Ces pièces furent représentées presque toutes à la Présidence même ou chez la princesse Mathilde, et publiées chez Michel Lévy en 1865, en un recueil intitulé *Comédies et proverbes.*

Une d'elles pourtant obtint certain succès sur la scène des Bouffes Parisiens, le 14 septembre 1861, et un succès qui dura longtemps, qui même dure encore. Il y a peut-être une raison à cela. Contons cette histoire, elle n'est pas sans grâce.

Un jeune écrivain, nommé Ludovic Halévy, travaillait paisiblement chez lui, ou allait rêvant par les rues, enfin se trouvait en état de sérénité, lorsqu'un de ses amis, Alfred Blanche, vint le voir, ou le rencontra : « Mon cher Halévy, il faut aller dès demain matin voir M. de Morny.

— Moi ?...

— Eh! oui. Il est prévenu, et vous avez audience : il vous attend. Je l'ai vu hier. Il cherchait un jeune auteur dramatique, à qui montrer un sujet de pièce. « J'ai votre affaire, » lui ai-je dit. Je songeais à vous. Aussitôt que je vous eus nommé, le duc accepta. Allez donc, et ne vous faites pas attendre. M. de Morny aime qu'on soit exact.

— Mais cela m'intimide horriblement.... M. de Morny! »

Il faut ajouter que le jeune Halévy se trouvait alors fonctionnaire, attaché au ministère de l'Algérie, en même temps qu'auteur dramatique déjà connu et apprécié. Or, pour un fonctionnaire, si philosophe et détaché soit-il des grandeurs humaines, un président de la Chambre est toujours un président de la Chambre : un tel personnage peut prêter à ricaner, mais non pas à plaisanter. Sous l'Empire, en outre, le « président, » déjà si émouvant par sa seule et auguste fonction, joignait encore à son prestige administratif celui de demi-frère de l'Empereur, de mécène, de séducteur, de dandy, que sais-je! Il n'en fallait pas tant à un homme de lettres pour se monter la tête, à un chef de bureau pour la perdre tout à fait. Le fossé s'ouvrait alors bien plus largement que de nos jours entre un employé de ministère et un écrivain. Ludovic Halévy allait jusqu'à signer Jules Servières ses premières œuvres, par convenance apparemment. Il était donc naturel qu'il se troublât beaucoup à la pensée de se voir soudain assis comme une espèce de juge en face de l'éminentissime comte de Morny — il n'était pas encore duc — auteur d'un essai ou d'un canevas de pièce auxquels il s'agirait d'adresser peut-être certains reproches.

Néanmoins, le rendez-vous était pris, il s'y fallait rendre

coûte que coûte. Halévy s'en fut donc, bien gêné, vers la Présidence. Là, à peine se fût-il nommé qu'on le fit entrer dans une pièce à part, loin des solliciteurs, et bientôt il était introduit dans le cabinet de travail où Son Excellence le reçut avec la ravissante courtoisie dont il avait coutume, mais non sans une gêne manifeste, et vraiment singulière chez un tel homme.

Au bout de quelques instants, le comte tirait un manuscrit d'une cachette, presque en rougissant, puis le présentait au jeune maître, ainsi qu'un élève de rhétorique montrant à son professeur quelque ode latine composée pour la Saint-Charlemagne.

Ludovic Halévy comprit à cet instant que le président de la Chambre, tout Morny qu'il fût, ne se sentait pas moins intimidé que lui, Halévy, fonctionnaire infime, mais auteur dramatique déjà connu. En somme, il y avait là quelque secrète révérence du prince des hommes envers les Muses divines, révérence qui n'allait ni sans modestie, ni sans élégance.

Le résultat de cette collaboration, née de la sorte dans l'émoi, fut l'opérette intitulée *M. Choufleury restera chez lui*. On la joue toujours, et elle fait recette. C'est la seule des œuvres de M. de Saint-Rémy qui nous soit restée : Ludovic Halévy nous eût dit pourquoi.

Un autre résultat, plus intéressant pour Ludovic Halévy, fut aussi qu'il devint petit à petit l'un des principaux protégés et l'ami de Morny, qui lui confia la besogne fort délicate de rédiger pour *Le Moniteur* le compte rendu des séances du Corps législatif. On devine les difficultés infinies de ce minutieux travail : il fallait, sans trop altérer le texte des discours ni changer l'aspect des débats, leur prêter toutefois une physionomie qui parût admissible à l'Empereur, impartiale aux yeux des lecteurs parisiens, et intègre au jugement des lointaines provinces. Vraie opération chimique, à laquelle Halévy et son président s'appliquaient avec ruse et honnêteté à la fois, avec patience surtout, non toujours sans discussions subtiles. Ils se trouvaient, de cette manière, en rapports étroits et continuels. Ce que peut une opérette !

Néanmoins, les meilleurs succès de M. de Saint-Rémy furent surtout remportés par de légères et assez vives comédies de circonstance, auxquelles il excellait, disait-on. Quelques-unes, véritables « revues » de château ou de salon, ont fait beaucoup rire et laissèrent quelque renommée. On adorait ce genre d'amusement, on le jugeait frondeur, coquet, d'un goût exquis, fort « Marie-Antoinette » : mot d'une séduction sans pareille! On sait la passion de l'impératrice envers la reine malheureuse. Pour avoir fredonné quelque badinage à couplets ou organisé des tableaux vivants, toute la cour de Compiègne ou des Tuilerie se croyait aux Trianons, tournant le madrigal, aiguisant l'épigramme, et chassant d'une pichenette les grains de tabac tombés sur le jabot.

On s'amusait de peu, à vrai dire, voire les plus difficiles. Mérimée écrit de Compiègne à son Inconnue, le 17 novembre 1861 : « Nous avons... quatre Highlanders en *kilt* : le duc d'Athol, lord James Murray, et le fils et le neveu du duc. C'est assez amusant de voir ces huit genoux nus dans un salon où tous les hommes ont des culottes ou des pantalons collants. Hier, on a fait entrer le *piper* de Sa Grâce, et ils ont dansé tous les quatre de manière à alarmer tout le monde lorsqu'ils tournaient. Mais il y a des dames dont la crinoline est encore bien plus alarmante quand elles montent en voiture. Comme on a permis aux dames invitées de ne pas porter le deuil, on voit des jambes de toutes les couleurs. Je trouve que les bas rouges ont très bon air. »

Dans une cour un peu désœuvrée (n'en a-t-on pas l'impression, à lire ces lignes de Mérimée?) comment ne se fût-on pas extraordinairement diverti à des bouts de revue qui osaient (!) mettre en scène jusqu'aux souverains eux-mêmes ? Seul un Morny, faisait-on semblant de murmurer avec effroi, pouvait se permettre de telles privautés.

Ludovic Halévy a transcrit de mémoire, en ses carnets inédits, l'une de ces voltigeantes satires de société, de haute société. L'Empereur lui-même, assurait-on, en avait d'ailleurs donné l'idée première. La représentation eut lieu à Compiègne même, le 15 novembre 1862, sous le titre : *La corde sensible,* ou *Les dadas favoris.* Voici l'une des attractions principales de cette actualité d'automne.

Un personnage nommé Durieu, joué par M. de Saulcy, s'entretient avec un autre personnage dont il ignore l'identité, et qui n'est autre que Morny, rôle tenu par le duc en personne : gaminerie déjà des plus plaisantes pour les gens de la cour.

« DURIEU. — La vie de château est chose fort délicate. Se trouver ainsi au milieu de vingt, de trente personnes, et plaire à toutes, c'est là une grosse affaire.

MORNY. — Une grosse affaire, non. Ce n'est qu'une étude, qui demande quelque finesse.... Chacun, voyez-vous, a son dada, sa toquade, sa corde sensible. Trouvez cette corde sensible, et vous êtes sauvé....

DURIEU. — Je voudrais citer quelques exemples, prendre quelques noms.

MORNY. — Faites, faites.

DURIEU. — Eh bien, M. de Morny. Connaissez-vous M. de Morny ?

MORNY. — Oui... un peu....

DURIEU. — Est-ce qu'il a un dada, lui, une toquade ?

MORNY. — Il en a deux.... Les chevaux et le théâtre. Il a une situation politique importante, il est président de la Chambre, membre du Conseil privé... eh bien, cela ne l'empêche pas d'être toujours occupé d'un handicap ou d'un vaudeville.... Il fait des pièces, il les fait jouer chez lui.... Cela n'est pas sérieux. Il paraît que l'Empereur est mécontent.

DURIEU. — Cela ne m'étonne pas. Mais a-t-il au moins de bons chevaux, et fait-il de bonnes pièces, M. de Morny ?

MORNY. — Peuh! peuh!... »

(La conversation continue : ils parlent de plusieurs autres personnes).

« DURIEU — Et l'Empereur a-t-il aussi?... »

(On doit ici se rappeler que Napoléon III se trouvait alors dans la plus grande agitation à propos de son ouvrage sur Jules César, et des fameuses fouilles d'Alésia, dont il s'occupait avec fièvre).

« MORNY. — ...Trouvez une vieille paire de pincettes, et établissez par un mémoire que cette paire de pincettes a été l'épée de César pendant la guerre des Gaules.... L'Empereur sera ému, il examinera les pincettes avec une attention gallo-romaine, et votre fortune sera faite.

DURIEU. — ...Et l'impératrice?...

MORNY. — ...Dites-lui... dites-lui (ici, une énumération flatteuse de grâces et de vertus)... tout cela passe et glisse. Mais que l'impératrice ait un salon à arranger, et la voilà heureuse. Elle y met quatre canapés, huit fauteuils, vingt chaises, des étagères dans tous les coins, des tabourets et des poufs au milieu de la pièce, enfin on ne sait plus où se fourrer : entré, on ne peut plus sortir; sorti, on ne peut plus rentrer. Voilà la corde sensible de l'impératrice. »

Tout cela n'était certes pas méchant : mais quiconque aura d'une part approché, fût-ce de loin, des princes parmi leurs courtisans, et d'autre part suffisamment imaginé la vie de château, devinera sans peines les sourires, les regards prudemment amusés, la gaîté pleine d'une feinte étourderie avec lesquels on accueillait ces malices roulées dans du sucre, et ces pointes entourées de velours. Sans compter que les journées semblaient parfois un peu lentes, lorsqu'on ne chassait point, et les soirées plus longues encore, surtout si l'on avait chassé.

Ainsi que le Morny-compère de la revue le disait dans la scène ci-dessus, non seulement le président du Corps législatif écrivait des pièces, mais encore il les faisait jouer chez lui. Un article de *La Vie parisienne* du 21 mai 1864, intitulé « Chez M. de Saint-Rémy », et non signé, nous rend l'aspect d'une de ces célèbres soirées, au cours desquelles le duc de Morny offrait à ses invités en son bel hôtel de la Présidence le « plaisir délicieux, » lui disaient les plus jolies femmes, d'entendre une de ses œuvres.

La Vie parisienne constitue pour l'historien l'un des plus précieux documents, touchant les mœurs, les prétentions, les élégances morales et physiques, la vie telle qu'on la rêvait et telle qu'on la menait, la psychologie fort minutieuse et significative enfin de la « bonne société » dans la seconde moitié du XIXe siècle. Fondée en 1863 par Marcelin, on sait qu'elle se trouvait très finement, ironiquement, remarquablement rédigée : les noms de Champfleury, Charles Monselet, Taine, sous le pseudonyme de Frédéric-Thomas Graindorge, Edmond About, Crafty, Victorien Sardou, les Goncourt. etc., y revenaient régulièrement.

L'auteur inconnu de cet article sur une soirée chez M. de Saint-Rémy, décrit d'abord l'aspect de la Présidence, l'arrivée par l'allée d'arbres s'amorçant sur la rue de l'Université, le zouave de faction, éclairé par les lanternes des équipages, puis la galerie de tableaux que l'on traversait tout d'abord, sa tenture de damas rouge, son tapis rouge et noir, ses lampes à réflecteur, grâce auxquelles les tableaux seuls se trouvaient bien en vue, le reste demeurant dans une certaine pénombre, le Rembrandt sur un chevalet, les lustres scintillants, les plantes vertes, les fleurs, les crinolines, les épaules....

Là-bas, dans le plus grand des salons, on représente une « saynète » du maître de la maison. D'éminents sociétaires de la

Comédie-Française la jouent. « Rien de plus défavorable à ces derniers, remarque l'auteur avec mépris, que le voisinage de vrais gens du monde. » Les vêtements des deux comédiens, en effet, sont à la fois prétentieux et démodés, aussi bien ceux de l'homme que ceux de l'actrice. Leurs manières exagèrent ridiculement le bon ton. Ils affectent un « roucoulement rococo », ont des « allures d'honnêtes mercières.... »

Si l'on se permettait aujourd'hui d'imprimer le demi-quart de remarques semblables, on périrait assassiné.

Les journalistes, on doit l'avouer, ne raillaient pas toujours avec beaucoup de légèreté ni de goût sous le Second Empire. On ressasse invariablement à ce sujet une série de lieux communs, devenus traditionnels : autrefois la presse était spirituelle, les journaux avaient une valeur intellectuelle que nous ne connaissons plus, c'était l'âge d'or du journalisme. Quant à nous, fi donc!

Étrange cliché. Si l'on prenait le peine de feuilleter réellement les gazettes du temps, nous pensons qu'on changerait d'avis. Sans doute le public supportait encore, çà et là, une presse doctrinaire très grave, mais où l'on ne rencontrait certes pas une pensée plus active, une expérience politique plus mûrie, ni une philosophie mieux informée que celle de tel ou tel important organe d'aujourd'hui. Entre des journaux imposants, pesants, souvent bien puérils, au fond, et la presse qui prétendait à la désinvolture, pas de milieu : il fallait prêcher ou batifoler. Nous avons trouvé, depuis lors, des formules plus vivantes, des talents plus souples. En ce qui concerne l'esprit même qu'on appelle « parisien », l'esprit du perron Tortoni, l'esprit de leur fameux « boulevard... » franchement, nous voici plus près, à cette heure, de nos ancêtres du XVIIIe siècle. Les journalistes du Second Empire ont surtout montré de la gaîté, de l'espièglerie, de la turbulence parfois assez bouffonne : mais cela ne va guère loin. Louis Veuillot insulte et déclame, Henri Rochefort fait du bruit, « chahute » comme un collégien, débite des calembours faciles; Prévost-Paradol lui-même, l'illustre Prévost-Paradol paraît bien pincé, bien retenu, bien long en ses secrètes ironies, et un peu ennuyeux le plus souvent : il lui faut trois pages pour préparer quelque malice laborieuse, dont on se délectera dimanche prochain, quand on aura toute une journée à soi.

Émile de Girardin, avait assurément une sorte de génie stratégique en fait de journalisme : mais combien ternes, à peine clairs, et laids, positivement laids, étaient ses articles! Pour un J.-J. Weiss par ci, par là, nerveux et dense comme il faut, un éblouissant Paul de Saint-Victor ou même quelque B. Jouvin, disert, habile, que de fades Limayracs ou de vulgaires Léo Lespès!

Nous avons mieux. Nos journaux sont, hélas! beaucoup moins bien écrits, sans nul doute, mais aussi beaucoup plus intelligents, à y regarder de près. L'intelligence et la littérature étaient encore un peu phénoménales, pour ainsi dire, sous le Second Empire. Quand paraissait un livre qui produisait par hasard quelque tapage en dehors des cercles d'écrivains professionnels, comme la *Vie de Jésus*, *Salammbô* ou *Le Capitaine Fracasse*, tous les journaux en parlaient avec une espèce de stupeur, charmée ou indignée, selon les cas. *La Vie parisienne* leur consacrait des pages entières. De nos jours, au contraire, comptez les ouvrages qu'on se flatte d'avoir lus dans les salons : ils sont innombrables. On en était, sous Napoléon III, à diviser les écrivains en deux camps : ceux qui portaient des gants, les Roqueplan, les Henry de Pène, les About, les Aurélien Scholl; et ceux qui n'en portaient point. Tant la littérature restait cantonnée chez elle, tant les journalistes semblaient encore des êtres spéciaux et bizarres!

Le Figaro lui-même, gazette exclusivement littéraire et, selon ce terme qu'on aimait tant, « parisienne, » paraîtra bien ingénu, si on le compare à nos feuilles du même genre, surnourries d'informations fiévreuses, diaprées, corrompues, charriant pêle-mêle l'insignifiance et le talent, l'affaire qu'on amorce et le mot ingénieux qu'on n'oubliera plus. Il est vrai que la politique était alors défendue au *Figaro*, Villemessant, son fondateur et directeur, ne permettait guère que des allusions très détournées, car les procès coûtaient gros, la suspension davantage encore, et si la prison ne déshonorait point pour une telle cause, elle était en tous cas gênante et fastidieuse au dernier point.

Le duc de Morny se plaisait à rendre service aux journaux : dès que leurs conflits avec le pouvoir ne présentaient pas une gravité terrible, tout se dénouait facilement, grâce au président de la Chambre. On l'allait voir un matin, et maints procès s'arrangeaient comme par enchantement. Villemessant en fit l'expérience.

Non pourtant que Morny éprouvât tant de considération envers les agités des feuilles publiques. « Peuh, disait-il, vos journalistes, quelle expérience ont-ils?... Des gens qui n'ont seulement pas été ministres!... » (Goncourt, 31 décembre 1870). Mais il était obligeant, comme tous les grands seigneurs.

Alphonse Daudet narre cependant une assez singulière histoire dans ses *Trente ans de Paris*, au sujet d'Henri Rochefort et du duc de Morny. Avouons-le, cette anecdote nous étonne un peu. Alphonse Daudet ne saurait évidemment l'avoir inventée : il connaissait ce milieu mieux que personne, et s'il rapporte l'aventure, c'est donc qu'elle est vraie. Psychologiquement, d'ailleurs, elle est savoureuse.

Un jour, après la publication du volume contenant les piécettes de M. de Saint-Rémy, nombre de journaux avaient, paraît-il, jeté des fleurs à profusion sur l'œuvre d'un auteur dramatique aussi heureux, aussi charmant. Jusque là, n'est-ce pas, rien d'étonnant?...

Henri Rochefort, cependant, chroniqueur des plus... « dissipés », comme on dit au collège, et enclin à la pétulance non moins qu'à l'indiscipline, le mauvais garçon Henri Rochefort n'aurait cru pouvoir mieux faire que d'écrire un article infiniment désagréable, touchant les mérites littéraires de M. de Saint-Rémy.

Dans quel journal cet article aurait-il paru? Voilà un mystère. Dans Le *Figaro*, a-t-on dit? Nous en avons feuilleté la collection, depuis la première chronique de Rochefort en 1864, jusqu'à la mort du duc de Morny, sans trouver trace du texte incriminé. *Le Nain jaune* également, gazette excellente et de bonne ironie, où Rochefort se révéla journaliste brillant et bavard, allègre et amer à la fois, *Le Nain jaune* n'offre rien, que nous sachions, de blessant pour l'amour-propre littéraire de notre duc. Il faudrait donc que le « papier » fût éclos dans *Le Charivari* ou *L'Evénement*. Peu vraisemblable : ces feuilles portaient peu, passaient pour superficielles. Une attaque contre le président de la Chambre exigeait un meilleur tremplin.... Mais peut-être avons-nous mal cherché, après tout : un plus habile découvrira le corps du délit. Répétons cependant qu'il est difficile de mettre en doute une anecdote fort vraisemblable, et qu'Alphonse Daudet nous donne pour certaine.

Chose incroyable, le duc de Morny, fut, paraît-il, atterré par cette boutade parisienne, pourtant de pure taquinerie, mais publiée dans un journal du boulevard, non sans qu'on en rît bien chez Tortoni, évidemment. Que l'on blamât sa politique, qu'on l'accusât de tremper dans trop d'affaires, de mener la France aux abîmes en ne favorisant pas volontiers l'Angleterre, ou en risquant d'inquiéter par une alliance russe cette bonne Allemagne, que l'on s'attaquât à sa vie privée, à son luxe de mécène, à son goût peut-être un peu trop durable pour les belles amours, ou à ses manières de parler, de s'habiller, qu'on allât même jusqu'à insinuer que son écurie de courses ne valait pas grand'chose — passe encore. M. le duc souriait de haut, avec une insouciance parfaitement sincère.

Mais venir déclarer, imprimer en toutes lettres que M. de Saint-Rémy n'avait pas de talent, cela, oh! cela, c'était intolérable, positivement intolérable, presque scandaleux, presque factieux, c'était méchant. De fait, il ne se trouvait guère habitué à de telles rudesses, M. de Saint Rémy. Et puis, son talent d'auteur dramatique!... Il avait là son mirliton d'Ingres.

Le désespoir de l'infortuné duc eût attendri les plus durs. Il envoya son livre à B. Jouvin, nous dit Alphonse Daudet, dans l'espoir d'en obtenir un article de critique littéraire au *Figaro* : article peut-être promis, et qui eût un peu pansé la blessure.... Hélas, M. de Saint-Rémy n'était pas du métier, il ne pouvait savoir que pour un journaliste, le verbe promettre est défectif, et ne connaît que les temps du conditionnel. Jouvin ne l'écrivit jamais, cet article.

Dès lors, le duc de Morny n'eut plus, toujours selon Daudet, qu'une idée fixe : parvenir à approcher l'impertinent, l'audacieux Rochefort, se le faire présenter. Et une sorte de duel étrange s'engagea désormais entre eux : le duc s'acharnant à faire la connaissance du journaliste, comptant le séduire sans doute; mais celui-ci, redoutant apparemment d'être séduit, se refusait à toute entrevue, en fuyait la moindre occasion. Villemessant s'y employa de son mieux : vainement! On tenta d'attirer Rochefort, grand amateur d'art, dans la fameuse galerie Morny : ruse inutile, le pamphlétaire se déroba. A la première représentation de la *Belle Hélène* (17 décembre 1864) Son Excellence somma Villemessant d'aller lui chercher Rochefort qu'on avait signalé dans la salle : peine perdue, car ce dernier s'enfouit aussitôt dans le fond d'une loge, et n'en sortit plus.... Le duc en séchait de dépit. Ainsi une jolie femme, habituée à tous les succès, tomberait amoureuse du seul homme qui lui résisterait, et bien pis, du seul homme qui l'aurait battue.

Finalement, Morny serait mort sans avoir personnellement connu, ni par conséquent ensorcelé Rochefort.

Tel aurait été l'unique échec de cet irrésistible séducteur. Si l'histoire ne semble pas vraie de tous points, elle est du moins finement arrangée.

CHAPITRE XVII

LE COUP DE BARRE

BISMARCK ‖ PREMIÈRES LUEURS DE L'EMPIRE LIBÉRAL ‖ « SI C'EST UNE FIN... » ‖ MORNY POUSSE L'EMPEREUR VERS LES RÉFORMES DÉMOCRATIQUES ‖ LES ÉLECTIONS DE 1863.

En 1863 commence la période pendant laquelle le rôle de Morny fut de beaucoup le plus considérable, influent et audacieux. A cette époque, il se comporta vraiment en prince, et pensa en prince. Il sut prendre un parti, ne craignit pas plus les responsabilités que la hardiesse. Ce n'était pas d'une âme petite. Il voyait les vrais dangers qui menaçaient l'Empire : désaffection mortelle de la jeunesse, de l'intelligence et du talent; échecs diplomatiques extrêmement graves au sujet de la Pologne, du Danemark, de Rome; plaie ouverte, et mauvaise plaie du Mexique; vieillissement du régime et de ceux qui le servaient. Prétendre que l'État se trouvât dès lors en danger, l'on ne pouvait aller jusque-là. Mais il était malade : fièvre, neurasthénie par suite de déboires et d'insuccès, ulcère chronique et artériosclérose.... Le duc de Morny eût peut-être guéri la France impériale. Qui sait si quelques soins d'hygiène politique n'eussent point suffi : rajeunissement des cadres, abandon pur et simple du Mexique, égoïsme sacré, repos diplomatique, séduction et conquête des jeunes esprits par un libéralisme souple, ingénieux, surveillé, encore plus hautement proclamé, et toutes les flatteries, toutes les caresses pour les intelligences et les talents.

Mais il eût fallu que l'Empereur n'eût point la tête pleine d'un perpétuel *romancero* historique.

Il eût fallu aussi que Bismarck ne fût pas né.

Et puis, il eût fallu surtout que Morny ne fût point enlevé à la

France en 1865, quand se préparait l'orage terrible de Sadowa — entre autres sinistres.

Ce qu'était Bismarck, nous n'avons pas à l'exposer ici : une biographie du duc de Morny ne saurait se changer en histoire générale du Second Empire, non plus qu'en une galerie des personnages qui furent illustres en son temps. Aussi bien le colossal chancelier n'a-t-il été que trop étudié : on connaît de tous points son rôle mondial, magnifique pour la Prusse, épouvantable pour les Français, incommode et abusif pour tout le reste de l'Europe. Il ne serait pas juste d'en mal parler, si l'on ne songe qu'au Prussien et au diplomate : on doit s'incliner devant un grand patriote, quelle que soit sa patrie, comme on fait devant un grand soldat, à quelque armée qu'il appartienne; et quant au diplomate professionnel, voilà un maître, pour le coup! Il n'y a pas une ruse fraîche et joyeuse dont il n'ait usé avec autant de naturel et de paisible force qu'un bon jardinier use de sa bêche, ou un laboureur de son soc. Il déclenchait une guerre à la façon tranquille dont on met une machine en marche, une fois tout bien préparé. Et puis, pas de mièvreries : de grandes pièces, largement forgées, avec un fameux marteau.

De ce marteau d'acier, Bismarck s'est servi sans scrupules pour fabriquer l'Empire allemand, au prix de trois guerres, dont une affreuse. Moins de cinquante ans après, une autre encore, et celle-là monstrueuse, se déchaînait à cause du même Empire. On finit par se demander si le chancelier, en somme, pensait à l'avenir. Et si d'ailleurs il ne vaudrait pas mieux que les diplomates eussent moins de génie; ou en tous cas, qu'ils disposassent de moins gros bataillons. On en vient même à s'imaginer, non sans impertinence, qu'entre le génie des diplomates et les gros bataillons existe un lien curieusement étroit. Quand Bismarck suggérait quelque avis, il le faisait au nom de 500 000 hommes armés, et s'il trompait les chancelleries, une artillerie formidable trottait en même temps sur les routes : comme c'est malin!

Gardons-nous de dire, cependant : « Si Morny avait vécu.... » Nous ne serons pas si fols que d'ajouter des conjectures à cette science déjà par elle-même conjecturale, l'histoire. Il n'en est pas moins que seul dans l'entourage de Napoléon III, Morny comprit dès le début le péril qu'une Prusse puissante pouvait représenter pour la France : son insistance continuelle en faveur de l'alliance russe n'avait pas d'autre cause. Si, après

Sadowa, le chancelier terrible se fût trouvé pris dans une mâchoire franco-russe plus terrible que lui, il eût peut-être éprouvé toutes les délicates hésitations d'une âme chrétienne au moment de faire publier dans les journaux, en juillet 1870, et sous la forme qu'on sait, la dépêche d'Ems. La politique, en définitive, n'est pas si compliquée qu'on pense.

Toutefois le duc de Morny n'était pas ministre des Affaires étrangères, malheureusement. L'équilibre européen ne dépendait pas de sa clairvoyance ni de ses précautions. Son domaine particulier, c'était plutôt la politique intérieure, où il s'entendait si bien. Il faut chercher à nous expliquer sa tentative libérale, à partir de 1860 déjà, et comme on écrit en style parlementaire contemporain, son « coup de barre à gauche ». Car on peut dater du 24 novembre 1860 l'initiative d'une politique plus libérale dans l'Empire, que Morny désirait, et à laquelle il avait grandement poussé. On se rappelle qu'en ce jour mélancolique d'extrême automne avait paru un imprévu décret de l'Empereur, apportant à la constitution de 1852 d'assez profondes modifications. Désormais — entre autres surprenantes innovations — le Sénat et le Corps législatif auraient le droit de discuter et voter une Adresse en réponse au discours du trône; des commissaires du gouvernement, assistant à la discussion, devaient donner aux sénateurs et députés les explications souhaitables au sujet des matières dont on disputait. Ce qui, en réalité, revenait pour l'Empereur à accepter une sorte d'interpellation générale sur toute sa politique pendant la session écoulée : on sent la nouveauté, l'importance d'une telle mesure.

En outre, des ministres sans portefeuille, appartenant d'autre part, comme il va de soi, au Conseil des ministres, se voyaient chargés de défendre devant les Chambres les projets du gouvernement : c'était rétablir le contact aboli entre les élus de la nation et le souverain.

Enfin, les comptes rendus des séances, tant à la Chambre qu'au Sénat, allaient être désormais publiés chaque jour dans les journaux : comptes rendus analytiques, et même sténographiques, ces derniers réservés au journal officiel. N'allons point jusqu'à soutenir que ces comptes rendus, et jusqu'à la sténographie même, eussent toujours apporté dans les provinces lointaines une image rigoureusement exacte des séances : on peut généralement présenter, sinon déguiser les choses d'une certaine manière. Déguiser, voilà du mensonge; présenter, c'est de l'art. Néanmoins, il y avait là le témoignage évident de la générosité impériale — plus évident que réel, et que positivement inquiétant pour des ministres prudemment attaqués, comme pour un gouvernement défendu par des lois sur la presse. Le souverain, de lui-même, octroyant la liberté à ses gouvernés : ne disons pas à ses sujets!... Beau sujet de peinture allégorique pour un hôtel de ville.

Nous avons peine à nous figurer aujourd'hui, dans notre époque de licence politique et de dévergondage social, la véritable stupeur produite par un tel décret, préparé dans le mystère, ou peu s'en fallait, et promulgué assez brusquement. Quoi! après huit années de gouvernement presque absolu, d'ordre public et de silence, ou si l'on veut, de simple susurrement parlementaire, un pareil abandon de principes ?... Et cet énigmatique Morny qui approuvait ces mesures, qui, bien pis encore, les avait peut-être suggérées, qui en tous cas avait en Conseil privé poussé l'Empereur à les adopter?... Les purs bonapartistes appelaient ces décisions de Napoléon III « l'attentat du 24 novembre ». Les royalistes ricanaient. « Vous entr'ouvrez la porte aux révolutionnaires », déclarait Guizot. Les républicains eux-mêmes se méfiaient, n'en croyaient pas leurs oreilles. Ce fut alors, on s'en souvient, que Morny ayant demandé à Émile Ollivier : « Eh bien, êtes-vous cette fois content de l'Empire et du nouveau décret ?
— Ma foi, fit Ollivier, si c'est une fin, vous êtes perdus. Si c'est un commencement, vous êtes fondés. »

Ce n'était sans doute ni l'un, ni l'autre, dans la pensée de Morny tout au moins. Car celui-ci avait beaucoup trop d'expérience pour s'imaginer qu'une concession quelconque aux partis d'opposition pût jamais être la dernière : quand on se met à céder.... D'autre part, devait-on voir là réellement le début d'un nouvel Empire, décidé à rétablir tout ce qu'il avait fait disparaître en 1851, c'est-à-dire le désordre social, l'anarchie parlementaire, l'inquiétude générale, l'anxiété des gouvernants, l'émeute latente, etc ?

Non pas. Si l'on examine de près ce terrible « attentat du 24 novembre », qu'y trouvera-t-on surtout ? Une sorte de politesse, si l'on peut s'exprimer ainsi, faite aux partis d'opposition, au grand public et aux journalistes.

En effet, les débats se trouveraient désormais publics, puisqu'ils paraîtraient dans les gazettes, et seraient même sténographiés dans *Le Moniteur*, journal officiel? D'accord. Toutefois ne surveillerait-on pas la rédaction de ces sténographies, et allait-on cesser pour cela de faire des procès de presse ? En aucune façon.

Au lieu de gouverner de haut et de loin, du fond d'un cabinet doré, et sans daigner seulement connaître les vagues sénateurs ni le corps insignifiant des députés, les ministres dorénavant devraient entrer en contact avec le Parlement sonore ?... Mais qu'est-ce qu'ils risquaient ? Ces deux Chambres ne se composaient que de membres dociles et respectueux, constitutionnellement incapables de renverser le moindre ministère. Au Corps législatif, l'opposition se réduisait à cinq membres, et encore Morny avait-il formé le projet de charmer le plus important, Émile Ollivier, et de le mettre hors d'état de nuire : ainsi les magiciens, jadis, enchantaient les dragons redoutables, et les emprisonnaient en des jardins de roses.

Quant à l'Adresse en réponse au discours du trône, eh bien! on allait soutenir quelques belles controverses, des joûtes oratoires assez hardies peut-être, au cours desquelles certaines vérités probablement désagréables seraient dites au gouvernement impérial : ce qui causerait aux députés, et voire aux sénateurs, une jubilation délicieuse.... Or ces messieurs se montraient en général fermes en leurs opinions, soit, pourtant gravement réservés en leurs expressions. Les catilinaires n'iraient jamais très loin, ne dépasseraient pas, en tout cas, le ton académique. Le duc de Morny répondait de la tenue, n'admettait aucune violence. Une fois, avant les élections de 1863, Ernest Picard — un des Cinq — s'était permis de dépasser les limites. A propos d'un candidat officiel tombé dans une injuste disgrâce, le fougueux député, incriminant le gouvernement, venait de conclure par ces mots : « Messieurs, la ruse est trop grossière! »

Morny se redressa du coup : « Monsieur, ce qui est grossier ici, ce n'est pas la ruse, c'est la forme du langage! »

Un tumulte s'ensuivit. « Vous n'avez pas le droit de me dire cela, s'écriait Picard. C'est une injure, et je vous déclare que je ne la souffrirai pas. »

Allait-il envoyer des témoins au président de la Chambre ? Mais non, car celui-ci n'oubliait pas son rôle :

« Quand vous vous servirez d'expressions comme celles que

vous avez employées, répliqua-t-il, expressions blessantes pour l'Assemblée et le gouvernement, j'ai le droit de vous interrompre. Et puis, un autre droit encore : celui de vous rappeler à l'ordre. »

Picard dut s'en tenir là. Prudent et habile, il enchaîna : « Je vous demande, messieurs, reprit-il, la permission de poursuivre ma discussion.... »

On voit que la police des débats publics était bien faite. Qu'avait-on tant à craindre par conséquent d'un Corps législatif si docile, si parfaitement élevé ? Morny tenait ferme le gouvernail en sa main caressante. Quant au Sénat, vraie assemblée de cour, il causait moins d'alarmes encore.

Que l'on veuille remarquer, d'ailleurs, combien ce terrible décret du 24 novembre évitait de toucher en rien aux moyens de répression dont disposait l'Empire, à ses armes, pourrait-on dire, à la force même qui se trouvait remise au chef de l'État, confiée à ses représentants immédiats. L'Empereur accordait aux parlementaires quelques facilités pour se quereller noblement, rien de plus.

Et cependant ce scandaleux décret — en partie l'œuvre de Morny — déchaîna une émotion réellement prodigieuse. Soit avec horreur, soit avec enthousiasme, les uns et les autres y voyaient une aurore de liberté....

N'en doutons pas, le duc de Morny, ayant nettement vu pâlir le gouvernement du 2 décembre, aura souhaité d'orienter celui-ci vers un idéal plus démocratique, en apparence du moins, afin de rallier une partie du peuple et tout ce qu'il était possible de gagner du côté des républicains ou parmi la jeunesse intellectuelle du pays, en général opposante. C'était bien là, certes, se risquer sur une voie des plus périlleuses : quiconque a laissé une fois volontairement un gage aux adversaires, doit bientôt leur en donner quelque autre, et encore un, et encore, et finalement le flot l'emporte.

Non, pourtant!... s'il ne perd point la tête, s'il sait se montrer à la fois tenace et délié, souple comme l'herbe et résistant comme l'acier, bref s'il porte en lui l'esprit d'un maître et le cœur d'un chef. Le duc de Morny se sentait cette âme-là. A aucun moment de sa vie, il ne pensa davantage en prince.

Était-il possible à un cerveau perspicace, était-il même très difficile de percevoir vers 1863 quelque fatigue, quelque malaise, quelque usure dans l'organisme de l'Empire ?

Prosper Mérimée écrivait déjà à Panizzi, le 31 mars 1862 : « Il y a certainement beaucoup d'agitation sourde à Paris et ailleurs.... On souffre de la crise monétaire, de la crise alimentaire, de la crise religieuse.... Il est certain que ni les ministres, ni les Chambres ne plaisent au public. On aspire vers quelque chose qui ne soit ni le passé, ni le présent. »

Le 9 avril de la même année : « On est toujours ici dans la sotte situation dont je vous ai parlé il y a quelques jours. Tout le monde voit le mal et fait des prédictions sinistres; on dit à Sa Majesté où le bât blesse, et elle ne paraît pas près de prendre une résolution. En attendant, l'anarchie fait des progrès.... J'ai dîné hier avec trois ministres, tous les trois désolés et désespérant de se faire écouter.... »

Le 18 avril : « Que vous dirai-je de la politique ? L'anarchie est toujours en nos conseils.... » etc.

Si un Mérimée, affectant volontiers le détachement, l'ironie politique, le « Qu'importe!... » écrivait en ces termes, et si le public se montrait troublé de la sorte, un homme tel que Morny devait avoir dès longtemps, et bien avant tant d'autres, éprouvé plus d'une inquiétude.

L'affaire du Mexique ne finissait pas. On voyait se dresser à ce propos tous les arguments du bon sens contre une tentative curieuse, pittoresque, et plus poétiquement que politiquement justifiée, mais qui coûtait de l'or et des soldats. Sous quelque régime que l'on se trouve, un soldat en campagne, c'est de la chair qui souffre sous les pluies, dans la boue et le sang, parmi les moustiques et les fièvres des terres hostiles : et c'est aussi, hélas! une mère ou une épouse qui chaque jour, en tremblant, espèrent des nouvelles. Or, pour justifier de telles tristesses, le Mexique, c'était un peu, comme on dit aujourd'hui, de la littérature.

Au Danemark, la Prusse préparait une piraterie d'essai, une razzia d'entraînement. Qu'allait tenter l'Empereur contre ce brigandage? Avait-il un plan ferme, seulement? En faveur de la Pologne insurgée, en tous cas, et dont la cause était si populaire chez nous, il ne savait ou ne pouvait rien faire. Indésirable au Mexique, où nul intérêt sérieux ne l'avait appelé, Napoléon III laissait ailleurs tout aller, par embarras sans doute, non moins que par indécision, et son prestige en souffrait grandement.

A l'intérieur, on accumulait les imprudences. On s'endettait, afin de poursuivre d'immenses travaux publics qu'on n'était plus maître d'interrompre, ni même de modérer. L'armée, cependant, était négligée, sinon réduite. On ne savait ni prendre parti pour les catholiques en abandonnant Rome au roi Victor-Emmanuel, ni contre eux en laissant — un exemple entre cent — Ernest Renan donner paisiblement cours à son harmonieux génie. Le ministre Persigny ne manquait pas une occasion d'indisposer tout le monde. Le prince Napoléon faisait le démagogue, soit par conviction, soit par remue-ménage. Enfin, et ceci était bien plus grave encore que le reste, la jeunesse intellectuelle se tournait instinctivement vers l'opposition. Dans les cafés, on s'enflammait pour la République — si belle, comme on sait, sous l'Empire! Dans certains salons, d'autre part, on murmurait en baissant les paupières le nom de M. le comte de Chambord.... Mais là, il y avait plus de pitié que de génie. Les cafés tourmentaient Morny davantage.

Lorsque l'opinion se soulève ainsi, et que se forme une vaste ligue des esprits, on peut, si l'on est brave, essayer d'une défense singulièrement hardie : on prend carrément la tête de l'armée qui vous attaque, on s'en déclare le chef, et il arrive parfois qu'on la mène, après tout, de cette étrange manière. Audace inepte ou merveilleuse!... Henri III s'était risqué follement à cette façon de coup d'État, quand la Sainte-Ligue prétendit le détrôner : il décida soudain, non sans crânerie, que le chef de cette Ligue n'était autre que lui, le roi. Toutefois la manœuvre échoua, cette fois, parce que le roi se trouvait pratiquement trop faible en face des ligueurs bien armés, nombreux, largement soutenus, presque irrésistibles.

Au contraire, la force matérielle de l'Empire était encore toute-puissante : l'armée, très bonapartiste, entourait fidèlement le souverain, qui en outre avait la loi pour lui. Persigny, ministre de l'Intérieur, non content de frapper durement la presse, ne se gênait même pas pour prescrire insolemment à ses préfets de préparer des « fiches » avec le plus grand soin, de les faire bien tenir à jour, et de signer à l'avance des mandats d'arrêt contre ceux que ces fonctionnaires tout dévoués pourraient juger suspects. Vis-à-vis de l'opinion, l'Empire avait à se défendre : devant les agressions, en revanche, il se savait à peu près inexpugnable.

Rassuré donc quant à la solidité en quelque sorte physique du pouvoir, Morny s'alarmait seulement, mais avec assez d'angoisse, à sentir que le crédit moral de l'État se lézardait. Bref, il est permis de supposer qu'il désira prendre, autant que possible, le commandement d'une armée libérale dont il comprenait trop bien qu'on nepouvait plus,sans danger, tenter d'arrêter la marche.

Et c'est dans cette intention qu'il fut donc le premier à pousser l'Empereur vers des réformes démocratiques.

Dans ce dessein encore, il donnait gage sur gage de son libéralisme d'État à la Chambre, persuadait Emile Ollivier, l'environnait de prévenances, l'étourdissait de paroles flatteuses, dont la sincérité apparaissait éclatante à l'éloquent tribun, né à Marseille, ne l'oublions point, et plus prompt qu'un autre à se donner à lui-même, *in petto*, de grands spectacles.... « L'Empereur est très bon, disait par exemple Morny, seulement on ne sait pas qui lui succèdera : il faut créer des institutions.... » Et comme il s'agissait d'institutions libérales, Ollivier s'émouvait aussitôt.

« Nous avons coutume, monsieur le Président, faisait-il, de dire que dans l'Empire, il n'y a que deux hommes politiques, l'Empereur et vous.

— Allons donc! il n'y en a qu'un : l'Empereur.

— Nous comptons plus largement, vous êtes deux. »

Des madrigaux.

Publiquement, solennellement, à l'ouverture de la session qui précéda les élections de 1863, le duc de Morny annonçait en son discours présidentiel « l'établissement graduel de la liberté, pour asseoir d'une manière impérissable les fondements de la dynastie impériale ». On voit qu'il ne biaisait guère. Une telle phrase, néanmoins, manque de précision?... Nous le constatons à la réflexion : sur le moment, il n'y paraissait pas. Elle semblait très hardie, sinon presque incendiaire aux yeux des conservateurs. Elle est d'ailleurs extraite d'une harangue de gala, prononcée un jour d'ouverture : il y en a un tel cas certaine tradition de dignité suprême à garder. Or, le vague seul est parfaitement noble; une précision trop nette, cela n'a pas l'air assez habillé. Morny savait son métier.

Une grande bataille eut lieu en 1863 : ce furent les élections législatives pour le renouvellement de la Chambre, dont le mandat expirait. Malheureusement le général en chef qui commanda les forces gouvernementales en cette circonstance, ce n'était point Morny, mais Persigny, appelé par ses fonctions de ministre de l'Intérieur à surveiller dans toute la France le sort des candidatures officielles. Car celles-ci florissaient plus que jamais : et l'on se doutait qu'elles dussent être ça et là combattues à outrance. Persigny s'y prit de telle sorte qu'il fallut toute la bonne volonté de la province et le zèle assez effrayant des préfets pour que les candidats du gouvernement obtinssent leur majorité habituelle. Dans les grandes villes, en revanche, l'échec fut sensible, à Paris surtout.

Outre sa violence ordinaire, le ministre de l'Intérieur ne projetait presque jamais rien qui fût pratique, ni surtout simple. Il avait l'esprit compliqué. « Dans sa jeunesse, écrit M. de la Gorce, le premier travail sorti de sa plume avait été une dissertation sur les pyramides d'Égypte, qui, disait-il, n'étaient point du tout des sépultures, ainsi qu'on le croyait communément, mais des digues contre l'envahissement des sables. »

Et l'éminent historien ajoute, non sans malice : « Persigny se piquait d'être une âme méditative, et l'était en effet; mais la méditation égare ceux qu'elle ne grandit pas, et il méditait trop pour son intelligence. »

Que ce fût ou non par excès de méditation, il est de fait que le ministre de l'Intérieur ne manquait pas une bévue. Sa meilleure, lors des élections de 1863, eut lieu à propos de la candidature Thiers.

Celui-ci, en effet, entendait rentrer dans la vie publique, et se présentait à Paris. « Il ne faut jamais émigrer, disait-il, ni à l'extérieur, ni au sein du pays; l'opposition n'est pas incompatible avec le serment, la Constitution étant revisable. »

La retraite sur l'Aventin, il est vrai, révèle une méthode aussi prétentieuse que vaine. « Puisqu'il en est ainsi, fait-on tragiquement, je vais bouder! » Et l'on boude.... Quel repos pour l'adversaire!

Sous quelle rubrique Thiers se présentait-il? Il était opposant, soit, il ne pouvait être qu'opposant, vu son grand passé orléaniste; mais comme les chances de la dynastie de Louis-Philippe semblaient bien vagues, l'illustre homme d'État adoptait simplement la nuance « libérale. » Non pas républicaine positivement, mais libérale : ce mot sert à tout.

Ses avantages paraissaient toutefois assez faibles. Ancien et considérable ministre de Louis-Philippe, historien très honoré, environné d'un prestige intimidant, il inquiétait le peuple —

ce peuple qu'il avait qualifié une fois, dans un discours, de « vile multitude ». Sa situation semblait peu nette, subtile, et déconcertait les électeurs.... Or, d'un seul coup, un vrai coup de maître, Persigny sut rendre populaire cette candidature douteuse : car il publia dans *Le Moniteur* une lettre si furieuse et si acharnée contre Thiers, que ce dernier en devint incontinent merveilleusement cher aux démocrates. « Pour que le gouvernement l'attaque ainsi, pensa-t-on, il faut qu'il en ait bien peur. Ce M. Thiers va donc nous donner un fameux coup de main pour renverser l'Empire, il est des nôtres. »

Voilà du beau travail ministériel, au moins.

Les élections eurent lieu les 30 et 31 mai. Notons que le 31, un dimanche, était disputé pour la première fois le Grand Prix, à Longchamp : ce qui dissipa bien des électeurs parisiens. Le duc de Morny défend l'Empire de toutes les façons, dirent les mauvais plaisants.

Mais le 30, l'on avait voté en foule : et grâce aux fines manœuvres de Persigny, grâce aussi à l'énergie des candidats antigouvernementaux, non moins qu'à leur réelle valeur et peut-être à leur éloquence, le succès de l'opposition fut triomphal à Paris. Toute la liste dressée par les Cinq passa, à savoir — sur neuf sièges pour le département de la Seine — huit républicains (dont les anciens Cinq au complet), et Thiers. Total : 9 libéraux, 9 opposants, nommés à une écrasante majorité.

A Lyon également, à Bordeaux, à Nantes, imposantes victoires de l'opposition, en d'autres villes encore. Dans les départements cependant — campagnes et petites villes — l'Empire conservait ses sièges, à peu d'exceptions près. Nul royaliste notable ne passait, sauf Berryer.

Bref, l'opposition démocratique devait compter dix-huit à vingt sièges dans la nouvelle Chambre. Une quinzaine de sièges formaient un centre gauche, nommé « Tiers parti ». Et quelque deux cents députés, candidatures officielles, donnaient encore à l'Empire une majorité considérable : mais combien elle paraissait réduite auprès de celle qu'avaient fournie si aisément les élections de 1857! L'âge d'or avait pris fin.

L'Empereur, fort mécontent, renvoya — et cette fois définitivement — Persigny à ses méditations sur les pyramides sociales. Et voire il « embauma », comme dit Mérimée, ce cadavre politique dans un titre de duc.

Puis le ministère fut remanié. Un libéral notamment, ou qui passait pour tel, Victor Duruy, jusque-là professeur d'histoire, se vit appelé à l'Instruction publique. Les ministres sans portefeuille se changèrent en un seul « ministre d'État, » représentant général de l'Empereur auprès des Chambres : fonction beaucoup plus importante, et pour ainsi dire auguste. Le « ministre d'État » signifiait que le souverain assistait, pour ainsi dire, aux séances et aux discussions, y prenait part, exposait son avis. Pratique nouvelle, concession nouvelle, éminemment parlementaire. Billault fut nommé à ce poste éclatant autant que redoutable : mais il mourait à trois mois de là, si bien que ce fut alors l'un des plus hauts dignitaires de l'Empire, le président du Conseil d'État, Rouher, que le souverain investit de sa confiance à ce ministère des ministères. Sa prestance valait son éloquence. Il était de haute taille et de noble corpulence, fort imposant à la tribune. On sait qu'à peu de temps de là — après la mort du duc de Morny, toutefois — Rouher pensait volontiers en flattant ses favoris bien taillés, si même il ne disait positivement : « L'Empire, c'est moi.... »

Qui néanmoins avait puissamment aidé jadis à la fortune politique de cet intelligent Auvergnat nommé Rouher, sinon l'un des plus influents députés d'Auvergne, appelé Morny?... Rouher avait d'ailleurs payé ce service, si l'on s'en souvient, par la plus noire ingratitude : mais le duc avait oublié les rancœurs du comte.

Et Morny seul restait président immuable du Corps législatif, face à face avec cette assemblée renouvelée, mystérieuse, qui peut-être allait se montrer sujette à des paniques jusqu'alors inconnues, à des colères de foule, de monstre, à des réactions dont on ne se rendrait pas maître sans étonnement ni peine.... Mais le duc de Morny n'avait pas peur. Son Excellence souriait, comme auparavant, polie, charmante, distante. Elle avait exprimé gracieusement aux députés sortants, en mai 1863 : « En vous disant adieu, je voudrais vous dire à tous au revoir. » Des paroles non moins affables devaient accueillir les récents élus, lors de la séance d'ouverture, le 5 novembre de la même année : « Les dernières élections, fit en effet le président, ont réveillé des aspirations politiques inassouvies depuis plusieurs années. Le mot de liberté est souvent prononcé, et il le sera sans doute encore. Le gouvernement ne s'émeut pas. Il ne nous est pas permis d'oublier que celui qui est la première cause de ce mouvement d'opinion, c'est le souverain lui-même. Les suffrages du peuple ont replacé parmi nous d'anciennes illustrations parlementaires : j'ose dire que, pour ma part, je m'en suis réjoui. D'abord leur adhésion est un hommage à la forme même du gouvernement qui n'est pas celle de leur école politique, et je les tiens en trop grande estime pour douter un instant de la loyauté de leurs intentions.... »

Phrases courtoises s'il en fût.... Et pourtant, qu'on les relise, comme elles sont hardies, encore que délicieuses, et obstinément, presque impudemment hardies!... Voici la dangereuse « liberté », dont le mot sera souvent prononcé; voici que ce mot ne déplaira pas; voici que l'Empereur — Morny le dit en toutes lettres — a permis, encouragé ce mouvement; voici que l'on prend sur soi, voici qu'on a la coquetterie de saluer publiquement « d'anciennes illustrations parlementaires », parmi lesquelles se trouvent, évidemment, les deux vétérans chargés de gloire, Thiers et Berryer — deux opposants!... Allons, M. de Morny s'était juré d'endormir l'opposition, autant qu'il le pourrait, plutôt que de la heurter de front. On voit qu'il était tenace, et savait ce qu'il voulait : seulement, il le savait sans pour cela froncer les sourcils.

Ces termes si téméraires, d'ailleurs — « d'anciennes illustrations parlementaires! » — passaient pour n'avoir qu'à demi contenté l'Empereur : les salons le chuchotèrent.... C'est bien possible. Napoléon III n'était pas sans quelque aigreur secrète, après les élections de 1863.

Il faut croire qu'elles avaient produit dans Paris un effet extraordinaire, si l'on s'en rapporte au meilleur écho du monde et du « boulevard », *La Vie parisienne*. Les tribunes du Palais-Bourbon étaient, paraît-il, noires de monde, à n'y pas tenir. En tout temps, on s'y écrasait les jours de grande séance, comme aujourd'hui : mais au début de la session, en 1863, l'on n'y eût point laissé choir à terre une aiguille. Les diverses classes de la bonne société se trouvaient là enchevêtrées, les militaires opprimant les cocodès, la douairière légitimiste du faubourg Saint-Germain étouffant entre une banquière bonapartiste et l'épouse d'un avocat républicain; un bataillon de femmes, ganté, paré, velours et satin, boucles d'oreilles et mouchoirs fins, se pressait contre la mauvaise redingote d'un Gambetta ou le genou ankylosé d'un zouave pontifical : qu'on juge des crinolines et de leurs défaillances dans une presse pareille!

LE COUP DE BARRE

La plus vive curiosité allait aux gloires ressuscitées, les Thiers et Berryer, d'autres encore. Mais tout le succès était pour le duc de Morny, dont les moindres gestes donnaient à tous une leçon de convenance et de grâce. Dans *Le Nain jaune* du 14 novembre, Clément de Chaintré, chroniqueur excellent, rapporte des propos recueillis parmi les tribunes :

« Et tenez ! voilà M. Émile Ollivier qui commence.

— Tout le monde cause, on ne l'entendra pas.

— Je vous demande pardon, car le président agite sa sonnette, et réclame le silence. Il le réclame toujours quand c'est un député de l'opposition qui va parler. M. de Morny préside comme les Français se battent à Fontenoy. »

S'il ne s'agissait de choses si graves, on aurait envie d'ajouter : « Et comme se battait aussi M. de Montrond. »

Tandis que celui-ci dans sa jeunesse — en 1792 — allait en effet partir pour la frontière avec Latour-Maubourg, son citoyen domestique lui préparait sa valise d'officier, et tout en entassant chemises et menus objets, hésitait entre des flacons : « A quel parfum, demanda-t-il, monsieur fera-t-il la campagne, cette fois? »

Ayant été du reste l'ami intime de Talleyrand, M. de Montrond se trouvait quasi-parent de Morny. Il avait bien connu Mme de Flahaut. La tradition est comme une fièvre de climat : on l'attrape on ne sait comment.

CHAPITRE XVIII

MORNY LE TÉMÉRAIRE

QUELQUES JOYAUX DANS UN TIROIR ‖ SESSION DE 1864 ‖ LA POLOGNE ‖ LA DANGEREUSE LOI SUR LES COALITIONS ‖ ÉMILE OLLIVIER RAPPORTEUR ‖ LES CINQ SONT DÉSAGRÉGÉS.

Un matin, Ludovic Halévy se trouvait chez le duc de Morny à l'heure où celui-ci recevait ses amis, après son cuisinier, son piqueur, son entraîneur, sans parler des importuns, des solliciteurs, des marchands de tableaux ou autres, etc. Quiconque a des souvenirs classiques ne pourrait s'empêcher d'évoquer ici le lever de quelque opulent patricien romain, environné de ses clients innombrables, tel enfin qu'Horace, Juvénal et tant d'autres nous l'ont décrit si souvent.

Un matin, donc, Ludovic Halévy avait rendu visite à l'Excellence pour quelques affaires concernant soit les alarmes passionnantes, c'est-à-dire le théâtre, soit les tracas ennuyeux, entendez *Le Moniteur* et les comptes rendus de la Chambre. Comme Halévy entrait dans le cabinet de travail, il croisa un marchand de bijoux qui en sortait : le duc venait d'acheter quelques diamants, ou des perles. Il les fit voir à son jeune ami, s'amusa un instant de leurs nuances précieuses, puis les remit dans leur enveloppe, et les jeta au fond d'un tiroir : « Jolies choses, fit-il. La lumière joue.... J'aime les pierreries, c'est de la couleur cristallisée. »

Ces mots dits, il sourit, et reprit négligemment : « Et puis, mon cher, cela ne tient aucune place dans la poche, ces brimborions, cela s'emporte facilement en cas de départ précipité.

— Vous voulez vous sauver? Comme Louis-Philippe? Comme Charles X?

— Eh! Sait-on jamais? De quoi est-on si sûr?... »

A entendre conter cette anecdote peu connue, certains seraient tentés d'en déduire que le sceptique, le cynique Morny ne croyait guère à l'Empire, qu'il le jugeait inconsistant, mal confirmé, à la merci d'une émeute populaire, ni plus ni moins que les gouvernements précédents, et que par conséquent ces mesures si libérales — d'apparence du moins — dont il préconisait tellement l'essai depuis 1860, n'étaient en son esprit qu'un moyen de fortune, propre à faire durer le régime pendant deux ou trois ans : après quoi, le déluge!... Voilà qui expliquerait à merveille ce curieux problème : un cerveau très réaliste, ami de l'ordre avant tout, poussant au parlementarisme et à la démocratie sentimentale, autant dire à la confusion et à la candeur politiques, et tout à l'heure — on va le voir — favorisant une loi qui pour la première fois, chez nous, autorisera les grèves. Que penser en effet de ce haut dignitaire de l'État, prince du sang, ou à peu près, duc, millionnaire, écouté des hommes avec respect, des femmes avec émotion, et qui, en achetant des perles et des diamants, suppute les quelques onces que pèserait ce viatique dans la poche quand — demain peut-être — il faudrait gagner la frontière, et un peu vite?... Ce sont là soucis naturels en temps de soviets, mais sous Napoléon III, ils pouvaient surprendre.

Or, une telle supposition, touchant l'âme du duc de Morny, serait d'une psychologie bien courte. Tenons pour plus probable qu'il ne songeait guère à s'enfuir avec ses perles, non plus qu'à quitter son quai d'Orsay. Il plaisantait ainsi par cette habitude de dédain, d'ironie, ou simplement de détachement assez hautain, que s'efforçaient laborieusement de copier ceux dont il était l'inégalable modèle, puisqu'il a créé un snobisme, dirions-nous aujourd'hui.

Morny tenait certainement à l'Empire, qu'il avait tant contribué à faire, et dont la France s'était jusque-là bien trouvée. Il estimait prudent de concéder aux démocrates quelques avantages sans grand danger, plutôt que de dresser contre cette marée montante un mur tôt ou tard submergé. En homme énergique, à l'intelligence désencombrée, claire, on sait qu'il n'hésitait guère à porter le couteau dans la plaie, dès qu'il avait jugé l'opération indispensable. Modifions légèrement à son usage la sentence admirable du prince d'Orange : « Il n'est pas nécessaire d'espérer pour entreprendre, ni de réussir pour persévérer », et mettons que Morny pensait : « Il n'est pas nécessaire d'attendre qu'il soit trop tard pour entreprendre, ni d'être approuvé pour persévérer. »

Ce qu'il entreprit donc, ou fit entreprendre au cours de la session de 1864 est d'une portée singulièrement étendue et, pour le temps, d'une rare audace sociale. On pourrait peut-être aujourd'hui regretter une telle initiative, poursuivie par le président du Corps législatif de concert avec Émile Ollivier : il ne s'agissait en effet de rien de moins que la loi des coalitions, autrement dit la loi sur les grèves (le projet en fut déposé sur le bureau de la Chambre en février 1864). Toutefois, il est manifeste que l'opinion populaire eût tôt ou tard exigé la liberté des grèves, qui parfois ont pu, peuvent et pourront se trouver légitimes : félicitons-nous que de sages légistes en aient au début réglé l'usage. Qui sait si, quelques années après, des députés plus épouvantés par leurs électeurs que ceux de 1864, n'eussent pas d'un seul coup porté le droit de grève à sa dernière et folle limite : et l'on se demande comment alors nous nous y fussions pris, nous autres, pour y ajouter encore quelque chose qui ne fût pas le droit d'exproprier purement et simplement les patrons, ou de les pendre, ou les deux. Morny et Ollivier, du moins, avaient encore le sens commun.

Notons, avant que d'en venir à la loi des coalitions, notons et goûtons une fois de plus — nous que l'expérience, hélas! a depuis lors trop instruits — la merveilleuse clairvoyance politique du duc de Morny. Se rappelle-t-on qu'avec une remarquable obstination, il n'a cessé de prôner l'alliance russe, soit contre l'Autriche, dont il se défiait, soit contre la Prusse, dont il éprouvait plus de méfiance encore, et qu'en outre il n'aimait pas, soit même au besoin contre l'Angleterre qu'il tenait pour une rivale dont il n'eût pas fait bon d'être la dupe? Sur ce dernier point, il peut avoir exagéré, d'autres diront qu'il s'est trompé. Mais combien on a déploré en 1870 de n'avoir pas à compter sur quelque solide alliance russe! Et l'on sait de quelle aide elle nous fut en 1914.

En 1864, la Pologne se trouvait en état d'insurrection contre les Russes, justement. Or, il existait en France un sentimentalisme polonais extrêmement vivace. A côté des patriotes ardents et sincères, qui d'ailleurs gagnèrent presque tous leur pays le jour qu'on parla sérieusement d'une rébellion à main armée contre la Russie, toutes les rues de Paris, toutes les antichambres des personnages importants se remplirent comme par magie de soi-disant Polonais et d'aventuriers à l'accent bizarre, aux redingotes ornées de brandebourgs en loques : ces prétendus bannis versaient des larmes sur les malheurs de leur pays opprimé. Sur quoi, on leur donnait soit des lettres de recommandation qui les accréditaient ailleurs, soit quelque argent dont ils se faisaient du bien. Ces singuliers bonshommes pullulèrent à certains moments : la ville en était empoisonnée. Puis, toute une littérature attendrie florissait, où les sanglants tumultes de là-bas étaient représentés comme le plus vaste sursaut de la conscience humaine.... « Nul, déclarait Alexandre Dumas fils, ne souhaite plus que moi la résurrection de la Pologne, car j'espère bien qu'alors on y fera rentrer de force tous les Polonais! »

Cependant, hélas! entre la Prusse et la Russie, de pauvres gens à peine armés étaient traqués dans les bois glacés; des partisans héroïques, mais qui n'avaient jamais pu s'entendre ni s'organiser, se faisaient magnifiquement exécuter, emprisonner ou déporter en Sibérie : et des vies humaines disparaissaient dans les neiges lointaines, pendant que sur nos boulevards péroraient d'avantageux exaltés. Ajoutons que le mot « liberté, » déclamé à tout instant à propos de la Pologne, n'était pas inutile à nos républicains. « Vive la Pologne! » signifiait trop souvent : « A bas l'Empire! »

Il va de soi que Napoléon III s'était montré sensible avant tout autre à l'émotion polonaise. Mais à aucune minute de sa vie, peut-être, il ne montra plus d'indécision. Était-il renseigné, seulement? Savait-il à quel point les bandes de Pologne manquaient de cohésion, d'armes et d'un plan suivi, qu'elles étaient en somme bien peu nombreuses, que leurs chefs s'entendaient à peine? Non, il connaissait surtout la bravoure de ces pauvres gens, leur magnanimité. Puis le principe si cher des nationalités le poussait à intervenir. S'il intervenait, toutefois, c'était la guerre avec la Russie.... Il eût fallu prendre un parti : le pire eût peut-être été meilleur que de vaines et compromettantes velléités.

Morny, d'esprit plus net, et qui sentait se former dans l'Empire des lézardes légères, souhaitait au contraire de ne point brouiller la France avec la Russie, pays alors solide et muni d'une bonne armée. On ne saurait nier qu'il n'eût raison, à cette époque. Nous simplifions les choses, et les grossissons beaucoup, mais enfin les faits sont là.

Bref, le romanesque Napoléon III recourut à la panacée

universelle : le 4 novembre 1863, il envoyait aux grandes puissances la proposition de se réunir en Congrès pour s'entretenir de la Pologne. L'Autriche louvoya, la Russie demanda hautainement des éclaircissements. La Prusse répondit qu'elle n'avait nul intérêt à ce qu'il y eût ou à ce qu'il n'y eût point de congrès, n'étant jamais quant à elle, « sortie de la limite des traités ». Un traité, pour cette vertueuse nation, c'était sacré. L'Italie n'accepta pas avec plus d'empressement. L'Angleterre refusa net, dans les termes les plus désobligeants, quoique parfaitement raisonnables, il faut en convenir.... Un échec complet, comme on voit.

L'Empereur ayant parlé de ce projet de congrès à l'ouverture de la session législative (5 novembre 1863), la Chambre eut sujet de traiter à son tour du problème polonais dans l'Adresse en réponse au discours du trône. Le duc de Morny insista vivement afin que l'on insérât en cette Adresse les lignes suivantes : « Nous ne pouvons pas méconnaître que l'appui sincère et cordial de la Russie a été utile à la France dans une occasion importante (allusion à la guerre d'Italie, comme à l'annexion de Nice et de la Savoie). Nous espérons que l'esprit de conciliation qui anime les deux souverains parviendra à écarter tout ce qui pourrait faire obstacle aux bonnes relations entre les deux puissances. La France, à qui vous avez rendu la splendeur et la gloire, vous sait gré de ne pas compromettre ses trésors et le sang de ses enfants pour des causes dans lesquelles ne sont engagés ni son honneur, ni ses intérêts.... »

On ne pouvait s'exprimer plus clairement. Mais ce n'est pas tout, et dans la séance du 29 janvier 1864, le président tint encore à défendre personnellement son point de vue. Délaissant son fauteuil pour paraître à son tour à la tribune, il y prononça le plus souple et adroit discours, dans lequel il y avait des caresses pour tout le monde, en même temps qu'une assurance remarquable donnée à la chère Russie. Combien le style et la pensée de Morny savaient se faire délicieusement flexibles, dès qu'il voulait osbtinément quelque chose !

« Vous êtes, a-t-il dit, les enfants de la génération de 89, vous voulez tous la liberté. Seulement, les uns sont plus pressés que les autres. De même dans les questions de politique extérieure : nous sommes tous du même sentiment quant aux principes. Est-ce que, s'il suffisait d'un signe pour modifier la carte du monde, si, sans secousse, sans guerre, sans convulsion, on pouvait rendre la Vénétie à l'Italie, soustraire les chrétiens du Liban au joug de la Turquie; si, d'accord avec le Saint-Père, on lui donnait, acceptée par lui, une grande situation digne du chef de la religion catholique, est-ce qu'aucun de vous hésiterait à rendre Rome aux Romains, et à en retirer nos troupes qui sont pour eux des baïonnettes étrangères?... Eh bien! de même pour la Pologne, aucun de vous hésiterait-il à la reconstituer et à donner à cette nation, à laquelle nous attache une si ancienne sympathie, les droits d'une nation indépendante?... Pourquoi donc différons-nous? C'est parce que nous considérons diversement les formidables conséquences de l'entreprise. La guerre, ce serait la ruine, pour une cause qui n'est pas la nôtre et où ne sont engagés ni notre intérêt, ni notre honneur. Les protestations solennelles et platoniques n'ont pas le même danger; elles offrent une satisfaction à ceux qui les proposent, mais elles auraient le grave inconvénient d'encourager l'insurrection qu'on ne peut pas, qu'on ne veut pas soutenir. La paix nous aide à rétablir des bons rapports avec la Russie, ce qui profitera même aux Polonais. »

La citation est longue : mais n'est-ce pas merveilleusement exprimé? Il y a un art dans les paroles diplomatiques. On ne saurait pourtant contenter tout le monde. Le duc de Morny (carnet de Ludovic Halévy) reçut à la suite de ce discours une giboulée de lettres anonymes, émanant de catholiques indignés. L'une d'elles, à propos de la phrase si attentivement mesurée sur le Saint-Père, portait ces mots furieux : « Tu attaques le Pape, prends garde, cela n'a pas réussi à M. Billault! » On sait que Billault était mort trois mois auparavant.

Morny n'aimait pas beaucoup ces plaisanteries sur sa santé. Espérons du moins qu'à propos de cette malédiction si naïve, et sans signature il aura fait par élégance quelque bon mot. Il se trouvait en verve, ce mois-là : qui ne se souvenait encore d'une jolie riposte qu'il avait eue, il n'y avait pas huit jours à la Chambre ? Le farouche député Pelletan se lançait, la voix tragique et le sourcil froncé, dans une comparaison cent fois ressassée : « A Paris, qui est le cerveau de la France....

— Oh, de grâce, dit Morny, laissez cette comparaison.... C'est le plus mauvais argument. Vous vous feriez répondre que si Paris est le cerveau de la France, la province en est donc le cœur, et que notre pays a comme certaines gens, bon cœur et mauvaise tête. »

Applaudissements charmés. Une assemblée n'est pas tout-à-fait aussi difficile qu'un cénacle.

En juillet 1864, l'insurrection polonaise était entièrement terminée. Une fois encore, le duc de Morny avait tenté tout ce qui dépendait de lui pour sauver l'amitié franco-russe. Pendant qu'il travaillait si bien à l'avenir de la France, la Prusse et l'Autriche arrachaient par la guerre des provinces au faible Danemark : tel était le premier bond de ce pays de proie. Sadowa suivrait, puis Sedan. Que la mémoire de Morny, au moins, ne porte point la peine de n'avoir pas prévu les catastrophes déchaînées par le dur génie de nos ennemis éternels! Moins candide que nos philosophes du XVIIIe siècle, que nos révolutionnaires et plus tard que Napoléon III lui-même, il avait dès longtemps jugé la Prusse et les Prussiens : qu'on se rappelle comme il en parlait lors de son ambassade à Saint-Pétersbourg, en 1856. S'il avait persuadé l'Empereur, une bonne alliance, fortement cimentée, eût créé d'autres soucis à Bismarck, en 1870, que de faire graisser ses bottes pour en fouler nos champs de blé et nos bleuets d'Alsace.

Revenons cependant à la politique intérieure, qui était bien plus particulièrement le domaine où pouvait agir à l'aise le président du Corps législatif, et à cette loi des coalitions, arme si dangereuse à manier pour les défenseurs de l'Empire. Il fallait un virtuose pour jouer de cette épée à deux tranchants coupant comme des rasoirs.

En l'an 1864, les ouvriers se trouvaient entièrement mis sous le joug par le fait de la grande Révolution de 89....

Mais quoi, l'on s'étonne, et quelques-uns crieraient au paradoxe ?... Il est pourtant bien vrai qu'une loi de 1791 anéantissait formellement, avec une espèce d'horreur sacrée, tout ce qui pouvait rappeler l'ignominie féodale connue naguère sous le nom abhorré de « corporation. » Elle stigmatisait comme « attentatoires à la liberté et à la déclaration des droits de l'homme, et de nul effet, toutes délibérations ou concert entre citoyens de même art ou métier, en vue de refuser ou de n'accorder qu'à un prix déterminé le secours de leur art ou métier. »

Attentatoires!...

Il y avait en cette cacophonie l'anathème jeté à toute entente possible entre ouvriers de bonne volonté et patrons de bonne volonté, c'est-à-dire entre gens raisonnables, pour faire prospérer leur « art ou métier » dans les meilleures conditions. Défense aux patrons de s'entendre avec les ouvriers. Défense aux ouvriers de s'entendre entre eux d'abord, afin de s'entendre avec les patrons ensuite. Défense aux uns et aux autres de.... Défense... Défense.... Seul, l'homme et le citoyen avait tous les droits. Mais l'homme et le citoyen était un être exemplaire, qui vivait d'air pur et de soleil dans un monde enchanté, où l'on n'exerçait aucun métier défini, où chacun était vertueux, doux, et prêt à dire à son voisin : « Entre, et rassasie-toi.... »

L'homme et le citoyen répondait, s'il voulait, à un autre homme et citoyen : « Tu veux que je travaille pour un salaire dérisoire ? Tu es un méchant, et je refuse. » Si pourtant il s'unissait à quelques amis du même « art ou métier » pour faire en commun cette réponse, alors il retombait dans les ténèbres gothiques du Moyen Age, et commettait le délit de coalition. Et sous le Second Empire, il risquait d'aller en prison — tandis qu'en 1793, on le guillotinait : car en 1793 l'on n'était pas en décadence comme en 1864, ainsi qu'Henri Rochefort l'écrivait chaque jour dans les journaux.

Or, ce délit de coalition avait fini par sembler tellement absurde sous Napoléon III que les tribunaux ne trouvaient même plus la force, le plus souvent, de poursuivre sérieusement, et à plus forte raison de condamner ceux qui s'en étaient rendus coupables. L'Empereur, en novembre 1862, avait immédiatement fait grâce à des ouvriers typographes que des juges formalistes venaient de frapper — malgré la plaidoirie du grand Berryer — parce qu'ils s'étaient mis en grève.

Il ne faut pas omettre qu'en 1864 existait déjà en France un parti ouvrier, comme on disait alors. Non pas officiellement, peut-être, mais réellement, ce qui est plus grave. Le prince-démagogue Napoléon avait contribué à le former. Il rêvait apparemment de supplanter l'Empereur, son cousin, à la tête de la plèbe parisienne; il voulait passer au rang d'idole du peuple (Marius, Jules César), de roi des Halles (le duc de Beaufort), de prince de la Révolution (Philippe Égalité), etc.

Des délégués ouvriers étaient partis pour Londres, en 1862,

avec l'appui du prince Napoléon : ils en étaient revenus éperdus, demandant impérieusement des réformes, parlant déjà d'une Internationale des travailleurs, dénonçant avec indignation l'omnipotence et la tyrannie des Cinq, ces républicains bourgeois. On connaît bien aujourd'hui cet état d'esprit.... Inutile d'ajouter que le prince Napoléon, bientôt épouvanté par ses clients, — le parti du Palais-Royal, ainsi les appelait-on — ne tarda guère à rompre avec eux. Il devait demeurer assez turbulent pour contrecarrer l'Empire autant qu'il le put : mais non pas assez risque-tout pour faire œuvre vraiment efficace de partisan, puisqu'il semblait rêver de le devenir. Factieux de seconde classe, conspirateur de théâtre.

Le duc de Morny, qui n'était ni si léger, ni si excitable que le prince Napoléon, comprit fort bien qu'une importante satisfaction, touchant les grèves, pouvait être donnée aux démocrates. L'Empereur lui-même se trouvait à demi-gagné : si en effet il se refusait aux modifications politiques dans la forme qu'avait l'État depuis 1852, il ne demandait en revanche, par bon esprit de conciliation, qu'à favoriser les aspirations sociales de la Nation. Il y a là une nuance dont pourra sourire quiconque connaît l'exigence des hommes et l'inévitable enchaînement des choses, mais que le moindre député sentira, exagérera, et développera aisément à la tribune durant sept quarts d'heure.

Qui cependant se trouvait qualifié pour déposer sur le bureau de la Chambre un projet de loi tendant à modifier l'état de choses actuel, au sujet des grèves ? Émile Ollivier, naturellement, pensa Morny. « Son » Émile Ollivier, sa conquête.

Le 14 janvier 1864, il lui adressait ce billet caressant : « Mon cher collègue, je suis enchanté que vous alliez mieux, et désolé de savoir que vous ayez été souffrant. L'opposition a pris un caractère d'âpreté et de violence qui a excité le gouvernement et l'assemblée, et détruit ce que j'avais cherché à conserver, la modération dans les débats. J'ai bien peur que ce système n'ajourne tous mes rêves. Enfin! » En novembre 63, il lui avait dit : « L'Empereur est bon, il aime le peuple. » En juin surtout, après les élections, il lui avait montré une note manuscrite, adressée à Napoléon lui-même, et qui portait ces mots, d'une singulière franchise : « Les élections n'ont laissé en présence que deux forces : l'Empereur et la démocratie. Les forces de la démocratie grandiront sans cesse, il est urgent de la satisfaire, si l'on ne veut être emporté par elle.... Il est temps de renoncer aux abus du népotisme, aux choix scandaleux, de donner sinon immédiatement toute la liberté politique, du moins la liberté civile, et d'étudier les problèmes sociaux. »

Morny avait aussi proposé à Ollivier (novembre 1863) de le faire nommer ministre, puis de le conduire chez l'Empereur. On avait courtoisement décliné ses offres : mais à quel travail secret une sensibilité de Provence ne peut-elle se livrer, fût-ce chez le plus intègre et scrupuleux des hommes, lorsqu'on la sollicite ainsi !

En novembre encore, Émile Ollivier se voyait prié par le président du Corps législatif de rédiger un rapport touchant une question fort délicate : l'Empereur ayant été pris pour arbitre en un litige considérable survenu entre la Compagnie de Suez et le vice-roi d'Égypte. Autre flatteuse démarche.

Bref, en février, le projet de loi sur les coalitions se trouvait déposé à la Chambre par Émile Ollivier, jusque-là le plus influent des Cinq avec Jules Favre, sur la requête irrésistible de Sa Bonne Grâce le duc de Morny, l'une des têtes de l'Empire. La discussion ne s'ouvrit qu'à la fin d'avril. Elle fut orageuse et violente. De notre temps, on dirait : assez animée. Mais une épouvantable tornade parlementaire, voici quelque soixante ans, c'est ce que nous nommons aujourd'hui un peu de nervosité.

Le nouveau projet, élaboré par Ollivier, portait que dorénavant les coalitions étaient autorisées — ouvriers et patrons, ouvriers entre eux, etc., — pourvu que nulle manœuvre frauduleuse, nulle violence surtout, ne fussent intervenues dans la formation de ces coalitions. Si des ouvriers par exemple s'unissaient pour réclamer de plus hauts salaires, et décidaient de se mettre en grève, libre à eux désormais; pourtant, leur acte devenait un délit dès que l'un ou plusieurs d'entre eux pouvaient prouver que l'on avait obtenu leur acquiescement en les menaçant, en les violentant, ou simplement par ruse ou intrigue.

Une discussion des plus vives s'ensuivit. Nombre de conservateurs craignaient que les grèves, devenues bientôt politiques, ne se changeassent en un moyen de guerre contre les bourgeois : on a vu depuis s'ils avaient raison, ces conservateurs pleins de sagesse. On connaîtra, disaient-ils, des professeurs de grèves : nous avons en effet nos gréviculteurs.

Quant à l'opposition, elle ne tenait pas la loi pour assez complète. Qu'était-ce que ce droit illusoire, faisaient-ils, si facile à restreindre, et que les moindres prétextes pouvaient changer en délit ? Mieux valait rien que si peu de chose.

Mais surtout l'opposition indignée — Jules Favre et Jules Simon en tête — trouvait ici l'occasion de se dresser contre Émile Ollivier, dont la collusion avec l'Empire apparaissait nettement, déclaraient-ils. Toutes les faveurs dont Morny l'avait comblé, la protection manifeste du gouvernement, son rôle grandissant chaque jour, le bruit encore vague, mais scandaleux pour des républicains, d'un futur ministère Ollivier, autant d'accusations que l'on s'efforçait de rendre terribles contre « le traître », ainsi qu'auraient dit volontiers ceux qui le haïssaient, plus volontiers encore ceux qui l'enviaient. Et Dieu sait pourtant s'il croyait bien faire, et s'il était honnête, le pauvre Émile Ollivier! Dieu sait si le président de la Chambre avait fait choix d'une âme pure pour déployer autour d'elle le grand jeu des séductions!

La nouvelle loi fut néanmoins votée. Il y eut 36 suffrages contraires : opposition considérable, pour l'époque.

Résultat : une concession d'apparence populaire, faite au parti de la liberté sous l'influence directe du duc de Morny. Notons encore une fois que pas une parcelle d'autorité ne se trouvait perdue, ni même compromise : transformer une grève en délit n'étant qu'un jeu. Et Morny, évidemment, s'assurait de la sorte contre les risques. Ainsi, trop souvent, ont pensé tant de princes : « Je conserve une arme, et saurai la manier. Je maintiendrai.... » Seulement, un jour, ils meurent, et tout s'en va.

Les grèves devaient fatalement se changer plus tard en moyen de lutte politique : elles n'y ont pas manqué. On n'aura pas toujours eu sujet, sur ce point, d'applaudir à l'initiative de Morny le Téméraire.

Quant à Émile Ollivier, il se voyait maintenant brouillé avec l'opposition républicaine. Les Cinq étaient désagrégés. Sans doute avait-il perdu beaucoup aussi de sa valeur aux yeux du duc de Morny. Pour user de l'argot des courses, le *crack* venait de gagner l'épreuve où son entraîneur l'avait engagé : mais ses tendons avaient cédé. On devait lui donner des soins : il ne retrouverait plus sa vraie forme. Morny eût vécu, qu'il lui eût fallu placer tôt ou tard sur un autre champion la chance de l'Empire libéral.

La session de 1864 s'acheva sans autres incidents. Le président de la Chambre continuait à verser sur l'Assemblée ce baume enchanté que composent l'intelligence unie à la dignité, la bienveillance à la tenue. Un jour, à propos du budget, Berryer avait soulevé une polémique d'une extrême âpreté, où, de part et d'autre, on se jetait à la tête les fautes et les erreurs des régimes sous lesquels avait vécu la France. La voix de Morny s'éleva doucement : « Chaque gouvernement a eu ses malheurs, chacun a eu sa part de gloire et d'honneur pour la France. Ne désavouons rien, ne nous attaquons pas les uns les autres. Eh! mon Dieu! à quoi nous mènera de faire ainsi le bilan de tous les gouvernements passés? Cela changera-t-il le nôtre? Faisons le bien, ne nous servons des fautes du passé que comme d'une utile et féconde expérience, non comme d'un texte de récriminations. »

Quelques répliques encore et l'on se taisait. Le président imposait par sa noblesse, commandait pas sa douceur, décourageait par son dédain.

Et que de tact, toujours et en toutes choses, les plus futiles comme les plus élevées! Un bel exemple : ce fut en cet été 1864 qu'Ernest Renan, professeur au Collège de France, se vit destitué par le gouvernement impérial, après le scandale immense produit au cours de l'année par sa *Vie de Jésus*. Les catholiques s'étaient ameutés contre lui. Ne jugeons point ce débat, qui dure encore : constatons seulement que l'on chercherait en vain dans les propos publics ou privés, ou dans les papiers particuliers de Morny un mot, un seul mot significatif qui eût trait à cette affaire, alors considérable. Il se trouvait là, en effet, devant un maître de l'esprit : s'inclinait-il donc à cause du génie? Il se peut. Se désintéresserait-il d'une question si brûlante? C'est difficile à croire. Quelle faute de tact c'eût été, en tous cas, pour un personnage officiel comme lui, que d'intervenir — à moins de s'y voir absolument forcé — en ces querelles toutes spirituelles!... Le duc de Morny se fût bien gardé de la commettre.

Il n'y avait occasion où il ne témoignât invariablement de son goût parfait. Il était de la très grande race des hommes d'État. Ludovic Halévy avait raison de noter sur son carnet, après un séjour d'été auprès du président de la Chambre, en Auvergne : « Je viens de passer huit jours à Nades, chez M. de Morny. Je me suis trouvé avec lord Granville.... Nos affreux petits bonshommes d'État, parvenus et poseurs, devraient bien étudier un peu lord

Granville. Ils peuvent du reste étudier aussi bien M. de Morny, qui est, lui aussi, un modèle d'esprit, de bon ton et de simplicité. »

Quand s'ouvrit la session législative de 1864-65, il n'y avait pas encore lieu de craindre pour l'Empire, eût dit un optimiste étourdi comme il y en avait tant.

Pour l'Empire, positivement, non. Et en cette année 1865, moins encore. Mais que penser des années suivantes? Nullement inquiétée par la Russie, que nous avions tant froissée lors de nos complaisances polonaises, la Prusse inaugurait en Danemark son odieux droit de conquête : le droit qu'elle s'était conféré, voulons-nous dire. En même temps, le roi Victor-Emmanuel transportait sa capitale de Turin à Florence, comme pour bien montrer à tous, et à l'Empereur en particulier, que cette capitale était mobile, provisoire, en attendant la Terre promise, Rome.... Et devant ce vœu bien légitime d'un peuple appelé à la vie, l'Empereur était tenté de cesser enfin son occupation militaire dans la Ville éternelle. Puis il y renonçait à cause des cathoiiques indignés. Puis il y songeait de nouveau, promettait conditionnellement, fixait un terme.... La fièvre italienne durait encore, le poursuivrait jusqu'à la fin.

Et le Pape, savait-il gré du moins à Napolon III?... Le Pape publiait un *Syllabus*, adressé aux évêques, et condamnant de la façon la plus dure les principales erreurs du temps, notamment les erreurs politiques du gouvernement français en ce qui concernait les rapports de l'Église et de l'État. La presse, chez nous, s'emparait de ce *Syllabus*, le déchirait à belles dents. Le comte de Falloux se querellait horriblement avec Veuillot. Bataille générale!

Au Mexique, en dépit du maréchal Bazaine, ce pesant niais, rien n'allait mieux. Et Napoléon III attendait avec candeur les bons effets que ne pouvait manquer de produire l'intronisation de l'empereur fait de sa main, Maximilien.

A Paris, l'opposition républicaine gagnait lentement, mais bien visiblement pour qui regardait avec soin. Les étudiants devenaient turbulents, sinon farouches : ce qui n'est jamais très bon signe.

Un heureux événement à signaler, pourtant. Heureux jusqu'à un certain point, il est vrai.... Le prince Napoléon et l'Empereur venaient de se réconcilier : celui-ci avait même nommé celui-là vice-président du Conseil d'État. Aussi était-il peut-être grand dommage pour la cause libérale que Morny demeurât désormais en très mauvais termes avec un prince du sang, à présent rentré en grâce, et dont les idées étaient si hardies, voire trop avancées : Morny qui avant de « traîner la session de 1865 » — telle était sa propre expression — songeait déjà à faire remplacer l'Adresse, si l'Empereur se laissait convaincre, par le droit singulièrement parlementaire d'interpeller devant tous les ministres réunis.... Émile Ollivier souffrait de voir séparés ces deux personnages considérables dont l'union eût sans doute profité si grandement à la liberté politique. Il entreprit de les rapprocher dès le début de l'an 1865.

L'affaire n'alla pas trop mal. Le duc de Morny avait même accepté de se rendre au bal chez le prince Napoléon, le 11 février. Hélas! il se trouva si malade ce soir-là, si épuisé, si surmené par sa vie dévorante, non moins peut-être que par les terribles stimulants du Dr Oliffe, bref il était tellement atteint déjà, qu'il dut demeurer alité, renoncer au bal. La duchesse s'y rendit seule, à la prière de son mari.

Et ce fut peu de semaines après, dans les premiers jours de mars, que Morny, en s'éveillant le matin....

CHAPITRE XIX

UN MATIN

DANS LES PREMIERS JOURS DE MARS 1865 ‖ MALADIE DE MORNY ‖ L'AGONIE ‖ L'EMPEREUR, L'IMPÉRATRICE, LE VIEUX M. DE FLAHAUT ‖ LA MORT (8 MARS) ‖ LES FUNÉRAILLES.

Ici, ô dames charmantes que nous n'avons pu, ni d'ailleurs voulu nommer au cours de cet ouvrage, il nous faut déposer une plainte contre vous.

Nous n'avons pu vous nommer, faute de documents. Des racontars, voilà tout ce qui reste de la vie amoureuse du duc de Morny. Des racontars innombrables, il est vrai : mais que doit faire de ces commérages un historien honnête? Rien qui vaille. Eussions-nous d'ailleurs tenu entre nos mains des souvenirs d'amour encore frémissants, touchant Morny, que nous ne nous fussions même pas résigné à les publier, probablement. Songez que le duc n'est mort qu'en 1865, en somme.

Il avait conservé toutes les séductions, on en convient, en dépit de son âge, qui n'était pourtant plus celui des Léandres ni des Clitandres. A peine s'il lui restait une couronne de cheveux, et son teint devenait bien blême, et même sa silhouette se tassait un peu : néanmoins, il gardait tant de prestige, montrait de si jolies manières, témoignait d'un esprit si finement attentif à vous plaire, avait la voix si aisément caressante, avec le geste qui sans doute suivait la voix.... Oui, tout cela est bien vrai.

Toutefois, le duc de Morny menait une vie surhumaine. Il travaillait comme pas un homme d'État, comme pas un homme d'affaires, tout en surveillant sa tenue et goûtant à tout ce qui valait la peine d'être goûté. Il ne dormait presque pas, s'empoisonnait avec des drogues, consultait des médecins, avait toujours froid, tremblait de fièvre souvent, de plus en plus souvent. Et tout cela, vous le saviez.

Enfin, il était indispensable à son pays. Nulle tête ne valait la sienne dans l'entourage des souverains. Lui disparu, toute son œuvre, à la fois si folle et si sage, de l'Empire libéral vacillait : car il en était ensemble la cheville ouvrière et le régulateur.... Ce grand rôle national, vous l'ignoriez peut-être, femmes frivoles, crinolines balancées au gré des valses. Vous auriez pu le connaître, pourtant, et le deviner, au besoin.

Or, vous aurez contribué à nous tuer ce Français-là. Vous l'aurez si bien environné, inquiété, charmé, et disons tout, surmené jusqu'à son dernier jour, qu'il en mourut un peu plus vite, hélas! Il vous sera beaucoup pardonné, naturellement, femmes charmantes, parce que vous aurez beaucoup aimé. Mais il ne vous sera pas tout pardonné, parce que vous aurez vraiment trop aimé.

Un matin donc, aux tous premiers jours de mars 1865, le duc de Morny s'aperçut au réveil qu'un léger filet de sang avait coulé de ses lèvres sur l'oreiller. « Je suis perdu, » pensa-t-il. Nous supposons du moins qu'il dut penser cela en secret, et courageusement, car sa mort fut si simple et si noble qu'il n'y a rien d'absurde à l'imaginer parfaite du premier frisson jusqu'au dernier soupir.

Depuis deux semaines il était frappé : influenza, crise de foie, etc. Appelés en consultation, des médecins fameux, des Trousseau, des Ricord, voire le douteux Oliffe, etc. avaient tenu conseil, et décrété qu'il n'avait presque rien, sinon quelque immense fatigue, qu'on ne pouvait le déclarer vraiment atteint, que son foie surtout se trouvait indemne. Il souffrait pourtant d'une altération du pancréas.

La duchesse de Morny, qui tenait à ses bals, partageait l'opinion des docteurs. « Vous vous écoutez trop, » disait-elle à son mari.

Le 28 février, le duc avait contracté en outre une bronchite — tandis qu'on préparait justement une fête chez lui, au Palais-Bourbon — qui devint forcément et rapidement des plus vilaines : dans un organisme aussi épuisé, fiévreux, tout se complique aussitôt. Bref, mars venait à peine de naître que la rumeur funèbre courait déjà dans Paris : « Le duc de Morny est au plus mal. » Et le drame commença — ainsi d'ailleurs que la comédie, la sinistre et horrible comédie qui a toujours accompagné, hélas, la mort des grands de la terre : c'est-à-dire que les valets, sereinement respectueux la veille, se mettent à errer, inquiets, sournois et muets, pressentant leur congé; que les curieux affluent par bandes, pleins d'anxiété, mais non d'affection pour le mourant, dont ils tremblent de voir cesser la protection, si même ils ne convoitent ses prébendes et privilèges; que les grands clients, les grands vassaux arrivent, chavirés par la tourmente qui les assaille; que les intimes redoublent d'importance exigeante, affairée; que d'étranges personnes surgissent de la province, l'air combatif, comme si elles entraient en campagne pour opérer toutes sortes de récupération; qu'on se trouve entouré soudain de regards, de bouches, de fronts qui signifient : « Et moi?... et moi?.. et moi?... que vais-je devenir en tout ceci? »

Alphonse Daudet, secrétaire du duc de Morny, a décrit d'une manière saisissante, et *de visu*, la mort et les funérailles de son illustre patron dans *Etudes et paysages*, comme dans le *Nabab*. Il en a montré, bien mieux que nous ne le saurions jamais faire, la grandeur et les mesquineries : ce serviteur lamentable, par exemple, qui mendiait de son maître à l'agonie les poignées d'or laissées par celui-ci dans ses tiroirs, ou ces financiers « atterrés et piteux » près de la cage aux singes.... Enfin, tout ce qu'on peut imaginer de plus désordonné, de plus relâché, de plus choquant : le maître n'était plus là.

Il haletait de fièvre, le pauvre maître, il souffrait, il délirait. Par moments, cependant, il reprenait connaissance, et témoignait alors de sa belle force d'âme, songeait à tout. Il mandait ses amis intimes, La Valette, Crémieux, Ludovic Halévy, Roqueplan, etc. Le camarade de jeunesse, l'ami de toujours, Fernand de Montguyon, n'avait pas été oublié. Dès les premières heures de la crise, le duc l'avait appelé.

« Alors, avait demandé Morny, les médecins?... Je suis bien bas, hein? »

La tradition veut que Montguyon air répondu : « Foutu, mon pauvre Auguste. »

Nous enregistrons le mot : il le faut bien, puisqu'il est devenu légendaire, ce qui ne signifie pas absolument véritable. Les mémorialistes ont jugé qu'il témoignait de ce qu'on nomme la « mâle rudesse des camps ». Passe peut-être pour les camps, mais partout ailleurs, un tel propos nous paraîtrait odieux. Sous prétexte de franchise militaire, les civils ne laissent pas de choir trop souvent dans une brutalité dont ils se montrent singulièrement fiers.

Après cet avertissement laconique, et d'une rudesse que Montguyon jugea si flatteuse pour lui, le duc de Morny, en pleine possession de lui-même à cet instant, eut une pensée de suprême galanterie. Il pria son vieux compagnon d'ouvrir certains tiroirs secrets, et de brûler les monceaux de lettres qui s'y trouvaient : c'étaient toutes les lettres d'amour du duc, ou du moins celles qu'il n'avait pu se résoudre à déchirer, celles qu'il conservait par tendresse et souvenir charmé. Innombrables, les papiers parfumés, couverts de fines écritures de ce temps-là — le temps des « pattes de mouches » — commencèrent d'aller au feu, en paquets proprement noués. Mais les pauvres billets se défendaient, ils ne brûlaient pas assez vite : alors, comme il en restait beaucoup d'autres centaines encore, et qu'il fallait se hâter, Montguyon s'en fut les jeter ignominieusement, on devine en quelles oubliettes. L'eau, cette fois, emporta ce que le feu n'avait pu détruire, et nul n'a jamais revu trace de cette correspondance tantôt murmurante, sans doute, et tantôt passionnée. Le duc de Morny s'est conduit en galant homme, parbleu! et l'on doit l'approuver : mais l'historien trouve sa vie dans les vieux papiers, et ceux-là nous laissent bien des regrets.

A ses deux secrétaires particuliers, Lépine (ou l'Épine) et Demestre, le duc dictait d'une voix bien faible certaines dispositions parlementaires et donnait quelques ordres en ses intervalles de lucidité : mais aucune précaution funèbre ne lui dut coûter autant que la destruction de ces frêles et profonds souvenirs, ainsi sacrifiés aux divinités paisibles du foyer. Les dieux Lares de Morny ne réclamaient pourtant pas un culte si sévère.

Le 7 mars, tandis que le délire ne quittait pour ainsi dire plus l'agonisant, l'Empereur et l'impératrice vinrent le voir. Cette visite émut beaucoup l'entourage qui chuchotait : « Voilà l'Empereur... » ou comme disaient plus familièrement quelques-uns : « Voilà l'autre.... » Et l'on en concluait que c'était bien fini, puisque leurs Majestés se dérangeaient : l'auguste présence au chevet d'un malade n'étant jamais de bon augure.

Napoléon III était très abattu, très triste. Vaille que vaille, un frère lui mourait là : et quel partisan inégalable, quel fidèle sans pareil! L'homme du Coup d'État, l'homme de toutes les habiletés, de toutes les sagesses, l'homme des réformes merveilleusement mesurées.... L'ami sûr, et parfait, enfin : un ami, cette rareté presque miraculeuse pour un souverain!

L'Empereur s'assit près du moribond, lui prit la main sans parler : Morny ne le reconnut pas.

Qu'ils étaient différents, à cette heure, les deux frères! L'un, l'Empereur, déjà empâté, tassé, et les traits bouffis malgré cette moustache raidie au cosmétique, qui n'arrivait pourtant pas à fixer son visage, pas même à le durcir; l'autre au contraire, le mourant, le prince, livide et comme émacié sous la barbe grise qui poussait déjà, reposant sur sa couche presque mortuaire avec cette même indicible lassitude qu'il avait laissé paraître si souvent dans son fauteuil présidentiel à la Chambre.... Il semblait loin, à cette heure, le temps où quelque farouche opposant disait à Villemessant en parlant des deux frères : « Morny ressemble à l'Empereur d'une façon telle que c'est à tirer dessus! »

Napoléon regardait délirer doucement cet homme qui s'en allait comme il avait vécu, sans le moindre mélodrame. Il luttait contre la mort, mais son corps seul se débattait, et par instinct vital seulement. Son âme avait accepté. « Laissez-moi, avait-il dit à son domestique quelques heures auparavant, plus de potion, plus rien. C'est la fin. Je pense à mon départ.... » Il n'avait pas dit « ma mort », mais « mon départ ». Un monsieur quittait la scène, voilà tout : il « partait », c'était très simple.

L'impératrice, tombée à genoux, s'était mise en prières.

La fièvre, néanmoins, baissa un peu. L'Empereur, qui s'était retiré dans la pièce voisine, revint à ce moment. Morny alors le reconnut. Ils échangèrent quelques mots. Ce devait être les derniers. « Adieu, dit Morny. — Non, au revoir, fit l'Empereur. — Au revoir ici, ou quelque autre part... » Et Morny ajoutait : « Ne prenez pas vos idées dans le faubourg Saint-Germain ».

Les souverains quittèrent peu après l'hôtel de la Présidence : tous deux étaient défaits par le chagrin, et l'Empereur sanglotait. On pourra tout reprocher à Napoléon III, mais jamais d'avoir manqué de cœur.

Vers une heure du matin ce fut le début de l'agonie. Prévenu aussitôt, l'archevêque de Paris, Mgr Darboy, vint administrer le viatique au moribond plongé dans le coma.

Car le duc de Morny fit une mort chrétienne. Non que des convictions religieuses l'eussent fort occupé au cours de sa vie — aussi bien est-ce d'ailleurs là un mystère, et nous ne savons rien, en somme, sur ce point pourtant capital : nous supposons seulement, avec de grandes chances d'exactitude, que ce gentilhomme du XVIIIe siècle n'eut guère plus de religion qu'on n'en souhaitait sous Louis XV, par exemple. Mais il portait en lui trop de goût instinctif envers la tradition et les convenances pour produire le moindre scandale à l'article de la mort, lui personnage public et l'un des premiers de l'Empire. Il avait donc accepté une fois déjà la visite de Mgr Darboy, et s'était confessé, probablement.... Encore un coup, nous ne savons rien, hormis la première visite du prélat, et les sacrements dans la nuit du 7 au 8 mars.

Au matin, le médecin de garde, aidé du valet de chambre, souleva un peu l'agonisant, afin de lui ôter un vésicatoire : et dans ce mouvement, le duc mourut.

On vit alors s'avancer dans la pièce un grand vieillard, de haute allure, tout décharné et qui, cruellement ému, pencha en tremblant sur le cadavre sa haute taille et ses quatre-vingts ans. Il pleurait, larme après larme, ainsi que pleurent les très vieux.

Tant qu'avait duré la maladie de Morny, l'imposant et douloureux personnage était resté là. Il veillait le duc lorsque celui-ci délirait, lui parlait quand l'accalmie venait, laissant percer sous ses traits ruinés d'octogénaire ce qu'il y a de plus poignant au monde, la tendresse d'un homme très âgé pour son fils à cheveux gris, qui meurt.

C'était en effet le général comte de Flahaut. Il devait vivre cinq ans encore, raide et grave, comme embaumé dans ses longs souvenirs.

Le désespoir de la duchesse de Morny fut immense. Elle n'avait jamais tant aimé son mari, ainsi que chacun put s'en apercevoir, car elle coupa ses beaux cheveux blonds et voulut qu'on les ensevelît avec le duc, dans le même cercueil. Plus tard — mais pas beaucoup plus tard — elle découvrit au fond d'une cachette on ne sait quelles lettres oubliées par Montguyon, et jugea aussitôt que son époux avait été de bien petite noblesse pour avoir eu l'honneur de s'allier à la fille supposée d'un tzar de Russie. Telles étaient ses fières pensées. Femme de celui qu'on appela le « vice-empereur, » elle se disait du reste légitimiste. Par la suite, elle épousa le duc de Sesto, de nationalité espagnole : aussi avait-elle en exécration l'Espagne et ses habitants.... Ne comprend pas les Slaves qui veut.

Un être, en tous cas, se moquait bien de ces émotions des seigneurs d'ici-bas : c'était le mendiant du pont de la Concorde, dont jamais le pauvre duc, tout omnipotent qu'il fût, n'avait pu réduire au silence l'intolérable clarinette. Le matin que mourut Morny comme la veille et le lendemain, le tortionnaire soufflait dans son instrument hideux. Dans les droits de l'homme et du citoyen figure celui d'empoisonner la vie d'autrui avec une clarinette faussée : il est même un des plus sacrés.

On fit au duc de Morny de splendides funérailles nationales. Tous les boulevards barrés par la troupe, depuis la Présidence jusqu'au cimetière, les corps de l'État représentés solennellement, les roulements de tambours voilés, rien ne manqua. On connaît ce genre de gala funèbre, il ne change guère.

Il pleuvait un peu, dit Alphonse Daudet, le ciel lui-même portait le deuil. En tête du cortège s'avançait le clergé, dans les premiers carrosses. Puis les chars immenses, vacillant sous les montagnes de fleurs. Sur le corbillard, l'habit brodé du président du Corps législatif, le bicorne, l'épée à poignée de nacre, la fine épée de cour. A dix pas derrière, les gens de la maison ducale. Dix pas encore, et voici un officier en manteau portant sur un coussin de velours noir tous les ordres, cordons, plaques et croix du défunt.

Après quoi s'avançaient à pied, derrière le maître des cérémonies, une délégation du Corps législatif, en grande tenue officielle, et quelques amis personnels du mort.

Les voitures venaient ensuite, précédées par trois autres maîtres des cérémonies, et notamment celle du duc, vide, seule et commandant le cortège entier, semblait-il.

« A la mort d'un grand homme de guerre, écrit Daudet, il est d'usage de faire suivre le convoi par le cheval favori du héros, son cheval de bataille, obligé de régler au pas ralenti du cortège cette allure fringante qui dégage des odeurs de poudre et des flamboiements d'étendards. Ici le grand coupé de Morny (Mora, dans le roman) ce « huit ressorts » qui le portait aux assemblées mondaines ou politiques, tenait la place de ce compagnon des victoires, ses panneaux tendus de noir, ses lanternes enveloppées de longs crêpes légers flottant jusqu'à terre avec je ne sais quelle grâce féminine ondulante. C'était une nouvelle mode funéraire, ces lanternes voilées, le suprême « chic » du deuil; et il seyait bien à ce dandy de donner une dernière leçon d'élégance aux Parisiens accourus à ses obsèques comme à un Longchamp de la mort. »

Elle roulait lentement, somptueusement, la file interminable des magnifiques carrosses de gala, dorés, surdorés, et cravatés de crêpe, eux aussi : carrosses de la cour et des ambassades, escortés par les cuirassiers, les dragons, les gardes de Paris. Un peuple de tuniques étincelantes, d'uniformes multicolores, de robes chamarrées, un amas de galons, d'aiguillettes, d'hermine et de plumes, s'entassaient derrière les glaces de ces voitures orfévries.

Enfin apparaissaient des sociétés et des délégations innombrables, groupées sous leurs bannières. Le cortège était long de deux kilomètres.... Et du canon, des salves, quinze salves au départ du convoi, quinze salves après les discours du cimetière, avant la dislocation difficile de ce peuple au milieu des tombes....

Et ce fut fini.

Ce fut fini. L'Empire avait reçu la plus terrible blessure.

« Il était, ce Morny — citons toujours l'incomparable Alphonse Daudet — l'incarnation la plus brillante de l'Empire. Ce qu'on voit de loin dans un édifice, ce n'est pas sa base solide ou branlante, sa masse architecturale, c'est la flèche dorée et fine, brodée, découpée à jour, ajoutée pour la satisfaction du coup d'œil. Ce qu'on voyait de l'Empire en France et dans toute l'Europe, c'était Morny. Celui-là tombé, le monument se trouvait démantelé de toute son élégance, fendu de quelque longue et irréparable lézarde. »

On vendit l'écurie de courses à la casaque rose, le haras et tous les équipages de gala du duc de Morny. On les vendit pour fort peu de chose.

On mit également aux enchères sa galerie célèbre : elle rapporta un million, à peu près. Elle en eût au moins valu cinq ou six aujourd'hui.

On commença de liquider, ou d'essayer de liquider ses affaires en vue de la succession. Un océan de papiers, d'actes, de conventions parfois orales, une tourmente, un raz de marée de procédure!... Il en sortit peut-être plus tard trois ou quatre millions : les envieux en avaient attribué bien plus de cent au Morny des fameuses « affaires ».

Sa femme se remaria, on l'a vu, ses enfants étaient encore très jeunes.....

Un autre président de la Chambre fut nommé, qui vint habiter au quai d'Orsay, d'où l'on enleva tout ce qui pouvait être enlevé.

Et les singes, les singes que le duc avait tant aimés ? On les donna au Jardin des Plantes, espérons-le du moins.... L'un d'eux surtout avait été cher à son maître : c'était le plus intelligent de tous, on l'appelait Yorick. Il sentit venir le mauvais destin, car ces bêtes — si ce sont des bêtes — ont des antennes. Il prit peur, se sauva, revint, vagabonda, se réfugia sans doute dans une chambre de bonne, car il rôdait volontiers partout, et finalement fut étranglé par le bouledogue d'un questeur.

Républicains non moins que royalistes se sont acharnés contre la mémoire du duc de Morny, grand et pur Français. Après la guerre de 1870 — qui n'eût jamais eu lieu, si on l'eût écouté — on le rendit responsable de n'importe quoi, au hasard. On se plut à saccager son souvenir.

La foule ne pouvait aimer un tel prince, qui, par sa seule élégance, se trouvait tout naturellement si loin d'elle. La foule a son instinct qui l'écarte d'une certaine beauté : quand par exemple une bête trop admirable vient à passer sous ses yeux, elle la haït immédiatement. On n'a pas le droit d'être noble à ce point-là sans le faire exprès : à la lanterne!

Le foule, heureusement, n'écrit pas l'histoire de France : il est déjà bien assez imprudent qu'elle la fasse en partie.

SOURCES ET BIBLIOGRAPHIE

Nous devons à tous.

Mais nous tenons surtout à remercier particulièrement les personnes qui onteu la bonne grâce de nous ouvrir leurs archives ou de nous communiquer des documents inédits sinon de nous transmettre de bien précieux souvenirs et témoignages oraux.

Parmi celles-ci nous nommerons d'abord, et avec une extrême gratitude, Mme la duchesse et M. le duc actuel de Morny, qui se trouvent en possession de nombreux manuscrits de leur ancêtre et d'archives importantes. M. Jean de Sédouy a libéralement mis à notre disposition un passionnant dossier des lettres de Mme de Souza. M. Daniel Halévy nous a très aimablement permis de puiser dans les notes — hélas! un peu mutilées — prises au jour le jour par son père Ludovic Halévy, ainsi que dans un amusant carnet de dépenses ayant appartenu à la duchesse de Morny, et tenu en ordre (?) par celle-ci vers les années 1860.

Lord Kerry, petit-fils du comte de Flahaut, nous a révélé plus d'un détail inédit et pittoresque concernant Morny. On sait que lord Kerry a publié un fort intéressant recueil des lettres de son ancêtre, le comte de Flahaut : il y est souvent question de Morny, auquel nombre de lettres sont d'ailleurs adressées. C'est lui également qui nous a montré cet étonnant portrait de notre héros, alors âgé d'une quarantaine d'années et monté sur un cheval que nous présumons de pur sang : daguerréotype extraordinaire de vie et d'élégance, et inconnu jusqu'alors en France, que nous sachions.

Nous devons encore à la princesse Murat l'obligeante communication d'un livre non mis dans le commerce et introuvable (les *Souvenirs* du comte J. Murat sur l'ambassade de 1856 en Russie), et nous avons recueilli de bien curieuses impressions personnelles de la princesse Poniatowska, fille de la comtesse Le Hon, et de Mme la marquise de Morny, propre fille du duc.

M. le maire de Deauville nous a transmis des renseignements fort précis.

Enfin, le regretté Frédéric Masson, MM. Paul Bourget, Pierre de la Gorce, Victor du Bled, de Maricourt, Georges Claretie, Léon Gauthier, Louis Metman, Gustave Macon, ont bien voulu faciliter nos recherches ou nous aider de leurs avis. Et n'oublions pas Marcel Bouteron, conservateur de l'incomparable *Bibliothèque Lovenjoul* : existe-t-il un travailleur, en France, qui ait eu recours à ce bibliothécaire infatigablement aimable et dévoué, sans se trouver dix fois son obligé?

Que tous veuillent bien trouver ici l'expression de notre reconnaissance la plus sincère.

Nous avons puisé plus d'un chiffre et plus d'un nom, touchant les courses, dans les archives de la *Société d'Encouragement.*

Aux *Archives Nationales*, les *Circulaires confidentielles du Ministère de l'Intérieur* aux préfets nous ont livré de singulières indications au sujet de l'état psychologique et social des départements lors du Coup d'État.

Signalons *Une ambassade en Russie* (*Extrait des Mémoires du duc de Morny*) publiée par son fils, et le catalogue des *Collections Morny*, établi lorsqu'on en fit la vente en juin 1865 (*Bibliothèque des Arts décoratifs*).

Les œuvres d'histoire générale du Second Empire, ainsi que les biographies où il est question du duc de Morny, ne sont pas très nombreuses. Il faut mettre à part le vaste et si remarquable ouvrage de M. Pierre de la Gorce, et *L'Empire libéral* d'Émile Ollivier : ce sont là des livres fondamentaux, auxquels quiconque traitera jamais de l'histoire de France entre 1851 et 1870, ne pourra se dispenser d'avoir recours sans trêve. L'intelligence et la connaissance minutieuse de cette époque s'y révèlent à chaque page. L'un et l'autre ont parlé fort souvent de Morny, et non sans la plus haute estime. Le *Journal intime*, d'Émile Ollivier publié par la *Revue des Deux Mondes* en 1925, offre (notamment au cours des années 1864-65) des aperçus inoubliables sur Morny, le prince Napoléon, Persigny, Rouher, etc. Nous en dirons autant d'un bel article sur Morny, dans les *Lectures historiques* d'Albert Sorel.

M. Ch. Seignobos, dans l'*Histoire de France* de Lavisse, se montre moins chaleureux. Mais le ton de cet éminent historien n'est pas ordinairement celui de l'enthousiasme.

Il est difficile de citer sérieusement la biographie du duc de Morny par Frédéric Loliée. En revanche, signalons l'excellent ouvrage du baron André de Maricourt sur *Mme de Souza*, et les très utiles volumes du comte Fleury et de Louis Sonolet sur la *Société du Second Empire.*

Parmi les ouvrages que nous avons consultés avec le plus de fruit, relevons : *Les dessous du Coup d'Etat*, de du Casse; *Petite histoire de la revue de fin d'année*, par Robert Dreyfus; *La créance Jecker et les emprunts mexicains*, *Elévation et chute de l'empereur Maximilien*, par le comte de Kératry; les ouvrages du Dr Cabanès; *Histoire du Second Empire*, de Taxile Delord; *Lettres à une Inconnue* et *Lettres à Panizzi*, de Prosper Mérimée, etc... mais surtout l'inépuisable et savoureux *Moniteur*, journal officiel de l'Empire, comme il avait été celui de Louis-Philippe, et autres collections de journaux, tels que *Les Débats*, notamment, *Le Nain jaune*, *Le Figaro* et *La Vie Parisienne*, dont on ne feuillette pas assez les premiers numéros.

Disons un mot des *Mémoires*. Nous en avons lu d'innombrables, avec un ennui presque toujours sans limites. Ce fut la seule partie cruelle de notre tâche. Nous ne savons pourquoi il y a je ne sais quoi de flatteur et de distingué à proclamer qu'on « adore les Mémoires ». Évidemment, l'on y trouve de temps à autre une perle — mais au milieu de quelle poussière!

Huit fois sur dix — du moins sous le Second Empire — les Mémoires, Souvenirs et Journaux sont rédigés par des personnes qui ne savent ni écrire, ni conter, ni dépeindre. Résultat : platitude extrême, et langueur. Entre tous les mémoriaux dont nous avons dû prendre si mélancoliquement connaissance, les plus fades sont probablement ceux du maréchal de Castellane, et nous nous avouons tout à fait incapables d'expliquer pourquoi l'on a coutume de citer ordinairement ce maréchal — excellent et loyal soldat, par ailleurs — d'un air coquin et amusé.

Nommons donc du moins les plus importants de ces *Mémoires*, dont la lecture nous parut si laborieuse : *Notes et souvenirs* de Mme Jules Baroche; *Journal* du maréchal de Castellane; *Souvenirs* du général comte Fleury; *Chronique* de la duchesse de Dino; *Journal* du comte Rodolphe Apponyi; *Journal* des Goncourt; *Confessions* d'Arsène Houssaye; *Mémoires* du duc de

Persigny; *Un Anglais à Paris*; *Souvenirs d'un bourgeois de Paris*, du Dr Véron, etc.

Heureusement, il y a des compensations : rien de plus amusant, en effet, ou intelligent, ou les deux à la fois, que les *Mémoires* du comte d'Alton Shée, par exemple, les *Souvenirs* de Gustave Claudin, les *Souvenirs* de Granier de Cassagnac, les admirables *Choses vues* de Victor Hugo, et même les *Mémoires* de Villemessant, et même encore, s'il faut tout dire, les *Mémoires* du comte Horace de Viel-Castel, quoique ce dernier ne cesse de pester sans trêve ni mesure, ce qui devient niais à la fin, et ne puisse pour ainsi dire pas ne point mentir (Nous sommes en état de démontrer qu'il se trouvait atteint de la plus incurable maladie du mensonge).

Enfin, comment ne pas citer en conclusion le grand témoin émouvant entre tous, le peintre frémissant auquel nous devons le plus beau portrait de Morny qu'on ait fait et qu'on fera sans doute jamais : Alphonse Daudet? Dans ce puissant roman, *Le Nabab*, et un recueil de notes, de souvenirs, *Etudes et Paysages*, le demi-frère de l'Empereur vit éternellement.

Il nous faut, en terminant, revenir sur les très importants et intéressants, et quelquefois passionnants papiers dont Mme la duchesse et M. le duc de Morny ont bien voulu nous permettre de faire usage. La série des lettres adressées par Napoléon III à son demi-frère mériterait d'être publiée; souhaitons que le public soit bientôt admis à les lire : ce sont de savoureux et bien précieux documents.

Nous en dirons autant de ce récit du Coup d'État, ou plutôt des préliminaires du Coup d'État, récit rédigé par Morny lui-même, et qui se trouve également dans les archives de la famille. Quiconque en prendra connaissance — si, comme nous l'espérons, on se résout à le publier — ne fera qu'admirer une fois de plus la rare intelligence et l'énergie du véritable inventeur et animateur du 2 décembre. Nous ne pouvions malheureusement, dans un ouvrage comme celui-ci, nous perdre parmi les détails infinis de cette « opération de police », ainsi qu'on a dit — en ajoutant, pour faire tableau d'histoire, « un peu rude ».

Signalons aux investigations des chercheurs un petit problème dont nous nous voyons dans l'impossibilité matérielle de fournir la solution.

SOURCES ET BIBLIOGRAPHIE

Il existe, dans les papiers Morny, deux lettres extrêmement curieuses, dont voici d'abord la genèse, ou plus simplement, l'occasion. Un journal de Bruxelles, l'*Indépendance belge*, avait publié un article, dont on n'a conservé qu'une partie, dans laquelle, avec une merveilleuse perfidie, le journaliste écrivait que M. de Morny allait sans doute obtenir bientôt droit à l'appellation d'Altesse impériale, que la cour des Tuileries se trouvait divisée en deux camps, les Bonaparte d'une part, les Beauharnais de l'autre, etc.

A la suite de ce papier, Morny écrivit à l'impératrice (et non pas directement à l'Empereur, ce qui prouve à quel point il est inexact de lui prêter, comme on l'a fait trop souvent, de mauvais sentiments envers la souveraine) pour lui exprimer son affectueux embarras et son profond chagrin de voir courir publiquement de tels bruits. Il demande ce qu'il doit faire, ajoutant qu'il est prêt à tout afin d'effacer jusqu'à la trace et jusqu'au prétexte de ces méchancetés; qu'il s'éloignera, si l'on veut, qu'il accomplira quelque voyage en Italie : bref, qu'on dispose entièrement de lui. Et la lettre est très douce, pleine d'une amitié respectueuse et vive, manifestement sincère

L'impératrice répondit par une autre lettre, non moins amicale et tranquille, pleine de délicatesse, dont Morny dut se sentir pleinement rassuré : qu'il se tienne en repos, tout cela n'est rien, l'on a toute confiance en lui, il ne faut pas s'occuper de ces sottises-là.

Nous avons tenu en main ces deux lettres, qui font pareillement honneur à leurs deux auteurs.... Seulement, voilà : ni l'une, ni l'autre ne sont datées. Et l'extrait de l'*Indépendance belge*, point davantage. Il faudrait donc, pour le retrouver, aller lire à Bruxelles tous les numéros de ce journal, depuis l'an 1852 jusqu'à l'an 1865. Certes, nous nous proposons de le faire, mais pas tout de suite.

Nous ne saurions, par conséquent, préciser à la suite de quels incidents s'éleva ce petit nuage de cour. D'après le classement des papiers dans les archives Morny, il semble que la lettre de Morny et la réponse de l'impératrice soient postérieures à 1860 : c'est tout ce que nous pouvons nous permettre d'indiquer.

Quelque érudit trouvera le mot de ce rébus : il y a des divertissements plus coupables et moins amusants.

TABLE DES CHAPITRES

TABLE DES CHAPITRES

TABLE DES CHAPITRES

www.ingramcontent.com/pod-product-compliance
Ingram Content Group UK Ltd.
Pitfield, Milton Keynes, MK11 3LW, UK
UKHW022010170726
13837UKWH00001B/100